함께 가만한 당신

함께 가만한 당신

최윤필

함께 있어 든든했던,
가만한 서른다섯 명의 부고

마음산책

함께 가만한 당신

1판 1쇄 발행 2016년 9월 30일
1판 3쇄 발행 2023년 7월 25일

지은이 | 최윤필
펴낸이 | 정은숙
펴낸곳 | 마음산책

편집 | 성혜현 · 박선우 · 김수경 · 나한비 · 이동근
디자인 | 최정윤 · 오세라 · 한우리
마케팅 | 권혁준 · 권지원 · 김은비
경영지원 | 박지혜

등록 | 2000년 7월 28일(제2000-000237호)
주소 | (우 04043) 서울시 마포구 잔다리로3안길 20
전화 | 대표 362-1452 편집 362-1451   팩스 | 362-1455
홈페이지 | www.maumsan.com
블로그 | blog.naver.com/maumsanchaek
트위터 | twitter.com/maumsanchaek
페이스북 | facebook.com/maumsan
인스타그램 | instagram.com/maumsanchaek
전자우편 | maum@maumsan.com

ISBN 978-89-6090-280-0 03300

* 책값은 뒤표지에 있습니다.

세상을 나아지게 하려면
맞설 만한 이유가 있는 한
끝까지 맞서는 도리밖에 없다.

함께 오래 기억할 별빛

김탁환 소설가

마음이 가는 사람이 있다. 차 한 잔 나눠 마신 적도 없지만 자꾸 신경이 쓰인다. 오로지 글을 통해 그를 알며, 그가 내 글을 읽었는지는 미지수다. 따로 시간을 내어 문장을 음미하다가 신음 비슷한 것을 낸 적이 여러 번이다. 이렇게까지 쓰려면……. 그러고 나는 읽기를 멈추곤 커피를 한 잔 더 내리거나 작업실 앞 공원을 돈다. 떨어져 고였다가 되돌아오는 생각들 앞에서 스스로 묻는다. 내가 왜 이럴까, 이 독한 작업에 관여한 것도 아니면서.

토요일 아침 일간지에서 「가만한 당신」부터 읽고 하루를 시작한 지 꽤 되었다. 내가 아는 몇몇 글쟁이에게서도 비슷한 이야기를 들었다. 이미 죽어 이 세상에 없는, 거의 대부분 처음 듣는 이름 아래 길게 적힌 이야기를 따라 읽노라면 담당 기자가 무척 바빴겠단 생각부터 했다. 죽을 날을 미리 받아놓은 시한부 인생을 제외하곤, 그 인간의 숨이 끊어지기 전엔 아무것도 준비할 수 없는 글이 바로 부고다. 또한 부고는 평전처럼 충분한 시간을 확보한 뒤 자료 더미를 뒤지고 답사를 하고 관련자 인터뷰를 두루 거쳐 쓰는 글도 아니다.

부고는 늦은 밤 비보悲報와 함께 부랴부랴 시작하더라도, 망자의 삶에서 되새길 대목을 단정한 아침 밥상처럼 차려야 하는 글이다. 성실함에 더하여 순발력은 필수다. 순발력에 기대지 않고 묵힌 글을 쓰는 것은 부고 담당 기자에겐 이룰 수 없는 소원이다.

전작 『가만한 당신』 머리말에서 저자는 "떠난 자리에 잔물결도 일지 않을 것 같은 이들을 편파적으로 주목했다"라고 적었다. '편파적'이란 단어가 가슴을 찌른다. 역사에서 인물을 골라 소설로 옮겨 온 나 역시 왜 하필 그 사람이냐는 질문을 계속 받아왔다. 그때그때 준비한 근거를 제시하지만, 사실 나는 이 단어를 마지막까지 혀 끝에 올렸다가 내리곤 했다. 편파적!

소설가가 이 날을 쓴다는 것은 저 날을 쓰지 않는다는 뜻이다. 부고 담당 기자가 이 사람을 쓴다는 것은 저 사람을 쓰지 않는다는 뜻이다. 이 사람을 기억시키려는 글을 쓰는 동안 더 많은 이들이 잊히는 셈이다. 편파적 선택의 책임은 오롯이 저자의 몫이다. 이제 남는 것은 선택한 망자의 삶이 중요한 까닭을 이야기로 각인시키는 일이다. 한정된 시간과 지면의 제약 속에서 저자는 집중한다. 열심히 하는 것으론 부족하고 잘 해내야 하는 것이다. 그런데 잘 해내기란 또한 쉽지 않다. 택한 이들이 저자에게 친숙한 분야의 사람들만도 아니다. 편파적 선택을 받을 정도의 인물이면 각 분야에서 돋보이는 문제적 개인들이다. 저자는 그들을 설명하는 전문 용어의 공세를 묵묵히 견디고 그중 몇몇을 자신의 문장으로 맛깔스럽게 녹이는 책무까지 기꺼이 떠맡는다.

나는 물론 서른다섯 명의 부고에 담긴 내용을 모두 이해하진 못한다. 저자가 최대한 쉽게 설명하곤 있지만, 빽빽한 문장 사이로 질문이 솟기도 하고, 망자가 생전에 나눈 사랑이나 우정 혹은 적대감을 더 알고 싶은 대목도 있다. 그러나 내가 확실히 아는 것은 저자가 자신의 시간을 거의 "완전연소"하여 한 편 한 편 글을 만들고 있다는 사실이다. 이처럼 선택과 집중을 요구하는 글쓰기에선 자세가 곧 내용이다. 나는 『함께 가만한 당신』에 담긴 서른다섯 명의 부고뿐만이 아니라, 그 서른다섯 명의 삶을 다루는 '최윤필'이라는 인간의 치열함을 본다. 그리고 묻는다. 저와 같은 조용한 분투는 어디에서 왔을까.

　살아 있어도 관계가 끊겨 죽은 자로 취급되는 이도 많고, 죽었어도 계속 책이든 영상이든 다양한 형태로 곁에 남아 삶을 이어가는 이도 적지 않다. 『함께 가만한 당신』의 도움으로 서른다섯 명을 기억한 사람들도 언젠가는 죽거나 흩어진다. 그러나 두 번째 망각이 찾아들 때까지, 서른다섯 명으로 인해 누군가는 힘을 얻고 누군가는 위로받고 누군가는 낭떠러지까지 갔던 발걸음을 되돌릴 것이다. 한 사람의 아름다움을 전하는 것은 다른 한 사람의 영혼을 살리는 일이다. 『함께 가만한 당신』의 저자는 바로 이 일에 용맹정진하고 있다.

　가끔 나는 산 자보다 죽은 자와 더 친숙하단 느낌을 받는다. 가령 조선 시대를 배경으로 소설을 쓴다는 것은 작품 속 등장인물들이 한 사람도 빼놓지 않고 죽었다는 뜻이다. 죽은 자들과 천 일쯤 함께 지내며 구상하고 초고를 쓰고 퇴고를 마친 적이 있는가. 이야기판 위에선 삶과 죽음의 경계마저 사라진다. 죽은 자라고 홀대받거나 산 자라고 우대받지 않는 곳이 바로 이야기의 세계다. 그렇다고 죽은 자와 산 자를 이야기하는 방식이 동일하진 않다. 한 인간의 죽음은 곧바로 망각과 상실로 이어진다. 아무리 노력해도 눈앞에 살아 있을 때처럼 생생하진 않다. 그 인간을 글로 옮기려 할 때, 이 차이는 사소한 듯해도 무척 크다. 그가 학자나 작가라면 저서나 작품을 통해 사상과 개성을 가늠할 수는 있으리라. 그러나 그의 걸음걸이나 잠버릇 혹은 즐기는 달빛의 세기와 술잔의 크기는 파악하기 어렵다. 『함께 가만한 당신』을 읽고 있노라면, 나는 저자의 눈길이 자꾸 그 어려운 사소함들로 향하는 것 같아 흥미진진하다. 남겨진 기록과 증언을 넘어 한 인간의 맵시까지 담으려는 걸까. 죽음이 만든 불가능에 도전하는 글쓰기는 하루를 가꾸며 영원을 바라본 자의 눈망울처럼 맑고 아득하다. 이 서른다섯 명은 우리가 딛는 땅이자 우러르는 별빛인 셈이다.

'함께'란 단어가 제목과 부제에 모두 포함되었다. '함께'란 단어만 보면 존 버거가 던진 질문이 떠오른다. "연대가 중요한 것은 지옥이지, 천국이 아니에요. 그렇지 않나요?" 이 책에서 '함께'가 반복되는 까닭이 혹시 지금 이곳의 고통이 두 배 이상 늘었기 때문은 아닐까. 함께 도모하지 않으면 쓰러지고 지쳐 목숨까지 위태로운 시절에 '함께 있어 든든했던, 가만한 서른다섯 명의 부고'가 나와서 다행이다. 이 특별한 든든함에 기대어, 여러 아픔을 어깨동무하는 사람이 날마다 피어났으면 좋겠다.

■ 일러두기

1. 인명, 지명, 작품명, 단체명 및 독음은 외래어표기법을 따르되 관용적 표기와 동떨어진 경우 절충하여 실용적 표기를 따랐다. 노래·음반 제목과 노랫말 등 일부는 원어를 적었다.

2. 출전은 미주로 달았다.

3. 신문·잡지·웹진·공연·영화·노래·프로그램 제목은 〈 〉로, 책 제목은 『 』로, 기사·논문 등 단편 제목은 「 」로, 음반·게임 제목은 《 》로 묶었다.

남들이 당신을 어떻게 대할지 결정하는 것은
당신 자신이어야 한다.

차 례

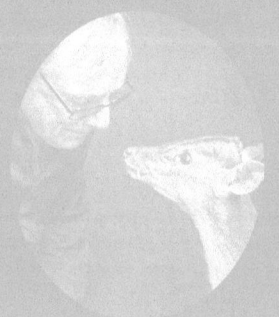

1943 — 2016
레스 스토커

동물권 수호자

어떤 야생동물도 외롭지 않도록

영국의 생식의학자 맬컴 포츠는 2008년 저서 『전쟁 유전자』에서 성性과 전쟁, 전쟁과 테러의 생물학적 근원을 분석했다. 그는 원시 수렵 사회에서부터 중세 기사들의 이데올로기, 근현대로 이어진 노예제와 성 억압, 전쟁과 테러 등 폭력의 역사를 생명 진화와 번식, 즉 세포 단위에서부터 작동하는 경쟁의 원리를 통해 해명하고자 했다. 물론 그는, 그럼에도 불구하고 인류가 유전자의 충동을 극복할 수 있고 또 그래왔다는 사실과 유구한 폭력의 사슬을 끊기 위해 더 늦기 전에 우리가 각성해야 한다는 주장을 저 책에 담았다. 그리고 "(다행히) 문화의 진화 속도가 생물학의 진화보다 빠르다는 사실"이 "이 위험한 세계의 희망"이라고 썼다. 그는 중동과 아프리카, 아시아의 여러 분쟁 지역에서 국제 의료 팀을 이끌어온 의학자였고, 그가 본 살육과 고문과 집단 강간의 폭력은 보고서나 고고학적 발굴을 통해서만 안 게 아니었다. 그의 '희망'은 불안한 희망이었다.

인지심리학자 스티븐 핑커는 그런 맬컴 포츠(와 같은 이들)를 위로라도 하듯이 2011년 『우리 본성의 선한 천사』를 선사했다. 저 육중

한 책을 통해 핑커는 인류가 대견하게도, 체감하는 공포나 우울한 통념과 달리 폭력을 한사코 밀쳐내며 진화해왔다는 사실을 방대한 과학적 근거를 통해 규명했다. 그리고 포츠가 '문화의 진화'라고 뭉뚱그렸던 저 선한 힘들을 평화화, 문명화, 인도주의 등 여섯 개의 뚜렷한 경향으로 범주화했다. 그는 선한 힘의 맨 끝에 '권리혁명Rights Revolution'을 놓았다. 지난 세기 중반 이후부터 지금까지 인류가 인권 개념에서 파생된 여러 권리들—시민권, 여성권, 아동권, 동성애자 권리, 동물권—을 옹호해왔다는 사실이었다.

영국인 레슬리 스토커Lesley(Les) Stocker는, 핑커가 인류의 선한 힘 맨 마지막 사례로 아슬아슬하게 꼽은 '동물권'을 부각하고 고양하는 데 생을 바쳤다. 수의사도 생물학자도 동물원 관계자도 아닌 그는 다치거나 갈증으로 탈진한 채 길 한편에서 신음하는 고슴도치나 새들을 제집 헛간에 안고 와 치료하고 보살핀 뒤 야생으로 되돌려 보내곤 했고, 다 나은 뒤 뒤도 안 돌아보고 숲으로 줄행랑치는 녀석들의 꽁무니에 그만 반해버렸다. 그는 "취미 삼아" 시작한 그 일을 평생의 업으로 삼았고, 마침내 "영국 영혼의 심장"이라 불리는 유럽 최초(어쩌면 인류 최초)의 야생동물 전문 치료·재활 시설 '성聖 티기윙클스St. Tiggywinkles'를 만들었다. 야생동물의 생명을 아낌으로써 평화의 선한 힘을 함께 키운 레스 스토커가 2016년 7월 16일 별세했다. 향년 73세.

그는 유럽 전쟁이 한창이던 1943년 1월 31일 영국 런던 남서부 배터시Battersea에서 공사 현장 관리소장인 아버지와 공무원 어머니 사이에서 태어났다. 그는 폭격으로 부서진 도심의 빈 건물과 재건의 공사 현장을 보며 자랐다. "(인류를 위한) 숭고한 목적을 위하여 Pour bien desirer/For the Noble Aim"가 교훈이라는 사립 명문 이매뉴얼고 등학교를 졸업했지만, 과학 과목에 낙제를 하기도 했다는 걸 봐선 그가 공부를 통해 저 사명을 추구한 것 같지는 않다. 그는 교과서 보다는 제럴드 듀럴Gerald Durrell, 1925~1995 등이 쓴 생태 관련서를 더 즐겨 읽었다고 한다. 〈텔레그라프〉는 그가 한 인터뷰에서 "내가 살 던 동네엔 애벌레들 외엔 동물이 살지 않아 토요일 아침마다 친구 와 함께 버스를 타고 윔블던커먼Wimbledon Common, 런던 남서부 공유지에 가서 새 둥지와 도마뱀 같은 것들을 관찰하곤 했다"라고 한 말을 전했다. 그는 1959년 졸업하자마자 대학 대신 회계사 교육을 받고 취업했다. 아내 수Sue는 "레스는 연애 시절에도 '공원에 새 보러 가 지 않을래' 하고 말하기 일쑤였다"라고 말했다. 수는 그런 레스와 1964년 결혼, 아들을 낳고 그의 활동을 거들며 해로했다.

저 말들은 물론 스토커가 야생동물 보호 활동가로 유명해진 뒤 에 나온 얘기니 그러려니 할 수도 있지만, 그가 남달리 야생동물에 애착을 가졌던 건 분명한 듯하다. 1976년 여름 어느 날, 33세의 그 는 길에서 다친 고슴도치 한 마리를 발견해 동네 동물 병원에 데려 간다. 수면제로 재우는 것 외에는 해줄 게 없다는 수의사의 말에 실 망한 그는 포기하지 않고 꽤 큰 동물 보호 단체에 찾아갔다고 한 다. 반응은 마찬가지였다. "극심한 가뭄이 닥친 해였고, TV에서 수 많은 고슴도치가 죽어가고 있다는 보도도 나오곤 했어요. 그럼 나 라도 뭔가 해보자는 생각을 그때 하게 된 거였죠."

그렇게 한두 마리씩 보이는 대로 데려와 치료하고 보살핀 뒤 방생 하던 그는 1978년 버킹엄셔 외곽 에일즈베리Aylesbury의 집 뒷마당

헛간을 개조, '동물구조센터'라는 허술한 간판을 걸고 본격적으로 구조 활동에 덤벼들었다. "아무도 돌봐주지 않고 신경 쓰는 이조차 없었어요. 얼마나 외로웠을까요. 그 생각만으로도 그 일을 하는 데 충분한 이유가 됐어요. 밤낮이 없었죠."

그의 활동이 소문이 나면서 지역 수의사들과 경찰, 영국 왕립동물보호협회RSPCA, Royal Society for the Prevention of Cruelty to Animals가 그를 미심쩍게 여겼다. 그는 "그냥 취미"라고, "부상당한 야생동물이 보이면 내가 돌볼 테니 데려와달라"라고 대꾸하곤 했다고 말했다. 온갖 동물, 심지어 뱀이며 두꺼비가 와도 '돌팔이' 의사는 마다하는 법이 없었다. 세계적 스타였던 비지스의 보컬 로빈 깁이 차에 부딪쳐 부상당한 자고새를 롤스로이스에 싣고 온 일도 있었다고 한다. 그의 선의가 알려지면서 지역 수의사들이 도움을 주기 시작했고, 그는 시행착오를 겪어가며 비록 '무면허'지만 치료·시술 경험과 실력을 쌓아갔다.

직장 일을 병행하기엔 시간도 부족했고, 고졸 직장인 월급으로 진료 비용을 대는 것도 만만치 않았을 것이다. 1983년 그는 승부수를 던졌다. 아예 직장을 그만두고 야생동물병원신탁Wildlife Hospital Trust을 설립, 기부를 받아 동물 치료에만 전념하자는 거였다. 1985년 8월, 배우 겸 작가 수전 햄프셔Susan Hampshire, 1937~가 꽤 큰돈을 기부했고, 그는 병원을 확장하면서 '성 티기웡클스'라는 간판을 내건다. 『피터 래빗』의 작가 베아트릭스 포터가 고슴도치를 주인공 삼아 쓴 인기 동화 『티기웡클 아줌마 이야기』The Tale of Mrs. Tiggy-Winkle』에서 따온 이름이었다.

티기웡클스에는 스토커 일가 외에 상근 수의사 다섯 명, 거기에 자원봉사자들까지 가세했다. 올빼미, 찌르레기, 황조롱이, 백조, 뱀, 두꺼비, 여우, 오소리, 박쥐……. 쥐와 가축과 반려동물과 사람을 제외한 거의 모든 포유류·양서류·파충류·조류의 24시간 종합병원. 병원은 기부금 외에 기념품 판매 수익금과 자선 바자, 입양 가능한 동물의 입양 후원금 등으로 운영됐다.

영국은 1824년 세계 최초의 동물 보호 단체인 왕립동물보호협회를 가졌던 나라다. 협회는 30년대 당나귀를 때린 주인을 고발해 재판정에 세운 적도 있었다. 빅토리아 여왕은 1835년 미끼 사냥을 법으로 금지했고, 1840년 협회를 왕립 기관으로 승격했고, 1876년 무분별한 동물실험을 선도적으로 규제했다. 영국 의회가 포괄적 동물보호법을 제정한 건 1911년이고, 그 법이 2006년 동물복지법으로 확장됐다. 하지만 영국은 블러드하운드나 폭스테리어 같은 전문 개량종 사냥개를 동원한 잔혹한 유혈 스포츠인 여우 사냥을 2004년 말까지 합법적으로 해온 나라다. 여우 사냥을 법으로 금지하기까지, 법 제정 이후 지금까지도 영국 왕실과 귀족들은 정부와 의회를 상대로 법을 완화하라는 로비를 그치지 않고 있다. 여우가 농부의 재산을 축내는 유해 동물이라는 게 명분이지만, 전통의 유희를 빼앗긴 왕실과 귀족들의 어깃장이라는 주장도 있다.

티기윙클스의 오늘을 있게 한 가장 큰 후원자는, 아이러니하게도, 윈저 왕가의 켄트 공녀 알렉산드라Princess Alexandra, 1936~ 공주였다. 그의 후원으로 티기윙클스는 1991년 버킹엄셔 해드넘Haddenham에 2층짜리 독립 건물을 짓고 야생동물 치료 전문 교육 시설을 갖췄다. 현재는 후원 기업만 100여 곳이 넘어, 23명의 수의사와 50명의 자원봉사자가 연평균 8000~1만 마리의 야생동물을 진료하고 있다. 국가 의료 서비스가 정착된 나라의 병원들이 운영하는 트리아주triage. 부상 정도를 판별해 진료 순서를 정하는 부서 섹션에다 첨단 수술실, 방사선실, 진단 랩, 어린 동물 보육실과 회복 요양실, 집중 치료실, 심지어 수달과 바다표범 등 해양 동물 풀과 조류 방사장이 있고, 박쥐 요양실은 먹이 곤충을 유인하기 위한 자외선 설비까지 갖추고 있다. 약 20명의 학생이 12개월 과정의 정부 공인 동물복지 학점 코스로 티기윙클스에서 일과 연구를 병행하고 있고 수의사 단체, 잉글랜드 브리스틀대학교 등 대학, 해외 야생동물 관련 기관과도 교육·학술 교류를 하고 있다.

병원이 대형화·전문화하면서 설립자인 스토커는 간호와 동물 이송 등 덜 전문적인 업무를 주로 맡곤 했고, 시행착오를 겪어가며 마취 분야를 개척, 경험과 기량 면에서는 손색없는 전문가가 됐다. 주사기 뚜껑을 활용한 어린 두더지 마취마스크는 그의 비공인 특허품이고, 플라스틱 모종 상자를 개량한 부상 동물 인큐베이터도 그의 작품이다. 들것 네 군데에 구멍을 뚫어 부상당한 네발짐승을 나르자는 아이디어를 낸 것도 그였다. 치료를 받고 회복된 어린 바다표범을 안전한 서식지에 방생하기 위해 보트를 빌려 폭풍우보퍼트풍력 계급 기준 8등급. 바람에 물결이 휘날릴 정도의 풍속 치는 노퍽의 먼바다까지 갔던 이야기, 잔디깎이에 잘린 혀 봉합 수술을 받은 두꺼비에게 벌레를 잡는 기술을 익히게 해서 풀어줬다는 믿기지 않는 이야기도 여러 매체가 소개했다.

스토커는 티기윙클스의 창립 이야기와 동물별 진료 가이드 등

네 권의 책을 썼고, 그중 『실전 야생동물 보호Practical Wildlife Care』는 야생동물 진료의 귀중한 실용 가이드로 각광받으며 여러 언어로 번역 출간됐다. 신탁 법인은 후원금의 전액을 법인 설립 목적에 써야 한다. 그는 신탁에서 받는 급여와 책 인세로 생활했다. 회계사 출신답게 스토커는 단 한 번도 돈 관련 잡음을 낸 적이 없었다.

초창기부터 말년까지, 그와 병원 식구들이 겪은 곤란은 안팎으로 적지 않았다. 우선 물리고 할퀴이고 발굽에 차이는 건 예사였고, 맹금류 심지어 왜가리조차 의료진의 눈을 노리곤 했다. 그는 부상과 감염으로 주사와 붕대를 달고 살았다. 한 인터뷰에서 그는 "온순한 반려동물만 보살피던 동물 애호가라면 아마 5분도 버티기 힘들 것"이라고 말했다. 비전문가의 진료 행위를 두고 오갔던 초기의 의심과 냉소는 점차 수그러들었지만, 그(와 병원)의 행위가 자연에 대한 지나친 간섭이라는 비판은 꽤나 질기게 이어졌다. 그는 "대다수 부상 동물은 약하거나 늙어 병든 게 아니라 사람 때문에, 자동차나 고양이나 송전선 때문에 다쳐서 온다"라며 오히려 "한 해 평균 약 500만 마리의 야생동물이 그렇게 다치지만 우리가 감당하는 건 극히 일부일 뿐이다. 시민들을 좀 더 격려할 수 있다면 우리가 더 많은 동물을 돌볼 수 있을 것이다"라고 말했다. 그는 어린 새의 치료 성공률은 약 80퍼센트, 나머지는 60퍼센트쯤 된다고 말했다.

스티븐 핑커는 『우리 본성의 선한 천사』에서 "동물권은 이해 당사자들이 진전시키지 않은" 유일한 권리혁명이라고 썼다. 그래서 더 고결한 듯하지만, 그래서 인간은 동물 복지에 쉽사리 무심해질 수도 있다. 핑커는 인류의 육식에 대한 갈망과 인간-동물의 제로섬 관계(동물은 질병을 매개하고 작물, 가축 등 손해를 끼치고 드물게는 생명도 위협한다) 등을 근거로 동물 권리가 흑인·여성·아이·동성애자 권리의 궤적을 정확히 따르며 신장되리라 낙관하지 않았다. 다만 "적은 비용으로도 동물들의 엄청난 고통을 줄일 기회가 아직 차고 넘친다. 최근의 감수성 변화를 볼 때 동물들의 삶은 앞으로도 분명 개선될 것이다"라고 썼다. 눈먼 꿩의 재활을 돕고, 뇌를 다쳐 사냥 능력을 상실한 올빼미를 돌보는 등 어지간한 나라의 장애인보다 나은 의료 서비스를 짐승들에게 베푸는 걸 못마땅해하는 이들도 있었다. 물론 그들이 기부자는 아니었을 것이다.

스토커는 1990년 시계 회사 롤렉스가 과학, 의료, 환경 등의 분야에서 큰 공을 세운 이에게 격년으로 수여하는 롤렉스어워드Rolex Award for Enterprise를 받았고, 상금 2만 파운드로 세계의 고슴도치 민예품 등을 전시하는 티기윙클스박물관을 건립했다. 1991년에는 대영제국훈장(5급 훈장인 MBE)을 받았고, 2002년에는 왕립수의사협회의 명예 회원이 됐다. 그는 명예 회원 자격증을 제국훈장보다 자랑스러워했다고 한다.

인간이 쥐와 분리된 건 7000만 년 전이고 침팬지와 갈라선 건 500만~700만 년 전이라고 한다. 인간과 쥐의 유전자는 93퍼센트가 같고 침팬지와는 98퍼센트의 유전자를 공유한다는 것도 『전쟁 유전자』가 전하는 과학적 사실이다. 스토커는 그걸 "우리는 모두 커다란 그림 속의 일부일 뿐"이란 말로 표현했고, "만일 당신이 조금만 도와주면 동물도 사람과 똑같이 스스로 살기 위해 혼신을 다할 것"

이라고 말했다. 티기웡클스의 응급실은, 설립자의 장례식 날(2016년 7월 26일)에도 환자를 받았다.

1938 — 2016
발레리 스토리

위엄 있는 침묵

40여 년을 고수한 A6 살인의 진실

    1961년 8월 22일 밤 9시, 발레리 스토리Valerie Storie와 마이클 그렉슨Michael Gregsten은 영국 버킹엄셔 도니리치의 한 옥수수밭 근처에 차를 세우고 데이트를 하다 복면을 쓴 강도에게 납치당했다. 범인은 권총으로 그렉슨을 위협해 네 시간여 동안 런던 북부를 쏘다니게 했고, 다음 날 새벽 1시 30분 인적 없는 A6번 도로변에 차를 세우게 한 뒤 그렉슨을 살해하고 스토리를 강간했다. 차를 빼앗아 도주하기 직전 범인은 스토리에게도 총을, 실탄이 떨어지자 탄창까지 바꿔가며 일곱 발이나 난사했다. 가슴과 목 등 다섯 발을 맞은 스토리는 다음 날 새벽 기적적으로 살아 한 농부의 도움으로 병원에 후송됐다. 그는 척수를 다쳐 상반신 일부와 하반신이 마비됐다. 스토리는 미혼의 22세, 아내와 두 아이를 둔 그렉슨은 36세였다.

    참극은 끝난 게 아니었다. 'A6 살인'으로 불리는 저 사건이 영국 형사사법 역사상 가장 유명하고 논쟁적인 사건이 되어가는 길고도 고통스러운 세월이 이후 40여 년 동안 이어졌다. 그 세월의 최대 희생자이기도 했던 발레리 스토리가 2016년 3월 26일 별세했다. 향년 77세.

사건 약 두 달 뒤 25세 용의자 제임스 핸래티James Hanratty, 1936~
1962가 체포됐다. 사건 직후 범행에 사용된 총기와 빈 탄창이 각각
런던의 한 시내버스와 호텔에서 발견됐지만 지문은 없었다. 그런데
탄창이 발견되기 전날 그 호텔에 가명으로 묵었던 이가 절도 등 자
잘한 범죄 전과 4범의 핸래티였다. 경찰은 스토리의 범인 식별 절차
Identity Parade에서 용의자들에게 한마디씩을 하게 했다. 그렉슨이 살
해당한 뒤 "이 나쁜 놈, 왜?" 하고 절규하는 스토리에게 범인이 했
다는 말, "조용히 안 해? 나 나쁜 놈finking이야"였다. 런던 토박이
특유의 말투와 차가운 음성, 복면 위로 희뜩이던 파랗고 커다란 눈
동자를 스토리는 기억한다고 말했다. 스토리는 핸래티를 범인이라
고 두 번 세 번 단언했다.

경찰 조사에서 핸래티는 알리바이를 입증하지 못했고, 재판 도중
진술을 번복하기도 했다. 물론 그에게는 뚜렷한 동기가 없었다. 돈
이 목적이었다면 그렉슨의 소형차(1956년형 모리스 마이너)를 노리지
않았을 테고, 강간을 의도했다면 그렇게 오래 그들과 함께 머물렀
을 리 없다는 게 변호인의 주장이었다. 그에겐 강도 살인은 물론 폭
력 관련 전과도 없었다. 경찰은 지문을 비롯한 그 어떤 법의학적 증
거도 제시하지 못했다. 피해자 속옷에 묻은 정액 검사—DNA 검사
기법이 나오기 전이었다—결과 O형 혈액형은 일치했지만 영국인
40퍼센트가 O형이었다. 핸래티는 무죄를 주장했으나 이듬해 사형
을 선고받았고, 항소마저 기각당했다. 유죄 판단의 결정적 근거는
휠체어에 앉은 스토리의 확신에 찬 증언이었다.

핸래티의 무죄 주장과 재수사·재심을 요구하는 대대적인 캠페인
이 벌어졌다. 핸래티 가족과 변호인단을 중심으로 'A6변호위원회

A6 Defence Committee'가 꾸려졌다. 정치인과 저널리스트, 법인권운동
가들이 기기 가세했다. 존 레넌─오노 요코 부부도 후원금을 냈고,
공개적으로 핸래티 가족을 만나 격려하는 등 캠페인에 힘을 보탰
다. 형 집행 정지를 탄원하는 서명에 무려 9만여 명이 서명했다.

핸래티는 판결 6주 만인 1962년 4월 4일 교수형당했다. 형 집행
전날 가족 면회에서 그는 "내가 원하는 건 단 하나, 누명을 벗겨달
라는 거다. (…) 누구도 나에 대해 그릇된 말을 하지 못하게 해달라"
라고 말했다고 그의 동생(마이클 핸래티)은 말했다. 영국 의회가 일
반 사범에 대한 사형제를 폐지한 것은 3년 뒤인 1965년, 반역자, 군
범죄자 등에 대한 사형제까지 전면 폐지한 건 1998년이었다.

그렇게 새로운 비극이 시작됐다. A6 사건의 수사도 판결도 잘못
됐다는 의혹과 주장, 근거 들이 잇달아 제기됐다. 범행 직후 핸래티
가 피해자 차량을 운전하는 걸 목격했다는 목격자의 재판 증언은
정황상 불가능하다는 게 드러났고, 경찰도 그 사실을 알면서 위증
을 묵인했다는 사실이 폭로됐다. 피의자 진술 자료─비록 결정적인
내용은 아니었지만─를 고쳐 쓴 사실도 내무부 형사사건재심위원
회CCRC, Criminal Cases Review Commission에 의해 밝혀졌다. 2002년 BBC
다큐멘터리 〈A6 살인The A6 Murder〉에서 변호사 마이클 셰러드Michael
Sherrard, 1928~2012는 "대중도 속았고 시스템도 속았고 (…) 핸래티도
속았다. 경찰이 공개하지 않은 사실이 재판에서 모두 공개됐다면 결
과는 달랐을 것이다"라고 말했다.

앞서 1997년 1월 재심위원회는 A6 사건 재심을 결정했다. 언론은
원심에 "심각한 결함이 있었다"라는 위원회의 판단과 재심 결정을

대대적으로 보도했고, 그중 일부는 핸래티의 무죄를 기정사실화했다. 그해 1월 27일 자 〈인디펜던트〉의 기사 제목은 '그릇된 교수형 Wrongly hanged'이었다. 언론의 집요한 인터뷰 요청에 스토리는 침묵을 지켰다.

경찰은 1999년 범행 총기를 쌌던 손수건과 피해자의 증거물 속옷에 남은 정액 DNA를 핸래티 유족의 DNA와 대조했다. 'PCR Polymerase chain reaction'이라는 DNA 복제 기법, 즉 극미량의 DNA를 복제해 유의미한 법의학 분석 자료로 활용할 수 있는 기법이 갓 도입된 때였다. 분석 결과 법의학 팀은 "다른 사람보다 핸래티의 DNA일 가능성이 250만 배 크다"라고 발표했다.

하지만 불신으로 기울어질 대로 기운 대중의 의혹을 잠재우기에는 역부족이었다. 영국 항소법원 수석재판부는 2001년 핸래티의 무덤을 열어 본인의 DNA와 대조토록 했다. 역시 일치했다. 법원은 "의심할 여지 없이 핸래티의 유죄가 입증됐다"라고 최종 판결했다.

이번에는 증거의 '오염 가능성'이 제기됐다. 60년대 초반의 허술했던 증거물 관리·보존 관행, 현장에서 경찰서로 법의학실로 법원으로 증거물이 오가는 동안 다른 증거물과 부딪쳤을 것이라는 주장이었다. 법의학 팀은 "만일 증거물이 오염됐다면 총기를 싼 손수건에서 핸래티 외에 '진범'의 DNA도 나와야 하지만 거기선 오직 한 사람, 핸래티의 DNA만 검출됐다. 피해자의 속옷에선 단 두 명—핸래티와 그렉슨—의 DNA만 나왔다"라고 반박했다.

핸래티의 무죄를 입증하고자 했던 이들은 물론 대부분 대가 없이 제 돈과 시간을 써가며 그 일에 매달렸다. 그들은 경찰 사법 시스템의 부실과 나태를 고발하고자 했고, 그들이 믿는바 정의를 구현하고자 했다. 열 명의 범죄자를 놓치더라도 한 명의 억울한 희생자를 만들어서는 안 된다는 법 정의 원칙을 그들은 앞세웠다. 적어도 명분은 그러했다. 그들은 자신들의 의심(물론 그들에겐 확신)을 의심하지 않았고, 아집과 선의를 혼동했다. 잊힐 만하면 신문, 잡지가 기사를 썼고, 크든 작든 새로운 얘깃거리가 나올 때마다 방송 보도가 이어졌고, 추적 취재를 한 언론인은 나름의 시나리오로 책을 썼다.

스토리는 그 세월을 견뎌야 했다. 대놓고 그를 비난한 이는 많지 않았지만 공박의 과녁 한가운데에는 늘 그가 있었다. '불확실한 기억'에 근거한 '섣부른' 증언으로 무고한 한 남자를 죽게 만들었다는 거였다. 휠체어의 그는 단 한 차례도 언론 인터뷰에 응하지 않음으로써 적어도 공개적으로는 누구도 비난하지 않았다. 법원 최종 판결을 보도하며 〈데일리메일〉은 스토리가 '위엄 있는 침묵dignified silence'을 지켰다고 썼다.

발레리 스토리는 1938년 11월 24일 영국 버크셔 슬라우에서 태어났다. 1955년 고교를 졸업한 뒤 랭글리의 도로조사연구소 연구 보조원으로 취직했고, 거기서 유부남이던 과학자 그렉슨을 만나 사랑에 빠졌다. 둘의 연애는 직장 동료들과 그렉슨의 아내 재닛이 금세 알아챌 만큼 불같았지만 재닛은, 〈텔레그라프〉가 전한바 "한때의 불륜 상대쯤"으로 여겨 남편의 이혼 요구를 거부했다고 한다. 하지만 둘은, 적어도 스토리에게 그 연애는 진지한 거였다. 그는 훗날 1957년 12월의 첫 데이트를 "20년 동안 살면서 경험한 가장 멋진 순간이었다"라고 말했다.

스토리는 사건에 따른 그 어떤 보상도 받지 못했다. 사건 10개월 뒤 그는 휠체어를 타고 직장에 복귀했고, 외동딸로서 병든 부모를 경제적으로 부양했다. 그는 1983년 말 은퇴할 때까지 슬라우 지역 교통국 디렉터 겸 총무이사로 일하며 장애인 이동권 개선을 위해 헌신했다. 교통국 전 책임자인 웬디 필드는 "발레리의 과학적 지식은 소중한 자산이었다. (…) 그 자신 장애인으로서 의회 회의 때면 장애인을 위한 다양한 서비스 개선책을 앞장서 대변했고, 건강상의 이유로 자신의 장애인용 개조 차량을 직접 운전하지 못하게 된 뒤로는 버스를 이용하며 대중교통 장애인 편의 시설 등을 적극적으로 제안하곤 했다"라고 말했다.

스토리가 인터뷰 요청을 일절 거부한 것은, 그가 무슨 말을 어떻게 하더라도 소용없으리라 여겨서였다. 그가 비로소 언론 인터뷰에 응한 것은 마침내 그의 진실이 다시 좀 더 진전된 법과 절차, 즉 DNA 조사에 의해 확인된 2002년 5월이었다. 62세의 그는 한이라도 풀듯 쌓인 말들을 털어놓았다. "그날 이후 나는 어깨 아래로 마비된 채 살아왔다. (…) 매 순간 나는 그 (범죄의) 흔적과 더불어 살아야 했다. (…) 화날 때가 많았지만 집단적 히스테리아에 연루되고 싶지 않았다." 그는 "나는 거짓말쟁이로 불려왔다. 내 말은 아무도 믿으려 하지 않았다"라고도 했고, "핸래티가 살아 돌아와 '내가 범인'이라고 고백해도 그들은 믿으려 하지 않았을 것"이라고도 했다. BBC 다큐멘터리 〈A6 살인〉 인터뷰에서 스토리는 "나는 늘 핸래티의 유죄를 확신했다. 그는 이 나라의 법에 의해 재판을 받았고, 배심원은 그를 유죄로 판단했고, 선고받았다. 나는 우리 모두가 틀렸다고 생각하지 않는다. 그는 유죄다"라고 말했다. "그렇게 억울하고 쓰라리지는 않다. 누구도 그렇게 살 수는 없다. 그런 마음으로 산다면 다른 사람이 아니라 자기 자신부터 파괴하게 될 것이다"라고도 했다. 그 말은 신문과 방송과 책, 때로는 이웃의 어떤 질문과 표정에 분노하는 자신을, 하지만 무기력한 자신을 다독이려고 속으로 수없이 되뇐 말이었을 것이다.

그렉슨의 유족도 큰 고통을 감당해야 했다. 핸래티의 무죄를 확신했던 이들 중 한 명인 프리랜서 저널리스트 폴 풋Paul Foot, 1937~2004은 『누가 핸래티를 죽였나?Who Killed Hanratty?』라는 책에서 그렉슨의 아내 재닛이 사건 배후에 있고, 그의 사주를 받고 실제로 범행을 저지른 자는 다른 용의자(피터 알폰)였을 것이라 추정했다. 오랜 사회주의노동자당 당원이기도 했던 풋은 영국언론상(1980), 조지오웰저널리즘상(1995) 등을 수상하기도 한 저명 언론인으로, 그는 숨질 때까지 핸래티의 무죄를 믿었다.

사건 당시 두 살이었던 피살자의 아들 앤서니 그렉슨이 풋의 책을 처음 읽은 건 열한 살 무렵이었다. 2002년 〈텔레그라프〉 인터뷰에서 그는 "내 어머니는 그의 야만적 추정의 희생자였다. (…) 어머니는 내가 당신을 의심하는 기미라도 보일까 봐 두려워하며 내 눈치를 보곤 했다"라고, "나 역시 위축된 삶을 살아야 했다. (…) 내겐 정의가 너무 늦게 실현됐고, 그만큼 오래 오명을 견뎌야 했다"라고 말했다. 2002년 BBC 인터뷰에서 그는 "낯선 사람에게 A6 살인 사건의 희생자가 누구냐고 물어보라. 아마 잠깐 생각한 뒤에 '핸래티'라고 대답할 것이다"라고도 말했다. 사건 당시 일정한 거처 없이 떠돌이 생활을 했던 알폰도 핸래티의 무죄를 밝히려는 이들로부터 집

그렇게 억울하고 쓰라리지는 않다.
누구도 그렇게 살 수는 없다.
그런 마음으로 산다면
다른 사람이 아니라
자기 자신부터 파괴하게 될 것이다.

요한 추궁과 회유를 당해야 했다.

핸래티의 유죄가 입증됐다고 해서 대중의 비이성적 열정에 비수를 들려준 경찰의 부조리한 수사와 무모한 형 집행이 면책되는 것은 아니다. 핸래티의 유족도 그 비수의 희생자였다.

스토리는 핸래티 가족을 원망하지는 않는다고 말했다. "어느 어머니도 자기 아들이 살인자라는 사실을 받아들이기 힘들 것이다. 그리고 모든 살인자에게는 어머니가 있다. (…) 그들은 그들이 해야 한다고 여긴 일을 했을 뿐"이라고 말했다. 그는 맹렬한 사형 제도 옹호론자였다. 그는 독신으로 살았고, 인터뷰 등으로 번 돈 4만 파운드를 2014년 슬라우 교통국 장애인 지원 사업에 기부했다. 교통국은 그 돈으로 마련한 장애인 버스에 '발레리'라는 이름을 붙였다.

1927 — 2016
피티 오언

고 독 한 선 택

영국 독립출판의 지조

영국에 '피터오언퍼블리셔스'라는 독립출판사가 있다. 까다롭게 책을 내고 일단 내면 웬만해선 절판시키지 않기로 유명한 곳이다. 실용서처럼 금방 팔릴 책들도 더러 냈지만 주력은 문학 번역이다. 1인 출판사로 시작해 65년을 버텨오는 동안 헤르만 헤세 등 수많은 비영어권 '무명작가'들이 그 출판사를 통해 영미 문학 시장에 소개돼 이름을 얻었다. 앙드레 지드, 타고르, 보리스 파스테르나크, 옥타비오 파스 등 노벨문학상 수상 작가만 열 명. 거트루드 스타인, 에즈라 파운드, 헨리 밀러, 헨리 제임스, 마르퀴 드 사드, 아나이스 닌, 나쓰메 소세키, 다자이 오사무, 미시마 유키오, 엔도 슈사쿠, 장 지오노, 콜레트, 장 콕토, 체사레 파베세, 블레즈 상드라르……. 마르크 샤갈과 살바도르 달리, 세르게이 예이젠시테인, 에디트 피아프의 자서전도 있고 존 레넌이 추천사를 쓴 오노 요코의 에세이도 있다. 이승우의 『생의 이면』, 이청준의 『서편제』를 각각 2005년 'The Reverse Side of Life'와 2011년 'Seopyeonje: The Southerner's Songs'라는 제목으로 출간한 것도 그 출판사다.

1951년 단돈 875파운드로 출판사를 차려 저 일을 해낸 영국의 독립출판인 피터 오언Peter Owen이 2016년 5월 31일 별세했다. 향년 89세.

피터 오언은 1927년 2월 25일 독일 뉘른베르크에서 독일인 아버지와 영국인 어머니의 외동아들로 태어났다. 가족 공장을 운영하던 유대인 부모는 나치 기세가 심상치 않던 1933년 여섯 살의 그를 런던 북부에 살던 외가에 맡겼고, 얼마 뒤 그들도 영국으로 이주했다. 한 인터뷰에서 오언은 "교회 부설 학교여서 나는 매일 채플 수업을 들었다. 부모님은 유대교인이었지만 열성 신자는 아니었다. 내가 유대인이라고 느끼느냐고? 별로! 독일서 태어났지만 독일인이라는 생각도 없다"라고 말했다. 마찬가지로 영국인이라는 생각도 딱히 없었을 듯하다.

그는 다만 문학인이었고 출판인이었다. 돈도 이름도 없는 출판인이다 보니 어쩔 수 없이 외국 무명작가의 좋은 작품을 남보다 더 열심히 찾아야 했겠지만, 문학에 국적이 뭔 대수냐는 생각도 없잖아 있었을 것이다. 외삼촌이 런던 채링크로스의 꽤 이름난 서점(즈웨머 서점Zwemmer's Bookshop) 지배인으로 일했고, 집에는 널린 게 책이었다. 그는 톨스토이의 번역서와 D. H. 로런스, 디킨스 등의 소설로 영어를 익혔다.

30, 40년대 런던은 피난 온 지식인들로 붐볐고 중소 출판업도 흥성했다. 아버지도 발 넓은 외삼촌의 도움으로 비전프레스Vision Press라는 작은 출판사를 함께 창업했다. 오언도 한 영국인의 출판사 사환으로 일을 시작했고, 영국왕립공군으로 복무하고 제대한 직후인

1948년 네빌 암스트롱Neville Armstrong이라는 이와 '피터네빌' 출판사를 차렸다. 전쟁 직후라 모든 물자가 귀하던 때였고 종이도 배급제였는데, 오언이 상무부Board of Trade의 한 직원에게 '말'을 잘해서 6톤 분량의 종이를 확보한 게 큰 도움이 됐다고 한다. 그들의 출판사는 사르트르의 책도 낼 정도였지만 오언은 "쓰레기나 다름없는 책까지 내는 게 못마땅해" 3년 뒤 자신의 지분을 500파운드에 팔고 손을 턴다. 그 돈에다 어머니의 보증으로 은행서 대출받은 350파운드, 제대 보상금 25파운드를 보태 24세의 그가 창업한 게 피터오언퍼블리셔스였다.

첫 책은 쥘리앵 그라크의 『어둠의 이방인A Dark Stranger』과 『북회귀선』의 작가 헨리 밀러의 앤솔러지 『내 생애의 책The Book in My Life』이었다. 밀러의 책은 초보 출판인인 그에게는 가이드북이기도 해서 그는 책에 수록된 작가들—에즈라 파운드, 보리스 파스테르나크 등—의 책들을 잇달아 계약했다. 훗날 그는 "밀러는 안목 있는 비평가이기도 했다"라고 말했다. 당시에도 밀러의 대표작들은 금서였다.

헤르만 헤세의 『싯다르타』를 낸 건 1954년이었다. 헤세는 1946년 『유리알 유희』로 이미 노벨문학상을 탔지만 반독일 정서 탓인지 영미권에선 거의 무명작가였고 영어 번역본은 단 한 편도 없던 상황이었다. 저작권 협상 당시 헤세 측에서 신생 출판사는 안 된다고 거절해 외삼촌의 비전프레스를 경유해 기어코 계약했다는 일화가 있다. 저작권료로 그가 지불한 돈은 25파운드. 그는 전량 하드커버로 책을 제작했다. 『싯다르타』가 영국과 미국 시장에서 날개 돋친 듯 팔리기 시작한 건 60년대부터였다. 히피 열풍과 함께 동양 신비주의가 유행하면서 미국의 페이퍼백 출판사들이 앞다퉈 그를 찾아왔고,

미국 펭귄과 팬PAN을 두고 저울질하던 그는 거액(액수는 밝히지 않았다)의 로열티와 '피터오언 북스 리스트'의 5, 6권을 끼워서 팬에 넘겼다. 출판 잡지 〈3:AM 매거진〉 인터뷰에서 그는 "두 출판사 모두 내가 요구한 로열티 액수에는 놀라지 않았지만, 펭귄과 달리 팬에는 우리 출판사를 잘 알던 빼어난 편집자가 두 명 있었다"라고 말했다. '피터오언'은 지금도 『데미안』 등 일곱 종의 헤세 책을 내고 있지만 작가의 대표작 가운데 하나인 『나르치스와 골드문트』는 개작을 해야겠다고 떼를 쓰다가 한참 늦게 출간하기도 했다.

헤세로 출판사가 자리를 잡기까지 그는 책 제작서부터 포장, 판매, 배급, 회계 등 모든 일을 혼자 해냈다. 직원을 뽑은 뒤로도 우편물은 직접 뜯었는데, 소인이 찍히지 않은 우표를 챙기는 행운을 놓치지 않기 위해서였다는 믿기지 않는 이야기도 있다. 그는 말년까지 작가의 인세 정산서만큼은 손가락 두 개로 직접 타이핑해서 전달했다고 한다. "성공하려면 적어도 5년은 '개처럼like a dog' 일할 준비가 돼 있어야 한다. (…) 장사에도 촉각을 곤두세우고 있는 자라야만 기회를 얻을 수 있다"라고 그는 말했다. 르네상스 이후 여러 언어권의 문학 조류가 가장 격렬하게 뒤섞이고 거대 출판 자본(저작권 에이전시 포함)의 시장 장악력이 아직 덜했던 시대의 덕도 물론 적지 않았을 것이다.

빼어난 감식안과 더불어 출판인으로서 그의 철학이 돋보인 건 50년대 말 이후 잇달아 낸 '전위' 작가들의 책들 덕이었다. 자전적 성애 소설과 잦은 스캔들로 밀러보다 더 명성이 높았던 연인 아나이스 닌의 『근친상간Incest』, 비트제너레이션의 시인 폴과 제인 볼스 부

저급한 기준으로 작가를 고를 경우
노골적인 준포르노물이 되기 십상이다.
나는 작품 속에 아이러니와
유머가 있는지 따졌다.

부의 시집, 코카인 과다 복용으로 숨진 애나 카반Anna Kavan, 1901~ 1968의 여러 작품 등이 대표적이었다. 당시 카반은 메이저 출판사 조 너선케이프Jonathan Cape에서 1948년 책을 낸 뒤로 약물중독 등으로 거의 잊힌 작가였다. 1956년의 책 『사랑 결핍A Scarcity of Love』은 출판 사를 못 구해 사실상 자비출판을 했으나 인쇄비도 지급하지 못하 고 있던 무렵이었다. 오언은 그 책을 재출간하고 이후의 작품과 카 반 사후 미발표 원고까지 고집스레 출간했다. 그는 카반을 저평가 된 작가 중 한 명으로 꼽았다. 오언은 다른 출판사들이 내다버린 '잡동사니'들만 골라내는 출판인이라는 비아냥을 듣기도 했다.

그의 컬트적 스타일은 다분히 모험적이었지만 그에게는 철학이 있었다. 〈3:AM 매거진〉 인터뷰에서 그는 "저급한 기준으로 작가를 고를 경우 (…) 노골적인 준포르노물이 되기 십상이다. 나는 작품 속에 아이러니와 유머가 있는지 따졌다"라고 말했다. 그렇게 골라 출판한 책 중에는 '야설'로 통하던 사드의 책들과 아폴리네르의 『일 만 일천 번의 채찍질Les Onze Mille Verges』 등도 있었다. 모두 첫 영어판 책이었다. 출판사는 부고에서 그가 "동성애자 인권과 여성, 마리화 나 등 사회적 이슈에 관해 개척자적인 출판인이었다"라고 썼다. 『감정가의 마리화나 안내서The Connoisseur's Handbook of Marijuana』 같은 책은 제목처럼 실용서였다.

녹일어도 능숙하지 않았던 그가 저 다양한 외국 문학작품을 직 접 읽고 선택했을 리는 없다. 그의 뒤엔 외삼촌을 통해 알게 된 미 국의 출판사 겸 에이전시 뉴디렉션스New Directions의 탁월한 출판인 제임스 로플린James Laughlin, 1914~1997이 있었고, 신뢰할 만한 번역가와 작가 친구들이 있었다. 헤세와 일본 작가들을 추천한 건 로플린이었고, 사드와 장 콕토 등을 추천한 이는 걸출한 번역가이자 전기 작가 마거릿 크로슬런드Margaret Crosland, 1920~였다. 훗날 크로슬런드는 "내가 평생 만나온 모든 출판인을 통틀어 피터는 가장 일관적이고도 예측 가능하게 예측 불가능하고 짜증 나는 사람이었지만 나는 늘 그에게 돌아가곤 했다"라고 말했다. 작품을 두고 까다롭게 토론하고 따지고 심지어 번역료를 깎으려고 한 적도 많았지만 늘 결과가 좋았다는 얘기였다. 그에겐 또 좋은 편집자들이 있었다. 창업 초기부터 약 10년간 함께 일한 그의 첫 편집자는 『진 브로디의 전성기The prime of Miss Jean Brodie』의 작가 뮤리엘 스파크Muriel Spark, 1918~2006였다. 50년대 중반 로플린이 사뮈엘 베케트와 다자이 오사무를 추천했는데, 오사무는 물론이고 베케트도 『고도를 기다리며』 발표 전의 50대 무명작가였다. 그는 오사무를, 스파크는 베케트를 골랐다. 스파크는 "둘 다 내자"라고 제안했고 그는 "형편이 안 된다"라고 거절했다고 한다. 그는 "내 생애 최대의 실수였다"라며 저 일화를 전했다. 스파크 역시 첫 책 두 권을 피터오언에서 냈고, 미시마 유키오 등 그의 대다수 작가들이 그랬듯이, 이름을 얻은 뒤 메이저 출판사로 옮겼다. 오언은 "뮤리엘은 내가 아는 가장 유쾌하고 유능한 편집자지만 유명해진 뒤로는 옛 친구들을 다 내다버리더라"라고 농반진반 말했다.

살바도르 달리가 그의 그림 같은 초현실주의풍 소설 『감춰진 얼굴Hidden Faces』을 써뒀다는 정보를 그에게 알려준 건 그의 친구였던 화가 프랜시스 베이컨이었다. 오언이 이탈리아까지 달리를 세 차례나 찾아간 이야기, 달리가 자기는 공중인의 아들이라며 대놓고 거금을 요구한 이야기, 삽화를 따로 그려주는 조건으로 그로선 부담스러운 선인세를 줬지만 그림이 "침대에 누워 낙서한 수준"이어서 초판에 넣었다가 빼버렸다는 이야기를 하며 오언은 "달리는 사기꾼의 전형이었다. 재능은 있었지만!"이라고 말했다.

오노 요코의 『자몽Grapefruit』은 아포리즘과 삽화를 담은 책이다. 오노는 책 홍보를 요구하며 성가시게 전화를 해댔다고 한다. 한밤중에 전화로 "내게 프로모션 아이디어가 있는데⋯⋯"라며 운을 떼는 오노에게 오언이 "보세요, 당신이 작곡은 잘하겠지만 출판은 내가 전문입니다. 당신은 당신 일 신경 쓰고 나는 내 일 하면 안 되겠소?"라고 쏘아붙여 싸웠다는 이야기도 있다. 존 레넌이 서문을 써서 재판을 낸 걸 보면 계약이 아예 깨진 건 아니었고 또 한쪽 얘기만 들을 일도 아니지만 분명한 건 오언이 고집 세고, 자신의 작가를 포함해 여러 사람과 불화했고, 자리 안 가리고 거친 말을 곧잘 하곤 했다는 거였다. 1994년 오에 겐자부로가 노벨문학상을 타자, 함께 물망에 올랐던 그의 작가 엔도 슈사쿠가 상을 못 탄 건 "스웨덴 아카데미의 스캔들"이라고 공개적으로 성토하기도 했다. 드물게 그를 떠나지 않던 작가 중 한 명인 슈사쿠는 2년 뒤 별세했지만, 영화감독 마틴 스코세이지가 2007년 작품 〈침묵Silence〉의 판권을 사서 영화를 개봉해 오언은 얼마간 한을 풀었다.

그는 선인세를 짜게 주고 번역료를 두고 끈질기게 협상하기로 악명 높았다. 대부분 많이 팔 기대 없이 책을 냈고 주된 고객은 어차피 공공 도서관이라는 게 그의 생각이었다. 80년대 대처 정부가 도서관 예산을 삭감하자 업계 눈치 안 보고 혼자 책값을 권당 1파운드가량 대폭 인상한 일도 있었다. 하지만 직원들 급여는 상대적으로 후했고 자신의 월급은 아주 적었다고 한다. 그의 보수적 경영은, 좋게 보자면, 거인들과의 경쟁에서 최대한 오래 버티기 위한 거였다.

그는 두 차례 결혼하고 이혼했고, 2녀 1남을 두었고, 2014년 대영제국훈장(4급 훈장인 OBE)을 탔다. 영미권 출판계는 독립출판인으로서 늘 어려운 형편에도 시장 전망보다 작품성을 먼저 따지던 그의 고집을 기렸다. 최대 거래처였을 미국 뉴디렉션스의 바버라 에플러 회장은 "그는 어떤 게 귀하고 어떤 게 위대한지 알았던, 귀하고 위대한 사람이었다"라고 애도했고, 그에게서 책을 낸 적 없는 도리스 레싱은 "나는 오언과 그의 고독한 선택lone stand을 늘 존경해왔다. 그는 그가 아니었으면 아예 나오지 않았을 책들을 출판해줬고, 우리는 그와 같은 몇 안 되는 이에게 큰 빚을 졌다"라고 말했다. 레싱이 말한 '고독한 선택'을, 〈가디언〉의 서평 담당자는 2011년 기사에서 독자로서 가지고 있는 '가녀린 희망forlorn hope'이라고 표현했다.

1921 — 2016   1923 — 2002
대니얼 베리건   필립 베리건

형제는 용감했다

베트남전쟁을 반대한 형제 신부

2016년 5월 초 〈뉴욕타임스〉는 베트남전 그린베레 출신의 한 이름 없는 반전·인권운동가(도널드 던컨Donald W. Duncan)의 부고를 숨진 지 7년이나 지난 뒤에 썼고, 부고 담당 데스크는 그 기사가 늦은 사연을 설명하는 장문의 글을 다시 보름여 뒤에 올렸다. 오늘의 미국이 지향하는, 혹은 모든 미국 시민과 세계인이 공유해야 한다고 믿는 보편적 가치를 위해 헌신했던 이들에 대한 언론의 경의—도널드 트럼프에 대한 반발심이 작용했을 수도 있겠지만—가 그렇게 집요하다.

반전 보습 운동(일명 '쟁기 날 운동Ploughshares Movement')을 최초로 시작한 게 미국의 형제 신부 대니얼 조지프 베리건Daniel Joseph Berrigan과 필립 프랜시스 베리건Philip Francis Berrigan이다. 60, 70년대의 반전운동가들을 언급할 때면, 위 기사가 그랬듯 조앤 바에즈나 제인 폰다, 노먼 메일러 같은 유명인들의 이름 앞에 놓이는 게 그들 '못 말리는' 형제다.

북베트남 인민군과 남베트남 인민해방전선(베트콩)의 1968년 1월

30일 '구정 대공세Tet Offensive'는 전쟁과 반전운동 모두의 분수령이었다. 미군 피해도 피해지만, 폭격과 살육으로 이어진 무차별 보복 양상은 미국의 정의를 의심하게 하는 결정적인 계기가 됐다.

보스턴대학교 역사학자 하워드 진과 예수회 소속 코넬대 신학자 대니얼 베리건이 베트남을 방문, 인민군에 억류된 전투기 조종사 세 명의 석방 협상을 벌인 게 그 무렵이었다. 2월 초 그들은 포로 세 명과 함께 무사히 귀국했다. 가족과 함께 구정을 맞으라는 인민군의 인도주의적 조치, 라기보다는 반전 심리전의 회심의 한 수였을 것이다. 당연히 언론은 대서특필했다. 물론 미국 정부에겐 이적 행위로 보였을 것이다.

대니얼보다 더 유명했던 건 두 살 터울의 동생 필립이었다. 요셉파 신부인 그는 1967년 10월 활동가 세 명과 함께 볼티모어 세관 내 징병사무소에 들어가 징병 서류에 피를 섞은 붉은 물감을 쏟아부어 미국 신부로는 최초로 '반정부 활동' 혐의로 불구속 기소됐다. 마틴 루터 킹 목사가 암살당한 지 한 달여 뒤인 1968년 5월, 재판을 받고 있던 필립이 형 대니얼의 코넬대 연구실로 찾아왔다. 볼티모어에서 한 것과 같은 일을 다시 벌일 참이니 형도 동참하라는 거였다. 2006년 〈데모크러시나우!Demcracy Now!〉 인터뷰에서 대니얼은 "동생의 그 용기, 아니 '무대포effrontery'에 어안이 벙벙했다"라고 말했다. "침을 꿀꺽 삼킨 뒤 '며칠만 시간을 달라'고 했어요. 해야 할 이유와 안 해야 할 이유를 혼자 찬찬히 적어봤죠. 그 초대에 응해야 할 이유가 압도적으로 많더군요. 그래서 했죠."

훗날 '케이턴스빌 9Catonsville Nine'이라 불린 그들 형제 신부와 활동가 일곱 명은 1968년 5월 17일 메릴랜드 주 볼티모어 외곽 케이턴스빌 징병사무소에 들어가 징병관 눈앞에서 징병 서류를 몽땅 (387건) 들고 나와 주차장에서 불태운 뒤 이런 선언문을 낭독했다. "우리는 국가의 범죄행위를 마주하고도 침묵과 비겁함으로 일관하는 미국의 가톨릭교회와 여타 기독교 기관들과 유대교회를 눈앞에 보고 있습니다. 우리는 이 나라의 관료적 종교 기구들이 인종차별적이며, 이 전쟁의 공범이며, 가난한 자들에 냉담하다는 사실을 확신하게 되었습니다."

미리 귀띔받은 기자들은 사제복 차림의 형제—왜소하고 금욕적 용모의 대니얼과 큰 덩치에 우락부락한 얼굴의 필립—사진과 함께 그 소식을 미국 전역에 전했다. 두 사건은 행진과 거리 시위에 머물던 반전운동을 영장 소각 등 직접행동·시민불복종 운동으로 확산시킨 분수령이었다.

형제는 공공 기물 손괴와 공무 집행 방해 혐의로 불구속 기소돼 유죄 선고를 받지만 "불의의 판결에 순응할 수 없어" 형 집행 직전 잠적, FBI의 추적을 받아가며 활동을 지속했다. 수배 중 대니얼은 코넬대 학내 문화 행사에 참여했다가 프로그램에 있던 〈최후의 만찬〉 연극배우로 분장해 문 앞을 지키고 섰던 FBI 체포조를 따돌리기도 했다. 그 무렵 필립은 가톨릭 인권운동 단체에서 만난 수녀 엘리자베스 매캘리스터Elizabeth McAlister와 연애 중이었는데, 먼저 체포된 그가 연인과 주고받던 편지에 형의 소재를 적는 바람에 대니얼도 체포됐다. 2년 뒤인 1972년 가석방된 대니얼은 재판 과정을 희곡 『케이턴스빌 9 재판The Trial of the Catonsville Nine』으로 썼다. "선한 벗들에게 사죄하련다. 아이들을 대신해 종잇조각을 태운 죄, 그래서 납골당 행렬의 질서를 흩뜨린 죄. 하지만 어쩔 수 없었다. 신이여 저희를 도우소서."

형제는 미네소타 주 버지니아 시의 한 독일 이민자 가정의 6남매 중 넷째와 막내로 1921년 5월 9일, 1923년 10월 5일 태어났다. 철도 노동자였던 아버지가 노조 활동을 하다 해직되면서 가족은 시러큐스로 이주했다. 〈뉴욕타임스〉는 대니얼의 자서전 『평화 속에서 살기To Dwell in Peace』 내용 일부를 소개했다. 그가 다른 형제들과 달리 병약했고 특히 발목이 약해 네 살 때까지 잘 걷지도 못했다는 이야기, 자연스레 엄마와 보낸 시간이 길어 아버지가 어머니에게 가하는 폭력을 자주 목격했다는 이야기. 아버지는 세상의 불의에 분노하면서 그 분노를 집안에서 풀곤 했고, 아버지의 그런 죄를 사해주는 교회가 못마땅했다는 이야기. 그는 신학교(뉴욕 하이드파크 예수회 신학교와 볼티모어 우드스톡칼리지)에 진학, 1952년 사제 서품을 받았다.

동생 필립은 고교 졸업 후 세미프로로 야구팀 선수로 뛸 만큼 활동적이었다. 1943년 입대 후 극심한 흑인 차별과 유럽 전선의 참상을 겪고는 그 분노와 죄의식으로 신학교(매사추세츠 우스터 홀리크로스 칼리지, 뉴올리언스 로욜라대학교와 세비어대학교)에 진학, 1955년 사제가 됐다. 전쟁 기간 '선은 반드시 악을 이긴다'라는 국가주의자들의 선전에 담긴 위선을 냉소하게 됐다고 한다. 그들의 선은 '유러피언 백인'의 선일 뿐이었다.

50년대의 대니얼은 신학 연구와 강의를 하면서 문학, 특히 시를 썼다. 미국시인아카데미AAP, Academy of American Poets의 '제임스로플린상'을 받은 1958년의 첫 시집 『무한한 시간Time Without Number』을 비롯해 그는 평생 50여 권의 책(시집 15권)을 썼다. 훗날 그는 좌파 사회운동가이자 가톨릭 평화주의자로 가톨릭노동자운동CWM, Catholic Worker Movement을 조직한 도로시 데이Dorothy Day, 1897~1980에게서 비참과 가난, 전쟁의 방정식을 바라보는 신학자의 관점을 배웠고, 트라피스트 수도회의 작가 토머스 머턴Thomas Merton, 1915~1968에게서 문학과 좌파 신학자로서의 헌신과 용기를 배웠다고 말했다. 그는 코넬대학교 안식년이던 1963년 프랑스 파리를 돌며 현지 신부들로부터 인도차이나의 현실을 알게 됐고, 돌아오자마자 동생과 함께 가톨릭평화형제회CPF, Catholic Peace Fellowship를 조직, 반전운동을 시작했다. 1967년 10월 펜타곤 앞 시위로 2주간 워싱턴 DC 감옥에 갇혔던 게 그의 첫 전과였다.

60, 70년대 미국 사회는 흑인 등 소수자 인권과 베트남전쟁에 대한 입장으로 크게 양분돼 있었다. 형제를 세상모르고 이적 행위나 일삼는 철없는 영웅주의자로 보는 이들이 적지 않았다. 교회로서도 그들은 눈엣가시였다. 가톨릭주교단은 1965년 말 가톨릭노동자운동 소속 청년 로저 라포트Roger Allen LaPorte, 1943~1965가 베트남전에 반대하며 뉴욕 유엔 본부 앞에서 분신한 직간접적 책임을 물어 대니얼을 남미로 사실상 추방했다. 현지 교회 사정을 살펴 보고하라는 게 임무였지만, 대니얼에게는 남미의 정치·사회 현실과 미국의 역할, 교회의 역할을 새삼스럽게 확인하는 계기, 전의를 증폭시키는 계기가 됐다. 그는 부자들을 일방적으로 편드는 가톨릭교회의 현실, 극우 군사정권에 무기를 대는 미국 군사정책의 실상을 보았다. 그의 추방에 항의하는 자유주의 가톨릭 진영과 시민들의 압력에 굴복해 주교단이 그를 뉴욕으로 다시 불러들인 건 약 5개월 뒤였다. 펜타곤 시위와 케이턴스빌 사건 등은 그 직후의 일이었다. 훗날 대

니얼은 당시 교황 요한 바오로 2세를 두고 "가톨릭교회에 소비에트 식 통치 기법—밀고와 추방, 사찰과 내사 등—을 도입한 인물이었 다"라며 "그의 유산을 극복하려면 최소 한 세대는 지나야 할 것"이 라고 말했다.

필립은 1972년 12월 가석방된 뒤 이듬해 매캘리스터와 결혼, 볼 티모어에 정착해 저 유명한 '요나하우스Jonah House'를 건설했다. 비 폭력 저항의 공동체인 요나하우스는 1996년 성 피터 공동묘지 내 로 터전을 옮긴 반전 인권 운동의 근거지다.

1980년 9월 8일, 펜실베이니아 킹오브프러시아의 제너럴일렉트 릭 군수공장에 들어가 핵미사일 '마크 12A'의 탄두 부품 '노즈콘'을 망치로 부수는 최초의 '반핵 러다이트(보습 운동)'를 이끈 것도 신부 대니얼과 전 신부 필립이었다.

2006년 인터뷰에서 대니얼은 "무기에 대한 최초의 타격이었어요. (…) 현지에 도착한 우리는 부품이 어느 공장에서 만들어지는지도 몰랐는데, 교대조가 드나드는 공장으로 무작정 들어갔더니 그게 있 더군요. (…) (부품을 부순 뒤) 준비해 간 돼지 피를 뿌리고 빙 둘러 서서 기도를 했죠"라고 말했다. "그들의 칼을 쳐서 보습을 만들고 그들의 창을 쳐서 낫을 만들 것이며 이 나라와 저 나라가 다시는 칼을 들고 서로 치지 아니하며 다시는 전쟁을 연습하지 아니하리 라."(『이사야서』 2장 4절)

재판에서 판사가 "이후로는 그런 행위를 삼가겠느냐"라고 묻자 대니얼은 타당한 질문은 그게 아니라며 이렇게 말했다. "제가 보기 에 재판장님께서는 부시 대통령에게 미사일 만드는 걸 중단할 것인지 먼저 질문하셔야 할 것 같습니다." 그들은 3~10년 형을 선고받았지만 10년간 이어진 상소와 항고 끝에 재판 기간을 수형 기간으로 인정받아 실형을 살지는 않았다. 그 피고들 중에 훗날 영화 〈지옥의 묵시록〉에 출연한 배우 겸 평화운동가 마틴 신도 있었다. 에밀드 안토니오Emile de Antonio, 1919~1989 감독의 1982년 영화 〈킹오브프러시아에서In the King of Prussia〉는 그들이 직접 연기한 그들의 이야기였다. 대니얼은 "마틴 신은 재판장 역이었는데 필립과 나는 그에게 연기가 별로라고 말하곤 했다. 그는 충분히 사악하지 않았다"라고 말했다.

필립은 이후로도 활동을 지속하며 11년 동안 감옥살이를 했다. 독립영화 감독 린 삭스Lynne Sachs가 케이턴스빌 사건을 소재로 2001년 다큐멘터리 〈격정적인 조사Investigation of a Flame〉를 제작해 그해 5월 메릴랜드필름페스티벌에서 시사회를 열던 무렵 77세의 필립은 다른 시위 건으로 감옥에 있었다. 아내 매캘리스터는 "필립은 한결같은 신앙인이었고, 변함없이 굳건했다. 그는 놀라운 사람"이라고 말했다. 그는 2002년 12월 6일 암으로 별세했다. 향년 79세.

대니얼은 뉴욕 시러큐스의 르모인칼리지와 뉴올리언스 로욜라대학교, UC버클리와 시카고 드폴대학교 등에서 교편을 잡았다. 동생과 함께 에이즈 환자 돕기 등 다양한 활동을 지속했고, 2012년 맨해튼 월스트리트 점거 시위에도 동참했다. 케이턴스빌 사건 40주년이던 2008년 〈더 네이션〉 인터뷰에서 그는 "요즘이 내 생애 최악의 시기"라고, "지금처럼 미래가 안 보이던 때가 없었다"라고 말했다. 그는 한 해 전 보스턴칼리지가 이라크 침공의 매파 콘돌리자 라이스 당시 국무 장관에게 명예 학위를 수여한 일, 대테러 전쟁의 선봉

성경이 선의 결실을 보장해주지는 않는다.
나는 오직 내가 믿는바
선을 능력껏, 조심스럽게, 비폭력적으로
실천하는 것에만 마음을 썼고,
그 마음이 시키는 대로 살아왔다.

마이클 무카시 검찰총장의 로스쿨 강연 등을 꼬집어 비난했다. "그들의 남루한 삶이 모범이 되고 영예로운 일이 됐음을 보여주는 단적인 예다. (…) 삶의 원칙은 돈과 직장 생활의 매트릭스 속으로 사라졌다." 그는 영적 기반 없는 사회운동, 특히 감정에 치우쳐 금세 폭발하고 꺼져버리는 좌파 운동의 짧은 주기를 못마땅해했다.

하지만 그는 "그래도 우리는 '오늘'을 잃었을 뿐 모든 걸 잃지는 않았다"라고, "40주년을 기념하는 까닭도 지금 우리가 여기 아직 살아 있기 때문"이라고 말했다. "선은, 뭔가 이루기 위해서가 아니라 그 자체가 선이기에 좇을 가치가 있다. (…) 성경이 선의 결실을 보장해주지는 않는다. 나는 오직 내가 믿는바 선을 능력껏, 조심스럽게, 비폭력적으로 실천하는 것에만 마음을 썼고, 그 마음이 시키는 대로 살아왔다."

그는 심혈관 질환으로 2016년 4월 30일 별세했다. 향년 94세. 〈데모크러시나우!〉는 부고 기사에서 조지타운대학교 신학대학장 체스터 길리스의 말을 인용했다. "20세기의 가톨릭 선지자를 찾고자 한다면, 도로시 데이나 토머스 머턴과 함께 있을 베리건 신부를 찾으면 된다."

1946 ——— 2016
미셸 클리프

끼어 있는 주체

인종·성·민족 차별의 교차로에서

 자메이카는 카리브 해 서인도제도의 작은 섬나라다. 300만 명이 채 안 되는 인구가 경기도만 한 땅에 산다. 1494년 콜럼버스의 '개척' 선단이 상륙한 이래 쭉 스페인의 지배를 받았고, 1655년부터 약 300년간은 영국 식민지였다. 1944년 자치 정부가 수립됐고, 1962년 독립해 영연방 국가가 됐다. 그사이 원주민 아라와크^{Arawak} 인디오는 전쟁과 노예노동과 유럽의 전염병으로 수도 없이 죽어갔다. 백인 지배자들은 아프리카 흑인을 노예로 끌고 와 커피—영국 왕가가 그렇게 애호한다는 커피 '블루마운틴'의 산지 블루마운틴이 거기 있다—와 사탕수수 농장의 부족한 노동력을 충당했다. 한마디로 자메이카(서인도제도)는 16세기 이래 유럽 식민주의의 발원지이자 거점이었고, 흑인 노예들이 사고팔리고 살고 죽는 곳이었다.

 중남미 다수 국가가 그렇지만 섬나라 자메이카가 겪은 식민의 후유증은 더 참담해서, 주민 혈통서부터 문화와 역사가 통째로 바뀌거나 이식됐다고 해도 과언이 아니었다. 피부색에 따라 정밀하고 악착스럽게 차등화된 인종주의, 빈부와 출신에 따른 계급주의, 성차

57

별주의가 포스트식민주의의 여러 잔재들과 뒤섞여 복잡한 위계 사회를 만들어냈다.

자메이카 출신 미국인 미셸 클리프Michelle Carla Cliff가 작가가 된 것은, 언어를 통해 자메이카의 저 뒤틀린 현실과 잊힌 역사와 문화를 집요하게 들춰 보인 까닭은, 무엇보다 먼저 자신의 혈통과 조국과 계급과 성Gender(그는 레즈비언이었다)의 좌표, 곧 정체성을 확인하기 위해서였다. 흑인의 집단 기억과 경험을 문학으로 구현한 토니 모리슨이나 『한밤의 아이들』 등을 통해 독립 전후의 인도의 역사와 문화를 복원하고자 했던 살만 루슈디처럼, 클리프에게 사적 정체성은 공적인 역사와 결코 따로 놓일 수 없는 것이었다. 그의 자전적 작품들은 당연히 식민지적 공간 자메이카의 현실과 다층적·혼종적 위계의 억압을 고발하고 잊힌 저항의 역사와 전망을 드러내는 작업이기도 했다.

모든 이산Diaspora은 사실상 추방이다. 그는 자메이카의 태양을 그리워했지만 조국으로 돌아가지 않았다. 미셸 클리프가 2016년 6월 12일 별세했다. 향년 69세.

클리프는 자메이카 자치 정부가 갓 출범한 1946년 11월 2일 수도 킹스턴에서 태어났다. 그의 집안은 꽤 부유했다. 케니언대학Kenyon College에서 내는 문예지 〈케니언리뷰〉 1993년 겨울 호 인터뷰에서 그는 할머니의 집 울타리 안에 교회가 있을 정도였다고 말했다. "할머니는 마을에서 가장 부유한 사람이었고 존경받는 사람이었다. 굶주린 이들에게 늘 먹을 걸 제공했고, 어려운 집 아이들을 입양해 교육시키기도 했다. (…) 하지만 할머니는 친동생조차 뒷문으로도 집에 들이지 않았다. (…) 그가 가난한 부랑자ne'er do well였기 때문이다. (…) 자메이카에서 차별은 그렇게 복잡하고 중첩적으로 작동했다."

클리프의 부계는 영국계 백인이었지만 부모 모두 혼혈이었다. 한 작품(『하늘로 통하는 전화는 없다No Telephone to Heaven』) 속 주인공의 입을 통해 그는 "내 조상의 일부는 배의 갑판에 앉아 왔고 또 일부는 배 아래 짐칸에 실려 왔다"라고 썼다. 또 "내 고조모는 검은 피부의 원주민이었다. (…) 그러니까 내겐 세 혈통이 섞여 있는 셈이다"라고 말했다. 그의 피부색이 백인에 가깝게 희었던 것은 큰 행운이었다.

세 살 무렵 그의 가족은 미국 뉴욕으로 이주했다가 열 살 때 자메이카로 되돌아왔다. 클리프는 뉴욕 스태튼아일랜드의 와그너대學Wagner College에서 유럽사를 전공했다. 오래된 독립출판사 W. W. 노턴사에서 연구원과 편집자로 잠깐 일한 뒤 영국으로 유학, 런던대학교에서 이탈리아 르네상스에 관한 논문으로 1974년 석사 학위를 받았고 귀국 후 노턴사에 복직, 80년대 중반까지 편집자로 지내며 비평과 창작을 겸했다. 1980년 펴낸 그의 첫 책인 산문시집 『경멸받을 정체성을 호소하며Claiming an Identity They Taught Me to Despise』의 제목처럼, 그의 작가적 삶을 관통한 키워드는 스스로를 경멸하도록 가르쳐온 식민 교육과 문화의 각질을 깨고 자신의 정체성을 찾고 긍정하는 것이었다.

그의 대표작은 자메이카 12세 소녀 클레어 새비지를 주인공으로 한 1984년의 성장소설 『아벵Abeng』(탈주 노예들의 군대 '머룬Maroon' 이 백인과의 전투 때 불던 뿔나팔)과, 10대 후반부터 20대의 이야기를 담은 1987년의 속편 『하늘로 통하는 전화는 없다』로 알려져 있다. 한국어로 번역된 그의 작품은 없다. 논문으로는 『미국 이민소설의 초국가적 역동성』이란 단행본에 수록된 이경란(이화여대 연구교수)의 '초국가적 이주와 인종화된 포스트식민 정체성의 정치학—미셸 클리프의 『하늘로 통하는 전화는 없다』'라는 제목의 글이 있다. 논문과 서평, 인터뷰 등을 통해 추론한바, 클리프 자신도 인정했듯이 작중 인물 새비지는 작가의 분신이라 할 만하다. 인종과 계급의 중상류층 소녀 새비지가 하층민 흑인 소녀 조에와 나누는 우정과 어렴풋한 동성애적 감정들, 여성으로서 가족과 사회로부터 억압당하는 관계의 제약과 자유의 한계들이 전작의 주된 서사라면, 미국과 유럽서 유학하고 귀국한 청년 새비지가 본격적으로 부닥치게 되는 차별과 억압, 정체성 선택의 장애들이 후자의 내용인 듯하다.

'차별'이라고 했지만 클리프가 성차별 외의 차별을 피해자로서 제대로 겪은 건 자메이카 바깥에서였을 것이다. 이경란의 논문은 미국으로 이주한 새비지의 가족이 남부의 한 모텔에서 겪는 이야기를 소개했다. "어디서 왔소? 유색인종은 설마 아니겠지? 검둥이 말이오. 만일에 검둥이라면 환영할 수 없소." '살구색 피부'의 아버지와 '망고색 피부'의 어머니가 자메이카의 복잡한 인종 서열 체계에서 미국식 흑―백의 이분법 체계에 편입되는 첫 경험이었다. 유년기 클리프 가족이 정착했던 스태튼아일랜드는 서인도제도 출신들이 몰려 살던 곳이었다. 거기서 그는 백인으로서의 정체성을 전시하기 위한 상시적 위장과 혈연 공동체와의 단절 등을 경험했다. 하지만 새비지는(클리프는) 어쩔 수 없는 '화이트 초콜릿'이거나 '화이트 크레올Creole'이었다.

내 조상의 일부는 배의 갑판에 앉아 왔고
또 일부는 배 아래 집칸에 실려 왔다.
내 고조모는 검은 피부의 원주민이었다.
그러니까 내겐 세 혈통이 섞여 있는 셈이다.

영국 유학 시절의 그는 피부색이 아니라 국적으로 차별당했다. 캠퍼스의 보수 민족주의자 단체들이 "검둥이는 떠나라!Niggers, clear out!" 하고 외칠 때 그는 백인이었지만, 제국의 식민지 출신으로서의 그는 어쩔 수 없는 타자였다. 1993년 인터뷰에서 클리프는 식민지 시민들에게 영국은 언제나 경외의 땅이었고 영국 학위는 지성의 증명서 같은 거였다고 말했다. 그가 이탈리아 르네상스 예술사를 택한 까닭은 그 시공간이 현실과 아주 먼 이상 같아서였다고, 그래서 편안할 수 있을 것 같아서였다고 그는 말했다. 런던대학교 워버그연구소Warburg Institute 연구원 시절 알고 지낸 에른스트 곰브리치가 그에게 했다는 말—"우리는 한 사회의 실체reality를 연구하는 게 아니라 그 사회의 꿈dream(문화)을 연구하는 것"—을 그는 인용하기도 했다. 그 '꿈' 속에는 노예무역이 시작된 게 르네상스 시대라는 설명도 없었고, 시스티나성당 천장화를 그리던 미켈란젤로의 곁에 그를 시중드는 노예들이 있었다는 것도 나오지 않았다. 당시에는 그도 그 사실을 몰랐다고, 알고 싶지도 않았다고 그는 말했다.

하지만 서인도제도를 알게 된 유럽 화가들, 예컨대 존 화이트John White, 1540~1593의 인디언 마을 풍경화 같은 그림까지 외면할 수는 없었다. 70년대 초 워버그연구소 동료 중에는 홀로코스트 생존자 등 유대인들이 적지 않았고, 그들에게서 민족적 정체성에 대한 자극을 받기도 했을 것이다.

소녀 시절 클리프는 안네 프랑크의 일기를 읽었고, 안네처럼 비밀 일기를 썼다. 어느 날 서랍 속에 감춰뒀던 일기장을 부모가 찾아내 온 친척이 다 모여 있는 데서 큰 소리로 읽는 바람에 큰 모욕감을 느꼈다고 한다. 그는 "그 이후로 대학서 논문을 쓰기 전까지 어떤 글도 쓴 적이 없었다. 본격적으로 글을 쓰기 시작한 것은 30대 이후부터였다"라고 말했다. 그에게 글쓰기는 억압에서 벗어나는 방편이자 과정이었고, 그 체험적 각성의 처음에 안네와 자신의 일기가 있었다. 여성 작가 그룹을 소개하는 글이라는 1978년 페미니스트 저널 〈시니스터위즈덤Sinister Wisdom〉에 실린 그의 첫 에세이 제목은 '말 못함에 관한 기록Notes on Speechlessness'이었다. 1991년 에세이(「칼리반의 딸Caliban's Daughter」)에서 그는 "긴 시간이 걸리더라도 말 못함에 거역하기 위해서, 지금의 나와 예전의 나를 끌어내 나만의 특별함을 표현해줄 나 자신의 특별한 말을 찾기 위해서" 그는 글을 쓴다고 썼다.

소설 『아벵』에는 새비지가 할머니의 총을 들고 사나운 야생 돼지 사냥 대회에 나서는 장면이 나온다. 하지만 그는 남자들의 '전투'에 결국 끼지 못하고, 홧김에서인지 그냥 실수인지는 불확실하지만 할머니의 씨수소prized bull를 쏘아 죽인다. 그 장면에서 비평가들은 억압과 차별에 대한 저항과 극복의 상징을 찾곤 했다. 어떤 이는 한 서평에서 "세상은 이미 그녀의 것이었다. 고작 열두 살인 그녀는 모든 경계를 넘고 가로질렀다. 우리는 그녀와 같은 영혼에게 그 섬이 너무 작다는 사실을 안다"라고 썼다.

총을 들어볼 엄두조차 못 내던 흑인 친구 조에보다는 나았지만, 새비지의 자유 역시 그처럼 옹색했다. 네일은 "클리프는 자메이카는 우리에 갇혀 있고, 단지 일부만이 열쇠를 갖고 있다는 점을 암시하고 있다"라고 썼다. 카린 스포어Karin Sporre라는 이가 최근 펴낸 『인간의 존엄을 찾아서In Search of Human Dignity』라는 책에는 클리프가 1986년 한 페미니스트 저널 에세이에서 아프리카계 미국인 시인·극작가 응토자케 샹게Ntozake Shange, 1948~의 희곡 속 한 구절을 특별히 주목한 일을 소개했다. "I found God in myself. I loved her. I loved her fiercely." 클리프는 신을 여성대명사로 호칭한 점, 그리고 '사납게' 신을 사랑했다는 그 대사에서 새끼들을 지키려는 암사자의 모습이 떠올라 매혹적이었다고, 여성으로서의 신과 그 신을 사납게 사랑하는 이미지는 '서구 백인 기독교 사회'에서는 상상하기 어렵고 적어도 여성 화자의 이미지와는 조화하기 힘든 것이라고 썼다.

20대의 새비지는 『하늘로 통하는 전화는 없다』에서 반정부 게릴라가 되지만 밝은 피부색 때문에 게릴라 대장으로부터 또 한 번 의심받는다. "당신은 나 같은 피부색을 가진 사람보다 도덕적으로 우월하다고 생각하는가?"

그의 작품들에는 새비지 외에도 흑백 혼혈과 동성애자, 트랜스젠더 등 '끼어 있는in-between' 주체들의 정체성을 향한, 자유를 향한 고단한 삶의 이야기가 담겨 있다고 한다. 『하늘로 통하는 전화는 없다』에서 성전환을 결심하는 트랜스젠더 해리는 새비지에게 "(정체성을) 선택하지 않고 이 세상을 사는 건 사치"라고 말하는 대목이 나온다. 하지만 선택 이후의 삶이라고 평화롭게 '소박'해지는 건 결코 아닐 것이다. 다수는 하지 않아도 되는 선택을 온 존재를 걸고 해야 하는 이들의 이야기가 그의 삶이자 문학이었고, 지독한 차별 질서 안에 존재해온 모든 자메이카인의 운명이었다.

그렇게, 주어진 대로 살라고 가르치는 지배자의 역사를 찢고 엄혹한 선택의 자리에 서는 것이 클리프에게는 저항과 희망의 시작이었다. 토머스 제퍼슨이 지었다는 버지니아대학교의 한 건물 강단에서 강의하며 흑백의 학생들에게 그 건물을 지은 것이 흑인 노예들이라는 이야기를 하는 것, 영국이 자메이카의 흑인 노예를 해방한게 아니라 아프리카의 전사들을 노예로 들여온 게 그들이었음을 가르치는 것, 교과서에는 없지만 흑인 중에는 또 여성 중에는, 지배에 저항하며 사재를 털어 머룬의 전사가 되고 또 그들을 무장시킨 이들이 있었다는 것을 이야기하는 것. 죄책감을 느끼는 이들도 있고 아예 알고 싶어 하지 않는 이들도 있고 수치심을 느끼는 청년들도 있다고 그는 말했다.

그는 출판사에서 근무하던 1975년 만난 시인 에이드리언 리치Adrienne Rich, 1929~2012와 이듬해 살림을 합쳐 캘리포니아 샌타크루즈에서 해로했다. 리치의 시집 『문턱 너머 저편』은 우리나라에도 번역돼 있다. 클리프는 여러 대학서 강의하며 가르시아 로르카 등의 시를 번역했고, 시와 소설을 쓰며 말년을 보냈다. 자메이카 출신 작가 오펠 팔머 애디사Opal Palmer Adisa, 1954~는 "그는 수줍음 많고 가만가만 말하고 친절한 영혼을 지녔으며, 사적인 삶을 아주 중시하는 친구였다"라고, "이제 우리 고향 블루마운틴의 산자락에 안겨 신선한 미풍과 평화 속에 아늑하기를 바란다"라고 썼다.

1917 — 2014
루이스 잠페리니

언 브 로 큰

2000마일의 표류와 전쟁 포로 끝에 집으로

1943년 4월 21일, 하와이 오아후 섬 서쪽 850마일 해상. 수색·구조 작전에 투입된 미국 공군 루이스 잠페리니Louis Silvie 'Louie' Zamperini 중위의 B-24 리버레이터 폭격기가 기관 고장으로 추락한다. 탑승자 열한 명 중 구명보트에 오른 건 루이스 잠페리니 등 세 명. 물 1.5리터가 그들이 가진 전부였다.

그렇게 표류가 시작됐다. 굶주림, 갈증, 폭염, 폭풍우…… 때로는 상어 떼와도 맞서야 했다. 빗물로 목을 축였고, 물고기로 연명했다. 쉬기 위해 보트에 앉은 앨버트로스를 맨손으로 잡아 생살을 뜯어 먹은 적도 있었다. 그리고 남태평양은 제2차 세계대전의 잔혹한 격전지 가운데 한 곳이었다. 수시로 출현하는 적(일본군) 전투기에는 속수무책이었다. 다만 눈에 띄지 않기를, 되돌아와 기총 사격을 가할 만큼 연료가 넉넉하지 않기를. 갈증과 허기의 동물적 고통이 착란을 일으킬 것 같은 상상의 고통과 고립감을 잊게 하기도 했을 것이다.

표류 33일째 되던 날, 한 명이 숨을 거뒀다. 남은 루이스와 러셀 필립스(당시 27세, 중위)는 전우의 시신을 바다에 던짐으로써 자신들의 존엄을 지켰다. 47일째 되던 날, 무려 2000마일^{약 3200킬로미터}을 표류한 끝에 그들의 보트가 뭍에 닿는다. 마셜 군도의 한 섬. 일본군 점령지였다.

제2차 세계대전 당시 유럽 전선의 미군 포로는 100명 중 한 명꼴로 숨졌지만, 일본군에 붙잡힌 태평양전쟁 포로 사망자는 세 명 중 한 명꼴이었다. 그리고 그들은, 포로 가운데서도 가장 무자비한 보복의 대상이었던 전투기 조종사였다. 1945년 8월 일본군이 항복할 때까지 2년여간 그들은 가혹한 구타와 고문, 모욕과 살해 협박을 견뎌야 했다.

루이스가 살아남은 데는 특별한 사연이 있었다. 그는 5000미터 육상 미국 기록 보유자였고 1936년 베를린올림픽 최연소 미국 대표였다. 한마디로 이용 가치가 있는 포로였다. 그는 훗날 한 인터뷰에서 "선전 방송을 녹음하면 편하게 지낼 수 있게 해주겠다며 회유도 하고 강요도 했지만 끝내 거부했다"라고 말했다. 수용소에서 그는 이질과 각기병을 앓았고 계속된 굶주림으로 기력도 쇠했지만 일본군은 자신들의 우월성을 과시하기 위해 툭하면 일본군과 달리기 시합을 시키곤 했다. "저도 맞았고, 이기면 기절할 때까지 맞곤 했다"라고 그는 말했다. 키 180센티미터에 57킬로그램이던 그의 몸무게는 1948년 고향 캘리포니아로 돌아올 무렵 34킬로그램이었다.

루이스 실비에 잠페리니는 1917년 1월 26일 미국 뉴욕의 이탈리아 한 이민자 가정에서 태어났다. 세 살 무렵 그의 가족은 캘리포니아 LA카운티의 토런스로 이사한다. 취학할 무렵 그는 영어에 서툴

렀다. 그 탓에 아이들은 그를 툭하면 괴롭혔고, 아버지는 그에게 복싱을 가르쳤다. 그는 금세 싸움꾼이 됐고, 10대 무렵엔 마을 경찰들도 혀를 내두르는 악동이 돼 있었다. 특히 도망치는 속도는 어른들도 따라잡기 힘들 정도였다고 한다. 형 피트가 열다섯 살의 그를 토런스고교 육상부에 들게 한 것은 동생을 '사람 만들기' 위해서였다. 육상을 시작한 뒤 루이스는 사람이 아니라 '영웅'이 됐다.

1934년 LA 메모리얼콜로시움에서 벌어진 전미 고교 육상 선수권대회 캘리포니아 대표 선수 선발전에서 열일곱 살의 루이스는 1마일[1609미터. 국제육상경기연맹이 인정하는 유일한 비非미터법 공인기록 종목]을 4분 21초 2에 주파, 미국 청소년 기록을 경신한다. 그의 기록은 이후 20년간 깨지지 않았다. 결승전에서 그는 4분 27초 8로 금메달을 땄고, 체육 특기생으로 서던캘리포니아대학교에 진학, 1936년 베를린올림픽 육상 5000미터 국가 대표가 됐다.

올림픽 국가 대표 선발전에서 열아홉 살의 그는 당시 미국 기록 보유자였던 돈 래시와 동시에 골인, 비디오 판독 끝에 같은 기록으로 인정받고 대표 팀에 뽑힌다. 그는 그렇게 미국 최초의 10대 올림픽 육상 대표 선수가 됐다. 훗날 전문 필자와 공동 집필한 자서전 『내 뒤꿈치의 악마Devil at My Heels』에서 그는 "챔피언이 된 것보다 뉴욕의 신문들이 그제야 내 이름 철자를 정확히 써준 게 더 기뻤다"라고 썼다.

당시 그의 기록은 세계기록에는 못 미치는 수준이었다. 미국 대표 팀으로선 그의 가능성을 믿고 올림픽 출전 경험을 쌓게 하는 데 의미를 두었을 것이다. 루이스 역시 국가 대표로서의 사명감이나 절박한 목표 의식은 덜했던 듯하다. 크리스토퍼 힐턴의 『히틀러의 올림픽Hitler's Olympic』이란 책에는 그의 말이 실려 있다고 한다. "나는 불황의 시대를 살았고, 집도 가난해서 샌드위치를 사 먹어본 적이 없을 정도였다. (독일 가는 배 안에서는 7일 동안) 모든 음식이 공짜였다. 매일 아침마다 스위트롤과 베이컨과 계란을 맘껏 먹을 수 있었다." 올림픽 대비 훈련으로 6.8킬로그램이 빠졌던 그의 몸무게는 그 일주일 새 5.4킬로그램이 늘었고, 그건 육상 선수에겐 좋지 않은 변화였을 것이다.

제3제국 총통 히틀러가 관전하는 가운데 루이스는 5000미터 결승에서 8위를 기록했다.(돈 래시는 13위.) 하지만 그의 마지막 500미터 랩타임은 출전 선수 가운데 가장 뛰어난 56초였다. 그의 스퍼트가 인상적이었던지 경기 후 히틀러가 우연히 마주친 그와 악수를 하며 "당신이 막판에 가장 빨랐던 선수로군"이라는 말을 건넸다고 루이스는 〈뉴욕타임스〉 인터뷰에서 밝혔다. 루이스는 "당시 나는 국제정치에 어두웠고, 히틀러가 발을 구르고 툭하면 제 허벅지를 쳐대는 모습이 좀 우스꽝스러워 보일 뿐이었다. 우리 부스가 히틀러의 부스와 가까워 그의 참모 가운데 빼빼 마른 사람에게 히틀러의 사진을 찍어달라고 청하기도 했다." 그 참모는 나치의 선전상 괴벨스였다고 〈뉴욕타임스〉는 전했다.

올림픽 2년 뒤인 1938년 루이스는 전미 대학 육상 선수권대회 1마일 종목에 출전, 4분 08초 3의 기록으로 또다시 우승한다. 그 기록 역시 이후 15년간 유지됐다. 이듬해 제2차 세계대전이 발발했고, 1940년 도쿄올림픽은 당연히 무산됐다. 그는 1941년 일본군의 진주만 공습(12월) 직전 미 공군에 입대해 하와이에 배치됐고, 1943년 4월까지 '그린 호넷'이라는 애칭으로 불렸던 B-24 폭격기 조종사로 복무했다.

    미국 정부는 1943년 6월 루이스 잠페리니의 전사戰死 전문을 그의 가족에게 보냈다. 루이스가 수용된 곳은 비공식 수용소였고, 국제적십자사도 그가 포로로 생존해 있다는 사실을 파악하지 못한 상태였다. 1945년 극적으로 생환한 루이스는 더 큰 영웅이 됐다. 매스컴 인터뷰가 줄을 이었고, 명사들의 파티 초대 손님 1순위가 그였다. 전통의 뉴욕 매디슨스퀘어가든 레이스는 대회 이름을 '루이스 잠페리니 메모리얼 마일'로 명명했고, 고향 캘리포니아 토런스공항은 '잠페리니 필드'로 개명했다. 모교인 토런스고교 대운동장은 '잠페리니 스타디움'이 됐고, 서던캘리포니아대학교 육상 스타디움은 '루이스 잠페리니 플라자'가 됐다. 숱한 상과 훈장, 명예 학위도 뒤따랐다. 그는 1946년 아내 신시아 애플화이트를 만나 결혼했고, 2001년 신시아가 숨질 때까지 해로했다.

    하지만 대다수 참전 군인들이 겪는 전후戰後의 고통을 그 역시 비껴가지 못했다. 쇠한 체력과 망가질 대로 망가진 근육으로는 육상도 불가능했다. 악몽과 불면증, 잦은 공황 발작……. 망망대해와 포로수용소 철조망은 사라지지 않고 그의 내면에 자리 잡아 수시로 그의 일상을 공격했다. 그는 알코올중독자가 됐고, 신혼의 아내와 이혼 위기를 겪기도 했다. 일본으로 돌아가 자신을 고문했던 자들을 찾아내 복수하자는, 다시 말해 살해하자는 생각을 품은 적도 있다고 그는 전기 『언브로큰』을 쓴 로라 힐렌브랜드에게 고백하기도 했다.

    루이스는 포로들 사이에서 '버드Bird'라는 별명으로 통하던 일본 증오는 스스로를 파괴한다.
만일 당신이 누군가를 증오하면
그 증오는 당신 자신을 다치게 한다.
용서는 인생에서 가장 힘든 것이지만
그 용서가 바로 치유다.

군 간수 무쓰히로 와타나베를 특히 증오했다. 버드는 맥아더의 전범 리스트에도 오를 만큼 악명 높았는데, 힐렌브랜드는 루이스의 복수심을 이렇게 표현했다. "그는 버드만이 자신을 회복시킬 수 있다고 믿었다. (…) 단 하나의 단순한 희망, 즉 그를 살해하기만 하면 괜찮아질 거라는 믿음이었다."

그를 구원한 것은 하지만 복수가 아니라 용서였다. 그럼으로써 거짓말 같은 그의 삶은 완벽한 영웅 서사로 완성됐다. 루이스는 1949년 아내의 권유로 저명한 침례교 목사인 빌리 그레이엄Billy Graham, 1918~의 설교를 듣고 그에게 도움을 청했고 교인이 됐다고 한다. 성서와 그레이엄 목사의 감화로 그는 증오와 복수의 '지옥 같은 늪'에서 헤어날 수 있었다. "증오는 스스로를 파괴한다. 만일 당신이 누군가를 증오하면 그 증오는 당신 자신을 다치게 한다. 용서는 인생에서 가장 힘든 것이지만 그 용서가 바로 치유다. 진짜 치유는 용서다." 그는 부동산 관련 일을 하면서 기독교 전도사로 전국을 누볐고, '빅토리 보이스 캠프Victory Boys Camp'라는 청소년 선도 캠프를 세워 아내와 함께 봉사했다.

루이스는 1950년 일본 선교 팀의 일원으로 도쿄에 간 적이 있다. 그 길에 수소문된 수용소의 악연들을 초대, 자신의 용서를 전했다고 한다. 하지만 버드의 종적은 묘연했다. 버드의 행적은 1995년 〈데일리메일〉의 폴 헤드필드라는 기자에 의해 드러나는데, 헤드필드는 버드가 보험 중개인으로 성공해서 아내와 고급 아파트에 살고 있으며, 자신의 과거를 반성하지는 않았지만 당당하지도 않았다고 보도했다.

1998년, 81세의 루이스는 일본 나가노 동계올림픽 조직위원회의 성화 봉송 요청을 받아들여 포로 시절 마지막으로 수용됐던 도쿄 북서쪽 도시 나오에쓰直江津 캠프 인근의 봉송로를 달렸다. 당시에도 버드에게 메일을 보내 만나자고 청했으나 버드는 거절했다.

1930년대 미국 경마 레이스의 전설적 챔프 '시비스킷Seabiscuit'의 일대기를 써서 퓰리처상을 받은 전기 작가 힐렌브랜드는 그의 전기를 쓰기 위해 일흔다섯 차례 그를 인터뷰했고 그의 전우들, 포로수용소 동료들, 일본인 간수들, 이웃 주민 등을 만났다고 한다. 자서전과 숱한 인터뷰에도 드러나지 않은 이야기들, 루이스 스스로가 무의식적으로 억압했던 아픈 기억들을 발굴하기 위해서였다. 책은 그해 〈뉴욕타임스〉 베스트셀러 1위, 〈타임〉 집계 논픽션 1위를 기록했다.

루이스의 이야기를 영화화하려는 시도가 없었을 리 없지만, 이런저런 사정으로 번번이 좌절됐다. 미국 정부 기록과 육상 관련 자료로 입증된 사실들은 있지만, 그의 진술에 의존한 '너무' 극적인 삶의 디테일들이 역설적으로 부담스러웠을 수도 있다. 로라의 책은 그 부담을 덜어줬을 것이다. 미국 배우이자 영화감독인 앤젤리나 졸리는 2014년 2월 자신이 감독을 맡아 루이스의 삶을 영화화할 것이라고 밝혔고, 그해 11월 '언브로큰'이란 제목으로 개봉했다. 코언 형제가 제작을, 잉글랜드 출신의 배우 잭 오코넬이 루이스 역을 맡았다. 루이스와 졸리는 LA 할리우드의 실제 이웃이고 또 친구였다. 두 사람은 2014년 2월 MSNBS의 〈투데이닷컴〉에 함께 출연해 각별한 친분을 과시했고, 그 자리에서 졸리는 "루이스와의 사적인 인연 때문에 더 큰 부담과 책임감을 느낀다. 왜냐하면 내가 정말 루이스를 사랑하고 그가 내 삶에 커다란 도움을 줬기 때문"이라고 말했다. 루이스 잠페리니는 영화 개봉 전인 7월 2일 그의 자택에서 1남 1녀의 자녀들이 지켜보는 가운데 폐렴으로 숨졌다. 향년 97세.

● 함께 표류했던 러셀 필립스(Russell Allen Phillips)는 귀국 후 고향 인디애나 주의 라포트에 정착, 커뮤니티스쿨 과학 교사로 일했다. 루이스와 달리 그는 전쟁 체험과 관련한 일체의 활동을 하지 않았고, 가족에게조차 자신의 이야기를 먼저 꺼내는 법이 없었다고 한다. 그의 딸도 루이스의 자서전을 읽고서야 아버지의 사연을 상세히 알게 됐다고 지역신문과의 인터뷰에서 말했다. 그는 1998년 82세를 일기로 숨졌다.

1943 — 2016
마이클 래트너

관타나모의 인권운동가
미국의 야만을 고발하다

미국이 말하는 '적 전투원enemy combatant'의 법적 의미는, 장호순 순천향대 교수가 쓴『미국 헌법과 인권의 역사』에 따르면 "적국의 명령에 복종하여 전투, 간첩, 태업 등을 저지르는 민간인"이다. 제2차 세계대전 중이던 1942년 태업을 벌인 독일인 재판에서 미 연방대법원이 처음 쓴 표현으로, 2001년 9·11 테러 이후 조지 W. 부시 정권의 '테러와의 전쟁'과 더불어 부활했다. 21세기 적 전투원은 한마디로 알카에다나 탈레반 소속 테러리스트나 부역자를 지칭하는 용어. 부시는 그들을 "악질 중의 악질the worst of the worst"이라 불렀다.

미국 정부의 논리로 적 전투원은 기소나 재판 절차 없이 무한정 구금될 수 있고, 국제법과 미국 헌법이 보장한 변호사 선임권 등 어떤 권리와 법익도 누릴 수 없었다. 전쟁 포로가 아니기 때문에 유엔 제네바협약(고문 금지 등)의 보호도 받을 수 없고, 가족에게 소재와 생사조차 알릴 수 없었다. 그들이 수감된 곳이 법과 인권의 블랙홀이라 불리는 쿠바 관타나모 미 해군기지 수감 시설이다.

2001~2006년 관타나모에 갇혀 고문을 당하다 풀려난 터키계 독

일 청년 무라트 쿠르나츠의 수기 『내 인생의 5년』에는 훗날 재판 과정에서 미국 정부 측 진술을 통해 드러난 적 전투원 분류 기준 일부가 소개돼 있다. 책에 따르면 아프가니스탄 고아를 돕는 단체로 위장한 알카에다 지원 단체에 후원금을 낸 스위스의 노파도, 알카에다 요원의 아들에게 영어를 가르쳐준 청년도, 취재원을 보호하기 위해 알카에다 요원의 소재를 밝히지 않는 기자도 적 전투원으로 분류될 수 있고 당연히 관타나모에 수감될 수 있다. 국적이 어디든 아랍계라면, 턱수염이라도 기른 청년이라면 그는 아주 불리해진다.

관타나모의 야만, 미국의 야만을 폭로하고 수감자들의 인권과 헌법적 권리를 되찾는 데 결정적으로 기여한 인권 단체 헌법적권리센터CCR, Center for Constitutional Rights의 의장 마이클 래트너Michael Ratner가 2016년 5월 11일 별세했다. 향년 72세.

마이클 래트너는 1943년 6월 13일 미국 클리블랜드에서 태어났다. 그는 걸인을 만나면 신발을 벗어주는 아버지와 전쟁 난민의 정착을 일삼아 돕던 어머니의 교육을 받으며 성장했다. 러시아에서 이민 온 그의 유대인 부모는 친척 상당수를 홀로코스트로 잃은 터였다. 아버지는 건축자재 회사를 운영하면서 전과자를 가족 식사에 초대하고 일자리를 찾아주곤 했고, 비서 일을 하던 어머니는 인종 차별 정책을 고수한다는 이유로 플로리다공항에는 발도 들이지 않았다고 한다.

그의 꿈은 고고학자가 되는 거였고, 브랜다이스대학교 학부 전공은 중세 영어였다. 하지만 미국의 60년대는 그를 고대의 지층에 몰두하도록 내버려두지 않았고, 그가 보기에 당대의 문명은 너무 위태로웠다. 그는 허버트 마르쿠제의 강의를 들었고, 반차별 정치·인권운동가 앤절라 데이비스Angela Davis, 1944~와 친구로 지냈다. 1967년 컬럼비아대학교 로스쿨에 진학한 그는 이듬해 대학 건물 점거 반전시위를 진압하던 경찰에게 구타를 당한다. 2002년 8월 〈뉴욕타임스〉 인터뷰에서 그는 땅바닥에 짓눌려 맞으면서, 피 흘리는 동료들을 보았다고 말했다. "그 밤이 결정적이었어요. 그런 사건이 다음 세대의 활동가를 만들죠. 나는 평생 정의와 비폭력의 편에 서기로 결심했어요."

1년 휴학해 미국유색인종지위향상협회NAACP, National Association for the Advancement of Colored People에서 법률 봉사자로 일했는데, 당시 그의 보스가 훗날 미국 최초의 흑인 여성 주(뉴욕) 상원 의원이 되는 인권변호사 컨스턴스 베이커 모틀리Constance Baker Motley, 1921~2005였다. 래트너는 1971년 로스쿨을 졸업하자마자 헌법적권리센터에 가담한다. 헌법적권리센터는 그의 컬럼비아대 로스쿨 동문인 윌리엄 쿤스틀러William Kunstler, 1919~1995가 1966년 뉴욕 맨해튼에 설립한 비영리 인권 단체. 쿤스틀러는 미국시민자유연맹ACLU, American Civil Liberties Union 의장을 지내고 '시카고 7'의 변호를 맡았던 스타 인권변호사로 훗날 TV와 영화 〈도어스〉와 〈맬컴 X〉에도 출연했고, 역시 인권변호사인 래트너의 첫 부인(마거릿 래트너 쿤스틀러Margaret Ratner Kunstler)과 재혼한 이다.

래트너의 첫 시국 사건은 1971년의 '아티카 폭동'이었다. 그는 수감자를 학대함으로써 폭동의 원인을 제공한 간수들과 폭력 진압한 주 방위군을 기소했지만 법원에 의해 기각당했다. 첫 패배였다. 이후 45년 동안 그는 숱한 소송을 벌였고, 숱하게 졌고, 드물게 승리했다. 그 드문 승리 가운데 하나가 미국 헌정 사상 최초로 전시의 미국 대통령을 무릎 꿇린 관타나모 소송, 즉 2004년 6월 연방 대법원의 '라술 대 부시Rasul vs. Bush' 판결이었다.

9·11 테러 일주일 뒤, 미 연방의회는 부시의 무력 사용 승인 결의안을 통과시켰다. 미군이 아프간으로 파병됐고, 관타나모 수용소가 가동되기 시작했다. 세계무역센터 빌딩이 붕괴되던 그 아침, 로어맨해튼에서 조깅을 하던 중이었다는 래트너는 "내가 그 '테러범'들을 변호해야 할지 모른다는 생각에 결코 편치 않았다. 그건 내가 원하던 일이 아니었다"라고 훗날 말했다. 물론 테러의 주범들이 아니라 정부가 주장하는바 '적 전투원'이었지만 '잠재적 테러범'이나 '테러 동조자'들에 대한 미국 여론은 최악이었고, 그들과 나란히 서는 일은 큰 용기가 필요한 일이었다. 승리할 가능성은 더 희박했다. 승소의 기대가 있었느냐는 물음에 그는 "전혀 없었다None whatsoever"라고, "100퍼센트 원칙에 따라 제기한 소송이었다"라고 말했다. 그는 영국 국적의 샤피크 라술Sahfik Rasul 등 두 명과 호주 국적의 데이비드 힉스 등 모두 네 명의 관타나모 '적 전투원'을 대리해 2002년 초 미국 정부를 상대로 일종의 구속적부심인 인신보호habeas corpus. '당신은 신체를 가지고 있다'라는 뜻의 라틴어 소송을 건다. 인신보호는 "미국 정부가 개인을 구속하거나 구금할 경우 그 적법성 여부를 법원이 판별토록 하는 제도로 무력 반란이나 침입으로 인해 불가피한 경우에 한해서만 기본권을 일시 정지할 수 있는" 조처. 미국 역사상 남북전쟁기에 단 두 차례 정지된 예가 있었다. 미국 정부 논리는 크게 두 가지였다. 관타나모가 미국 영토가 아니므로 헌법의 효력과 사법권이 미치지 않으며, 피고들이 '적 전투원'인 만큼 사법부가 군사

작전까지 감독하는 것은 군 통수권자인 대통령의 고유 권한을 침범하는 것으로 삼권분립 원칙에 어긋난다는 거였다. 래트너는 1심, 2심에서 패배했지만 대법원은 2004년 6월 말 관타나모 기지도 헌법의 효력이 미치는 실질적인 미국 관할 지역이며 거기 구금된 이들에게도 인신보호 청원의 권리가 있다고 판결('라술 대 부시' 판결)했다. '테러와의 전쟁'에 걸린 첫 제동이었다.

그들 피고의 국적이 영국과 호주라는 점도 무시하기 힘든 변수였다. 자국민에 대한 가혹 행위에 영국의 국내 여론이 악화했고, 부시의 최강 조력자였던 토니 블레어 당시 수상도 석방을 요구했다. 연방 대법원(루스 긴즈버그^{Ruth B. Ginsburg} 판사)은 소송 현안도 아닌 고문 여부를 법정에서 따져 물었고, 정부 측 변호인(폴 클레멘트^{Paul Clement})은 사실을 부인했다. CBS가 이라크 아부그라이브 감옥서 미군이 자행해온 고문 사진들을 공개한 것은 그 직후였다. 관타나모 소송에서 래트너는 2008년까지 네 차례 연방 대법원서 승소했고, 수감자 779명 가운데 500여 명이 직후 재판 등을 통해 자유를 되찾았다. 그 과정에서 래트너는 관타나모변호사협회^{GBBA, Guantánamo Bay Bar Association}를 별도로 꾸려 그들의 개별 소송을 지원했고, 거기 미국 전역의 크고 작은 로펌과 개인 변호사 600여 명이 자원봉사자로 가담해 무료 변론을 맡았다.

2014년 은퇴할 때까지 래트너가 주도한 소송은 나열만 하기에도 숨 가쁠 정도였다. 니카라과의 콘트라 반군에 자금을 대고 그라나다를 침공한 로널드 레이건, 의회 승인 없이 이라크를 침공했던 아버지 부시, 발칸 '인종 청소' 와중에 코소보 공습을 단행하고 아이티 난민 중 HIV 보균자들을 관타나모에 수용했던 빌 클린턴, 조지 부시 등 미국 역대 대통령이 그의 소송 상대였다. 독일, 프랑스, 스페인, 유고 등 거의 전 유럽과 캐나다, 아이티, 푸에르토리코, 과테말라, 인도네시아, 필리핀, 이라크, 이스라엘, 팔레스타인 등 미군이 파병된 거의 전역과 전쟁과 고문 등 비인간·반문명 잔학 행위들이 주요 타깃이었다. 남미에서 활동한 미국의 민간 군사 기업들도 있었다. 부시의 국방장관 도널드 럼스펠드는 퇴임 후까지 네 차례나 소송을 당했고, CIA와 FBI도 물론 그의 '단골' 상대였다.

저들을 상대하며 래트너는, 자신의 말처럼 늘 원칙을 추구하며 과정 그 자체를, 정치적 판결 너머의 휴머니즘과 정의를 중시했다. 전처 마거릿은 〈뉴욕타임스〉 인터뷰에서 "소송이 공동체에 도움이 된다면 그는 소송을 걸었고, 결코 지는 걸 두려워하지 않았다"라고 말했다. 래트너는 2002년 인터뷰에서 "미국이 해외에서 벌이는 지속적인 전쟁은 미군에 의해 파괴될 그 나라 국민들의 지속적인 분노를 의미한다. 증오는 점증할 것이고, 미국 정부는 그 증오를 시민 자유의 억압을 정당화하는 수단으로 활용할 것이다"라고 말했다. 말년의 그는 위키리크스의 줄리언 어산지와 그의 내부고발자들—첼시 매닝, 토머스 드레이크 등—의 도피와 변호를 도왔고, CIA와 미국 국가안보국NSA, National Security Agency의 민간인 사찰 비리를 폭로한 에드워드 스노든을 지원했다. 그건 버락 오바마 역시 그의 소송 상대라는 의미였다. 오바마 당선 직후 〈얼터넷AlterNet〉 인터뷰에서 그의 승리를 축하하며 "오바마는 인권과 침략 전쟁 금지를 슬로건이 아닌 행동 지침으로 삼는 문명국으로 미국을 되돌려놓아야 할 것"이라고 주문했던 그는 숨을 거둘 때까지 '드론 전쟁'의 가장

지속적인 전쟁은 미군에 의해 파괴될
그 나라 국민들의 지속적인 분노를 의미한다.
증오는 점증할 것이고,
미국 정부는 그 증오를 시민 자유의 억압을
정당화하는 수단으로 활용할 것이다.

맹렬한 반대자 가운데 한 명이었다. 네오콘 등 보수 진영에겐 그가 진짜 '적 전투원'이었을지 모른다.

그는 암 합병증으로 별세했다. 헌법적권리센터는 그를 인류의 인권과 존엄, 정의를 위해 헌신한 변호사였다고 추모했다. 특히 공익적 법률 운동 문화에 덜 익숙했던 유럽의 법률가들을 사회의 진전을 위한 활동에 초대하고 젊은 인재를 양성한 것도 그였다고 했다. 그는 2007년 독일 베를린에서 출범한 유럽헌법인권센터ECCHR, European Center for Constitutional and Human Rights 의장을 겸직했다.

헌법적권리센터 실무 책임자 빈스 워런은 "직원들은 마이클을 '공감 유전자empathy gene'를 타고난 사람이라 말하곤 한다. 그는 멋지고 성실한 친구였다"라고 말했다. 인종·젠더 소수자 예술가들을 재정적으로 지원하는 퍼핀재단Puffin Foundation의 2007년 창의적시민상Puffin/Nation Creative Citizenship 수상 연설에서 래트너는 직접 물고문의 고통을 체험해보려고 얼굴에 수건을 덮고 물을 부어본 일을 언급했다. "폐에 공기를 한껏 담고…… 참을 수 있는 데까지 참아보려고 했다. 하지만 정말 한순간도 견딜 수 없었다. 물에 잠긴 느낌, 극심한 고통, 죽음 자체의 공포에 사로잡히고 말았다." 그는 미국의 민주주의와 시민의 자유가 '물고문'으로 유지돼도 괜찮으냐고 물었다.

조지타운대 로스쿨 교수 데이비드 콜은 "래트너는 숱한 인권 소송들을 이끌며 법뿐 아니라 사람을 변화시켰다"라고 썼다. 서평지 〈뉴욕리뷰오브북스The New York Review of Books〉에 쓴 「마이클 래트너의 군대」라는 글에서 그는 래트너의 영향으로 얼마나 많은 인권 활동가와 변호사들이 탄생했는지 일일이 소개했다. 관타나모 소송에 가담한 변호사 시마 아마드Seema Ahmad는 "영적으로 가장 충만한 경험 중 하나가 도와줄 누구도 없는 이들의 곁에 서서 그들의 이야기를 듣는 일이란 걸 래트너를 통해 알게 됐다"라고 말했다. 그의 '군대'의 가장 어린 투사는 그의 두 자녀였다. 2002년 〈뉴욕타임스〉 인터뷰에서 그는 마을 공원 놀이터에 유아용 그네밖에 없어 불만이라는 딸을 부추겨 공원 관리사무소에 직접 청원하도록 한 사실을 털어놨다. 30년을 함께 산 그의 아내 캐런 라누치Karen Ranucci도 〈데모크러시나우!〉 회원이었다. 데이비드 콜도 예일대 로스쿨 재학 중 그의 소송을 거들며 선봉에서 활약한 인권법률가다. 콜은 "래트너는 관타나모 수용소가 폐쇄되는 걸 못 보고 떠나는 걸 무척 안타까워했다"라고 전했다. 거기엔 지금도 80여 명이 수감돼 있다. 래트너는 부시 정권에 맞서 함께 싸운 여러 옛 동료들이 오바마 정부의 드론 전쟁을 방어하고 나선 점도 안타까워했다.

래트너는 인권·법률 운동의 공로로 여러 영예로운 상을 탔지만 미국의 국익과 인권, 세계 평화, 문화 발전 등에 기여한 이들에게 미국 대통령이 매년 수여하는 '대통령자유메달'은 받지 못했다. 그것은 그가 받을 자격이 없어서가 아니라, 그 메달을 그에게 감히 걸어줄 자격과 용기를 갖춘 대통령이 없었기 때문일 것이다.

1920 — 2016
브누아트 그루

늦지 않은 페미니즘

누구보다 열정적인 쉰두 살의 페미니스트 선언

99퍼센트의 평민·노예가 낸 세금으로 1퍼센트 남짓의 성직자·귀족이 부와 권력을 거머쥐고 떵떵거리던 절대왕정기 프랑스에 올랭프 드 구주Olympe de Gouges, 1748~1793가 살았다. 그는 희곡과 소설을 쓴 작가였고, 성·인종 차별에 개인의 이름으로 정치 성명서를 내던 선구적 페미니스트였다. 그가 자유·평등·박애의 공화주의자들 이상에 동조해 혁명 대열에 선 건 당연한 일이었다.

하지만 자유와 평등의 천부인권을 밝힌 1789년 인권선언 제1조가 달았던 단서 조항, 즉 '공동 이익을 위한 사회적 차별 허용'은 흑인 노예만을 겨냥한 게 아니었다. 여성은 평등한 시민이 아니었다. 귀족 가문 서출의 여성인 구주는 혁명 2년 뒤인 1791년 「왕비에게 헌정하는 여성 권리 선언」을 썼다. 제목과 달리, 무너진 바스티유의 폐허 위에 단두대를 놓은 조르주 당통과 로베스피에르 등 마초 권력에 대한 담대한 도전장이자 1789년 인권선언의 위선에 대한 고발장이었다.

그의 '선언' 전문前文은 "남자여, 그대는 정의로울 능력이 있는가?

(…) 말해보라. 내 성性을 억압하는 지상 최고의 권한을 누가 그대에게 주었는가?"라는 문장으로 시작한다. 그리고 "여성은 단두대에 오를 권리가 있다. 마찬가지로 그 의사 표현이 법이 규정한 공공질서를 흐리지 않는 한 연단에 오를 권리도 가져야 한다"(제10조)라고 선언했다.

공포정치의 위세도 그를 억누르진 못했다. 150년 뒤 버트런드 러셀이 표현했듯 "머리를 계속 달고 다닐 수 있을 만큼 재빨리 소신을 갈아치운 약삭빠른 비겁자들"과 달리, 그는 피에 굶주린 권력자와 군중을 향해 "비록 죄인들의 피일지라도 잔혹하고 과도하게 흐른 피는 영원히 혁명을 더럽힌다"라며 맨몸으로 막아섰고, '왕당파'로 몰려 단두대에서 처형됐다. 이후 그는 말 그대로 까맣게 잊혔다. 수많은 역사가와 정치인 들이 틈만 나면 닦고 광내던 근대 시민혁명의 단상 어디에도 그의 자리는 없었다.

프랑스 페미니스트 작가 브누아트 그루Benoîte Groult가 저 압도적인 페미니스트를 발굴해 '올랭프 드 구주가 있었다'라는 선언적 제목을 단 책을 낸 건 1986년이었다. 구주가 쓴 정치 문건들을 모으고 그의 생애를 복원해 소개한, 책의 전문前文 격인 70여 쪽의 글에서 그루는 구주를 "성차별주의가 인종차별주의의 한 변종임을 이해한 최초의 페미니스트"라며 "그(들)가 잊힌 것은 오직 여자였기 때문"이라고 썼다. "이 반항녀들, 이 괴짜들 또는 이 예술가들이 정숙한 여자들에게 나쁜 본보기를 제공하고, 미래 세대의 어린 여자들에게 모범이 될 위험이 없도록 역사가들, 연대기 작가들, 철학자들은 아주 확실한 방법을 사용했다. 그들을 역사의 지하 감옥에 집어

넣고 우리의 집단 기억에서 지워버렸던 것이다."

60대 중반의 그루는 어쩌면 "정숙한 여자들에게 나쁜 본보기……" 운운하는 저 문장을 쓰면서, 두 해 뒤 발표하게 될 자신의 문제작 『심장의 혈관Les vaisseaux du cœur』에 가해질 비난을 예감했을지 모른다. '이토록 지독한 떨림'이란 제목으로 한국어로 번역 출간된 저 소설은 파리의 인텔리 여성이 10대 말에 알게 된 시골 뱃사람과 평생을 두고 육체적 쾌락—"벌거벗은 두 육체의 진실"—에 탐닉하는 내용을 담고 있다. "쾌감을 느끼게 하는 성기를 말할 때도 작가들, 특히 여성 작가들은 새로운 암초에 부딪치게 된다. '당신의 음낭은 (…) 내 음부, 나의 질, 당신의 클리토리스……, 어떻게 하면 우습지 않게 묘사할 수 있을까. (…) 특히 여성의 오르가슴을 묘사하는 부분은 아무리 훌륭한 작가들이 쓴 것이라고 해도 어휘가 빈약하기 짝이 없어 너무나 한심하게 느껴질 정도다." 걸작과 포르노그래피의 중간쯤에 놓일 각오로 썼다는 그의 소설은 "여성 성 해방의 서사"라는 환호와 함께 "여성 포르노" 혹은 "남근 숭배의 졸작"이라는 비난을 받았다.

시몬 드 보부아르의 세례를 받은 늦깎이 페미니스트였지만 삶과 작품을 통해 당대 실존주의 페미니즘을 넘어섰고, 페미니즘 단체에 가담해 주도적으로 활동한 적은 없지만 누구보다 앞서 낙태 허용과 FGMfemale genital mutilation. 여성 성기 절제 근절 등을 촉구하며 결혼 등 남성 중심적 제도와 관습의 억압에 맞섰던 브누아트 그루가 2016년 6월 20일 별세했다. 향년 96세.

그루는 1920년 1월 31일 프랑스 파리에서 태어났다. 아버지 앙드레 그루는 성공한 인테리어 디자이너였고, 어머니 니콜은 패션 디자이너로 사교계 명사였다. 모더니즘 패션의 선구자로 불리는 폴 푸아레Paul Poiret, 1879~1944가 그루의 외삼촌이었고, 엄마의 절친이었던 화가 마리 로랑생Marie Laurencin, 1883~1956이 그루의 대모였다. 그의 파리 집은 장 콕토, 기욤 아폴리네르 등이 드나들던 일종의 살롱이었고, 니콜 역시 꽤나 자유분방한 여성이었던 듯하다. 모든 여성이 "창녀snipe나 숙녀lady 아니면 잔 다르크"로 나뉘던 시절, 좋은 교육 받으며 순하게 자라 베일 달린 모자를 쓰고 다닐 즈음 파트롱 손에 이끌려 파티에 데뷔, 유능하고 가문 좋은 청년을 만나 결혼하는 게 여성이 누릴 수 있는 지고의 삶으로 여겨지던 때였다.

니콜은 두 딸, 브누아트와 네 살 아래의 플로라에게 한없이 엄하고 극성스러운 엄마였다고 한다. 에바 사토리 등이 편집한 책 『프랑스 여성 작가French Women Writers』에는, 니콜이 딸의 옷차림서부터 교우 관계까지 일일이 감시했고 피서지에서조차 신문, 잡지를 부모 앞에서 낭독하게 할 정도였다고 쓰여 있다. 어린 그루의 유일한 낙은 방학 때마다 들르던 할머니의 브르타뉴 영지의 숲과 바다였다. 자유로운 숨쉬기. 보트 타기와 낚시, 사이클링, 가드닝은 그의 평생 취미였다.

사실 그 시기 파리의 부르주아 여성 교육이 대체로 그러했다. 그루는 생트클로틸드Sainte-Clotilde 학교와 파리 7구 빅토르뒤뤼고등학교Lycée Victor-Duruy를 졸업할 때까지, 소르본에서 라틴어와 그리스어를 전공해 가톨릭계 사립학교에서 교사로 일할 때까지 부모의 마음에 쏙 드는 딸이었다. 비시정부 시절, 추운 집에서 먹을거리를 걱정하면서도 니콜의 최대 관심사는 딸의 배필을 찾아주는 일이었다고 한다.

　그루는 남자를 직접 선택했고, 네 번 결혼했다. 1943년 첫 남편도 이듬해 두 번째 남편도 모두 요절했다. 의대생이던 두 번째 남편은 폐결핵으로 8개월 만에 숨졌는데, 그루는 평생 그와 나눈 약혼반지를 끼고 살았다. 과부가 된 그는 미국 적십자사 일이나 미군들의 파리 생활을 가이드하는 '레인보우 클럽' 등에서 일하며 생활고를 겪었다. 교사 일을 그만두고 프랑스국영라디오방송국RDF, Radio-diffusion française 기자로 취직한 것도 돈 때문이었다. 거기서 한 저널리스트(조르주 드 콘Georges de Caunes)를 만나 1946년 재혼, 두 딸을 낳고 1951년 이혼했다. 남편은 아들을 원했고, 바깥일하는 그루가 못마땅해 노트를 찢은 적도 있었다고 한다. 그루는 이혼 직후 저널리스트 겸 소설가 폴 기마르Paul Guimard, 1921~2004 와 재혼, 딸 하나를 낳고 해로했다. 클로드 소테 감독의 영화 〈즐거운 인생〉(원제는 '인생사Les choses de la vie')의 동명의 원작 소설을 쓴 기마르는 그루에게 청혼하며 "결혼이 나를 가두는 수녀원 같은 것이기를 원치 않는다. 나는 내가 사랑하는 삶과, 추구하는 아름다움과, 의외의 것들을 포기하진 않을 것"이라고 말했고 그루는 "전적으로tout à fait 동의한다"라고 대답했다.

　보부아르가 『제2의 성』을 출간한 건 1949년이다. 두 아이의 어머니였던 30대 초의 그루는 훗날 그 무렵을 회고하며 "페미니스트가 되기엔 너무 늦은 나이였다"라고 말했지만 이미 그는 자신의 '앙시앵레짐'과 결별한 페미니스트였다. 그 동력은 버지니아 울프도 보부아르도 아닌, 스스로 너무나 소중했던 여성으로서의 자유와 권리에의 갈망이었다.

도로시 파커의 시 등을 번역하던 그는 60년대부터 동생과 함께, 70년대부터는 혼자 소설과 에세이를 쓰기 시작했다. 1958년 발표한 『네 개의 손으로 쓴 일기Journal à quatre mains』 등은 전쟁 중 여성들이 겪던 일과 생각을 서간체 형식으로 동생과 번갈아 쓴 작품이고, 불어로 '아멘'을 뜻하는 관용어 'ainsi soit-il'의 대명사를 그녀elle로 바꾼 그의 1975년 에세이 『그녀 뜻대로 되게 하소서Ainsi soit-elle』는 여성 문제를 본격적으로 다룬 제2의 『제2의 성』이자 52세 그루의 힘찬 페미니스트 선언이었다. 하지만 이전 작품들의 주제도 가족과 결혼, 모녀·자매·친구 등 여성들 간의 관계, 환경 등 여성 인권의 범주를 벗어나지 않았다고 한다. 예컨대 『네 개의 손으로 쓴 일기』 등에서 그는 피임조차 불법이던 시절의 낙태 시술 경험과 위험성 등을 격렬한 어조로 썼고, 『또 그 옛날에Il était deux fois』라는 소설 속 엄마는 피임에 실패한 딸에게 낙태를 권하며 "생명에 대한 존중은 그 생명을 낳는 이에 대한 존중에서 비롯해야 한다"라고 가르친다.

프랑스 의회가 피임을 합법화한 것은 1969년이었고, 낙태 허용 법안을 통과시킨 건 시몬 베유가 보건 장관이던 1974년 11월이었다. 앞서 1971년 4월 보부아르와 마르그리트 뒤라스, 카트린 드뇌브, 잔 모로, 프랑수아즈 사강 등 여성 유명인 343명이 낙태 허용을 촉구하는 성명을 발표했다. 주간지 〈누벨옵세르바퇴르〉에 실은 성명서에서 그들은 자신들의 낙태 경험을 공개하면서 "우리도 법을 어겼으니 처벌하라"라고 항의, 낙태를 범죄로 규정한 1920년 법에 맞섰다. 거기 그루의 이름은 없다. 왜 가담하지 않았는지 설명한 자료도 없다. 그는 모두 여섯 차례 낙태 시술을 받았고, 친구를 도와 직접 낙태 시술을 했다고 말한 적도 있다. 그러니 저 성명서의 주장을 앞서 혼자 외쳐왔다고 여겨 사양했을 수도 있고, 『그녀 뜻대로 되게 하소서』 발표 전이라 페미니스트로서 덜 알려졌기 때문일 수도 있다. 글이나 말보다 더, 특히 성 해방의 측면에서 급진적이었던 그의 삶이 당시 페미니즘 진영으로선 불편했을지 모른다. 한 해 뒤 발표한 『그녀 뜻대로 되게 하소서』에서 "목청껏 고함은 지르되 세상이 들을 수 있도록 분노하지는 말라"라며 훈수를 두는 그가 못마땅했을 수도 있다. 하지만 그는 『그녀 뜻대로 되게 하소서』를 통해 프랑스에선 사실상 최초로 여성 성기 절제 문제를 고발했고, 여성의 성기는 추하거나 부끄러운 게 아니며 남성에 의해 교정rectify돼야 할 무엇이 아니라고 주장했다. 자신이 여성인 걸 은근히 불만스러워했던 보부아르와 달리 그는 여성으로서의 자신과 제 육체를 자랑스러워했고, 그 당당함으로 페미니즘의 대의에 동참하고자 했던 전 세대 남자들—혁명기의 콩도르세와 자유주의자 스튜어트 밀, 사회주의자 생시몽, 푸리에 등—을 토닥이기도 했다.(『남성의 페미니즘Le féminisme au masculin』) 잡지 〈마리끌레르〉 가문의 일원인 장클로드 세르방 슈리베Jean-Claude Servan-Schreiber, 1918~와 페미니스트 잡지 〈F 매거진〉(1978~1980)을 발간했고, 미테랑 정부 시절인 1984~1986년 '직업·용어 여성명사화 위원회' 의장을 맡아 남성명사로만 존재하던 의사, 작가, 변호사, 조각가 등의 여성형을 만들었다. 그는 사회당원이었고, 남편은 미테랑의 선거 캠프를 이끈 이력이 있었다.

2000년 『그녀 뜻대로 되게 하소서』 개정판 서문에 그는 "성 평등의 역사는 퇴보하지 않을 것이라는 환상을 품은 이들이 있다면 나는 여성의 권리만큼 위태로운 것도 없다는 말을 해주고 싶다. (…)

알제리, 이란, 아프가니스탄 등등 자유의 첫 과실을 맛본 숱한 여성들이 침묵의 베일 뒤에서 하룻밤 사이에 그 과실을 잃어버렸다는 사실을 우리는 알아야 한다"라고 썼다. 1997년 쓰고 2008년 개정판을 낸 자서전 『나의 탈출Mon Evasion』에서 그는 "자유란 저절로 주어지는 게 아니라 매일매일 고통스럽게 배워야 할 무엇이다. 나는 내가 받은 교육이 주도면밀하게 감추었던 롤 모델, 다른 여성이 필요했다"라고 썼다. 그게 울프였고, 보부아르였고, 누구보다 먼저 올랭프 드 구주였다.

그는 90대에도 멋진 운동화를 신고 다니며, 사이클링과 낚시를 즐겼다. 저널리스트 콜레트 메나주와의 대담에서 그는 오스카 와일드가 했다는 말—"늙는 게 비극이 아니라 늙어도 마음은 여전히 젊다는 게 비극"—을 인용하며 자기도 20년 전과 하나도 달라진 게 없다고, 여전히 자전거를 타고 다니다 멋진 남자를 보면 속으로 '흠, 저 남자는 예전 같았으면 한번 사귀어볼 만하겠군!' 생각한다고 말했다. "하지만 남자가 나이 든 여자를 쳐다보는 일은 절대로 없을걸요. 남녀 관계에는 아직도 이런 부당함이 남아 있어요." 이런 말도 했다. "속옷 회사들은 정말 바보 같아요. 우리가 얼마나 큰 잠재적 고객층인지 모르나 봐요. 끈팬티는 싫지만 큐빅 글씨가 박힌 팬티 정도는 입고 싶은데…… 지금 제가 찾을 수 있는 팬티는 수녀나 입을 만한 것뿐이에요. (…) 제 어머니는 20세기 초반 파리 패션 업계를 주름잡았던 폴 푸아레의 누이로 양장점을 운영했는데 그땐 모델이 대부분 40대였습니다. 아주 아름다웠어요. (…) 지금은 오래된 영국식 양장점조차 새파란 사춘기 소년·소녀를 모델로 씁니다." 70대 이후부터는 '존엄하게 죽을 권리를 위한 모임ADMD, Association for Dignified Mental Death' 회원이 돼 존엄사 합법화 운동에 힘을 보탰다. 그는 2009년 오시피에 공로훈장과 2010년 레지옹도뇌르 훈장을 탔다. 그를 주인공으로 한 여러 편의 다큐멘터리도 제작됐다.

권력자로서의 남성이 아닌 연인으로서의 남자를 사랑했던 그는, 자서전에 썼듯이 "압제자가 당신의 연인이고 아이들의 아버지고 먹고살 돈의 주공급원일 때, 여성의 자유란 복잡하고 풀기 힘든 숙제가 되기도 한다"라고 썼고, 만일 구주가 돌아온다면 오늘의 페미니스트에게 어떤 조언을 할 것 같으냐는 한 인터뷰이의 질문에는 "'결혼하지 마라. (…) 혼자 자유를 누리며 자신의 글(일), 자신이 정말 원하는 바를 써라(일을 하라)'라고 했을 것 같다. (…) 하지만 지금도 그 조언을 따르긴 어려울 것"이라고 말했다.

그루는 프랑스 남부 이에르Hyeres의 집 뜰 레몬트리 너머 보트에 앉아 자유를 꿈꾸던 그 유년의 지중해를 마주한 채, 꿈속에 숨을 거뒀다.

1937 — 2014
루빈 카터

허 리 케 인 카 터

누명과 함께한 49년의 지옥, 28년의 천국

덴절 워싱턴이 열연한 영화 〈허리케인 카터〉(노먼 주이슨 감독, 1999년)의 실제 주인공 루빈 카터Rubin "Hurricane" Carter가 2014년 4월 20일 캐나다 토론토 자택에서 지병으로 숨졌다. 향년 76세.

고인은 살인 누명과 두 차례 종신형, 19년간의 옥살이 끝에 자신의 결백을 입증했고, 자신처럼 억울한 수감자를 돕는 데 여생을 바쳤다. 그는 '허리케인' 같은 주먹을 지닌 미들급 복서였으나 그의 투지는 링에서보다 감옥과 법정에서 더 빛났다. 그의 상대는 백인 주류 사회의 흑인에 대한 편견과 차별과 불의였고, 시도 때도 없이 엄습하던 아득한 절망의 유혹이었다. 영화에서 그려진 것처럼 '선량한' 시민은 아니었고 마틴 루터 킹이나 맬컴 엑스처럼 각광받는 영웅도 아니었지만 그는 누구보다 인간적인 흑인 인권의 챔프였다.

1966년 6월 17일 새벽 미국 뉴저지의 한 레스토랑에서 백인 세명이 총격으로 피살된다. 범인은 두 명의 흑인. 목격자들은 범인들이 흰색 다지Dodge를 타고 도주했다고 진술했다. 그날 카터는 친구 아티스와 범행 현장 인근에서 술을 마셨고, 그의 차가 흰색 다지였다.

카터는 사건 당일 검문에 걸려 간단한 조사를 받고 풀려나지만 곧 살인 혐의로 기소된다. 다른 범행을 위해 사건 현장 주변에 있던 두 백인 전과자가 카터 일행이 범행 후 도주하는 장면을 보았다고 거짓 진술한 거였다. 호리호리한 체형에 작은 키(약 156센티미터)였다는 또 다른 목격담도, 카터의 차 뒷좌석에서 발견된 32구경 스미스앤드웨슨 납탄이 범행에 사용된 구리탄과 다르다는 점도 무시됐다. 카터는 키 173센티미터에 체구는 건장했고, 납탄은 당시 경찰이 주로 쓰던 총알이었다. 백인으로만 구성된 배심원단은 유죄를 평결했고, 스물아홉 살의 카터는 종신형을 선고받았다.

그는 1937년 5월 뉴저지 북동부 클리프턴에서 7남매 중 넷째로 태어났다. 아홉 살 때 가게에서 옷을 훔쳐 교정학교에 들어가야 했고 열한 살에는, 그의 주장에 따르면, 자신을 성추행하고 위협한 남자를 칼로 찔러 소년원에 갇힌다. 열일곱 살이던 1954년 입대해 서독에서 2년간 군 복무하고 거기서 권투를 익혔다. 고향에 돌아온 뒤 강도상해 혐의로 4년 형을 살고 1961년 5월 출옥한 뒤 프로 권투 선수로 데뷔했다.

카터는 거칠고 반항적이고 위험한 복서였다. 1963년 체급을 올린 웰트급 챔피언 에밀 그리피스Emile Griffith, 1938~2013와 맞붙어 다수의 예상을 뒤엎고 1라운드에 두 차례 다운시키며 TKO승을 거뒀다. 빠르고 강한 레프트 훅을 주 무기로 주로 초반에 승부를 냈고, 그 덕에 그는 '허리케인'이란 닉네임을 얻는다. 1964년 챔피언 조이 지아델로Joey Giardello, 1930~2008와의 시합에서도 초반 4라운드까지는 압도하지만, 그의 주먹을 버틴 챔프에게 판정패한다.(훗날 영화는 편파

판정으로 패배한 것처럼 묘사, 지아델로 측으로부터 소송을 당했다.) 사건이 나던 무렵 카터는 타이틀 재도전의 기회를 노리던 중이었다. 복서로서의 삶을 마감할 때까지 그의 전적은 40전 27승 19KO였다. 1993년 카터는 WBC 명예챔피언벨트를 받았다.

카터가 치른 차별과의 싸움은 복싱과 달랐고 그의 스타일과도 달랐다. 1 대 1의 "정직한" 복싱과 달리 그 싸움은 처음부터 편파적이었고 또 지저분했다. 그리고 아주 길고도 지루했다.

그는 교정복을 입는 데서부터 노역 등 거의 모든 강제적 징역 프로그램에 저항했고, 심지어 운동장에서의 휴식조차 거부한 채 징벌방을 오갔다. 영국의 인권변호사 그룹 도티스트리트챔버Daughty Street Chambers의 설립자로 당시엔 젊은 변호사였던 제프리 로버트슨Geoffrey Robertson, 1946~은 카터가 "(감옥의 규칙을) 받아들이는 것은 스스로 유죄를 인정하는 것과 같다. (…) 남들이 당신을 어떻게 대할지 결정하는 것은 당신 자신이어야 한다"라고 말했다고 전했다. 옥에서 카터는 다양한 책을 읽었고, 인권 단체와 시민운동가 등에게 줄기차게 편지를 써서 자신의 결백을 호소했다. 그의 결연한 태도는 수감자들에게서 호응을 얻어 1971년 감옥 폭동 때는 교도관의 목숨을 구하기도 했다. 옥중 자서전 『16라운드The sixteenth Round』(1975)는 그의 석방 운동을 점화하는 기폭제가 됐고, 이듬해인 1976년 뉴저지 법원은 재심을 결정한다.

법원의 결정에는 지역 공익변호사회와 한 프리랜서 기자의 노력이 주효했다. 그들은 검찰과 경찰의 증거 조작 혐의와 백인 증인들의 위증 자백을 법원에 제출했다. 증인들은 검찰이 '범인'을 알려주면 조기 가석방과 1만 달러(〈뉴욕타임스〉. 〈가디언〉은 1만 2000달러)

의 사례금을 약속했다고 자백했다.

보석으로 풀려난 카터는 하지만 9개월 뒤 재판에서 다시 종신형을 선고받고 투옥된다. 증인들이 법정에서 자신의 위증 자백을 다시 번복한 거였다. 또 검찰은 1심에서는 거론하지 않았던 카터의 범행 동기, 즉 백인 증오 범죄라는 정황증거들을 제시하며 배심원단을 설득했다. 1966년 사건 직전 카터와 잘 알던 흑인 레스토랑 주인이 백인에 의해 피살된 점, 1964년 한 주간지와의 인터뷰에서 카터가 킹 목사의 비폭력주의를 비판한 점 등이 근거였다. 재심 배심원단에는 흑인도 두 명 포함돼 있었다.

카터가 재수감되면서 그를 돕던 무하마드 알리 등 명망가들도 대부분 그의 곁을 떠났다. 하지만 카터의 전의는 꺾이지 않았다. 평결 직후 〈뉴욕타임스〉와의 인터뷰에서 "그들이 내 육신은 가둘 수 있지만 내 마음을 구속하지는 못할 것이다"라고 말했다. 1985년 연방법원의 최종적인 무죄판결을 얻어낼 때까지, 그의 저항은 계속됐다.

두 차례의 믿기지 않는 종신형 판결을 이해하기 위해서는 60년대 미국 사회 분위기를 살펴봐야 한다. 당시 백인 주류 사회는 흑인 사회의 거센 집단적 저항에 직면해 있었다. 킹 목사가 미국 노예해방 100주년을 맞아 워싱턴 평화대행진을 이끌며 링컨기념관 대리석 계단에서 평화와 흑백 화합의 꿈을 연설한 게 1963년이었다. 3년 뒤 뉴욕의 흑인 슬럼가 와츠에서 대규모 흑인 폭동이 일어났다. 백인 경찰관의 흑인에 대한 부당한 폭행 소문으로 촉발된 이 6일간의 폭동은 34명의 사망자와 1000여 명의 부상자를 낳았다. 맬컴 엑스의 강경 투쟁 노선을 추종하는 급진적 흑인 운동 단체 블랙팬서

Black Panthers가 결성된 것도 1965년이었고, 흑인 자결권과 정치적 세력화를 주장한 '블랙파워' 운동이 절정을 맞은 것도 그즈음부터였다. 스타 복서에다 흑백 갈등의 상징이 돼버린 카터를 범죄자로 만드는 것은 백인 사회의 심리적 마지노선이었다.

재심 판결 전까지 가수 밥 딜런은 카터의 든든한 우군 가운데 한 사람이었다. 그는 카터의 사연을 담은 노래 〈The Hurricane〉(1975년 발표, 1976년 앨범 《Desire》에 수록)을 발표했고, 뉴욕 매디슨스퀘어가든과 휴스턴 애스트러돔Astrodome에서 후원금 마련 콘서트를 열기도 했다. 밥 딜런으로서는 카터의 사연이 특별할 수밖에 없었다. 그는 1964년 〈해티 캐럴의 외로운 죽음The Lonesome Death of Hattie Carroll〉이란 노래를 만들어 부른 적이 있었다. 볼티모어의 한 호텔 흑인 청소부였던 해티 캐럴(당시 51세)은 1963년 2월 새벽 만취한 24세 백인 남자의 이유 없는 폭행으로 숨졌다. 캐럴은 10남매의 가난한 어머니였고, 범인은 백만장자 지역 유지의 아들이었다. 경찰서에서도 폭언과 모욕을 서슴지 않던 범인은 당일 보석으로 풀려났고, 6개월 뒤 법원은 그에게 징역 6개월 형을 선고했다. 카터의 시대는 캐럴의 시대보다 조금 나아졌을지 모르지만 '선량한 어머니' 캐럴과 달리 그는 전과자였다. 그는 재심을 위한 9개월의 보석 기간 동안 자신을 돕던 자원봉사자 여성과 바람을 피우다 폭행 사건을 일으켰고, 재투옥 직후 아내와 이혼하기도 했다. 알리와 밥 딜런이 카터를 외면한 데는 그의 그런 행실 탓도 컸을 것이다. 전과자에 대한 세상의 편견은 더 컸을 것이다.

1985년 미 연방 법원의 무죄판결을 이끌어내기까지 9년간 카터를 도운 것은 공익변호사 마이런 벨덕과 캐나다의 한 자치 공동체였다. 벨덕은 검찰이 숨긴 증거들과 증인에 대한 거짓말탐지기 조사 결과 등을 근거로 구속적부심을 위한 인신보호를 청구했고, 연방법원은 뉴저지 법원의 판결이 "이성이 아닌 인종주의에, 공개가 아닌 은폐에 근거한 판결이었다"라며 벨덕의 손을 들어준다. 그해 11월, 48세의 카터는 마침내 자유를 얻었고, 뉴저지 주 검찰은 3년 뒤인 1988년 카터에 대한 항소나 추가 기소를 최종적으로 포기한다. 벨덕은 "진짜 이야기는, 정의가 악을 이긴다는 게 아니라 그게 정말 힘겨운 싸움이라는 것"이라며 "성서 이야기 수준의 박해와 처벌과 보상의 시놉시스가 거기 있을 것"이라고 말했다.

자유인 카터는 캐나다로 이주, 자신과 유사한 처지의 수형자를 법률적으로 돕는 오심변호협회AIDWYC, Association in Defence of the Wrongly Convicted의 창립 멤버로 참여해 상임이사(1993~2004)로 일했다. 오심변호협회는 지금까지 열여덟 명의 무고한 수형자를 석방시켰다. 카터는 2004년 캐나다 토론토에서 독자적인 조직(이노센스인터내셔널Innocence International)을 만들어 자신만의 활동을 이어갔다. 열정적인 인권 강연자로 또 사형 반대 운동가로 다수의 명예 법학 학위와 영예로운 상을 탔다.

1999년 영화 〈허리케인 카터〉는 감동적인 작품이지만 서사의 극적 효과를 극대화하기 위해 진실을 왜곡하고 또 사실을 단순화했다는 비판을 받았다. 카터가 열한 살 때 저지른 범죄 담당 형사가 1966년 사건의 담당 형사였다는 점 등을 근거로 영화는 카터와 형사를 장발장과 자베르의 악연으로 대립시켰다. 즉, 구조적 문제를 사적 원한 관계로 단순화했다. 또 카터를 영웅으로 만들기 위해 적지 않은 생애의 오점들을 미화하거나 표백했다.

영화는 또 한 사람의 숨은 영웅, 존 아티스John Artis를 엑스트라로 밀쳐냈다. 1966년 사건 당시 스물두 살의 '공범'이었던 아티스는 검찰의 양형거래plea-bargaining 유혹과 전기의자의 협박 사이에서 흔들림 없이 친구의 곁, 진실과 정의의 곁을 지켰다. 그는 1981년 가석방으로 풀려난 뒤로도 임시직 노동으로 생계를 꾸려가며 카터의 무죄 석방 운동에 앞장섰다. 수감 중 불치병인 버거병Buerger's disease. 폐색성 혈전 혈관염을 얻은 그는 병의 확산을 막기 위해 발가락 다섯 개의 일부와 손가락 두 개를 절단해야 했고, 통증을 이기기 위해 코카인의 힘을 빌리기도 했다고 1988년 1월 〈뉴욕타임스〉와의 인터뷰에서 말했다. 1985년 11월 8일 법정을 나선 카터가 가장 먼저 포옹한 것도 아티스였고, 숨을 거두던 날 그의 곁을 지킨 것도 아티스였다.

카터는 2011년 전립선암 투병을 시작했다. 2014년 2월 21일 그는 〈뉴욕데일리뉴스〉에 '허리케인 카터의 마지막 소원Hurricane Carter's Dying Wish'이라는 제목의 글을 기고했다. 1985년 살인 혐의로 투옥된 한 청년에 대한 재심을 촉구하는 그 글에서 카터는 "이 행성에서 보낸 나의 생애 가운데 첫 49년은 지옥이었지만, 나머지 28년은 천국이었다. (…) 진실이 중요한 세상, 늦더라도 정의가 실현되는 세상이라면 그곳이 바로 우리 모두의 천국일 것이다"라고 썼다.

1931 — 2015
아이라 하커비

상 식 의 판 사

행복한 남의집살이를 위하여

의식주는 생존과 인간다운 삶의 3대 기본 요건이다. 그중에서도 늘 더 절박한 건 의식衣食, 즉 헐벗고 굶주리는 문제였다. 〈내일은 해가 뜬다〉(〈사노라면〉의 원곡)의 가수 쟈니 리가 "비가 새는 판잣집도 즐거웁지 않더냐"라고 처음 노래한 것은 1966년이었다.

주거 문제가 국가의 정책적 관심사로 떠오른 것은 한국의 경우 60년대 경제개발 이후였다. 당시 정부는 산업화와 도시인구 증가에 따른 주택 공급 확대(양적 성장)라는 발등의 불을 꺼야 했다. 주거 빈곤이란 말이 보편화하고 주거 빈곤층의 주거권(질적인 주거 복지)이 실질적으로 정책에 반영된 것은 1980년대 이후, 특히 제6공화국 출범 이후부터라고 해야 한다. 80년대 경제 호황과 정치적 민주화의 영향이 컸다. 철거민을 중심으로 성장한 도시 빈민 운동과 주택 문제의 정치적 이슈화도 그 시기의 일이었다. 주거 빈곤이란 일정 수준의 (상대적) 주거 환경 혹은 주거 최저 기준에 미치지 못하는 (절대적) 빈곤 상태를 말한다.

하지만 1972년 제정된 주택건설촉진법이 주택법으로 개정된 것은 2003년이었다. 국가기록원은 "주택 보급률 상승으로 그간의 주택 공급 위주의 정책에서 벗어나 무주택자, 저소득층 등 사회적 약자를 위한 주거 복지 정책, 주거 수준 향상 및 재고 주택의 효율적인 유지·관리에도 많은 관심을 기울여야 한다는 시대적 요청이 커지고 있다. 우리 사회에서 점차 증가되고 있는 주거 복지 개선에 대한 요구와 지지를 수용하여 주거의 질과 참여 지향적인 주거 복지 정책을 펴나가야 하는 필요성에 의해 '주택건설촉진법'을 '주택법'으로 개정하게 되었다"라고 밝히고 있다. '최저 주거 기준'이 마련된 것도 그때부터였다. 최저 주거 기준은 면적과 시설, 구조, 기능, 환경 등으로 정해진다.

미국 연방 정부가 주택법을 제정한 것은 1937년이다. 저소득층 주거 복지 정책은 크게 공공 임대주택과 주택바우처, 저소득층 주택 세금 면제 제도 등이었다.

공급 측면의 대표적 주거 복지 정책인 공공 임대주택은 실패한 정책으로 평가된다. 재원 부족과 지역 주민 반발로 대규모 고층 건물로 지어야 했던 공공 임대주택은 범죄율 증가 등 각종 사회문제를 빚었고, 1973년 이후 추가 건설이 중단됐다. 공공 임대주택 입주자는 소득의 30퍼센트를 임대료로 내고, 관리비 및 임대료 차액은 연방 정부가 부담한다. 2009년 공공 임대주택 입주 가구의 연평균 소득은 1만 3234달러(중위 가구 소득 5만 1190달러)였다.

주택바우처 제도는 공공 임대주택 건설이 중단된 뒤인 1974년부터 시행된 제도로 정부가 저소득 가구의 주거비 일부를 보조해 시장 내 민간 주택에 거주하도록 한, 수요 측면의 주거 복지 제도다. 정부 입장에서 주택바우처는 주택 건설 및 관리에 비용을 지출해야 하는 공공 임대와 달리 비용 면에서 효율적이다. 거주자도 '상대적으로' 자유롭게 거주지를 선택할 수 있다는 장점 때문에 크게 호응했다. 저소득 가구의 주거 환경을 개선하기보다 임대료만 상승시켜 임대업자에게 좋은 일 시킨다는 비판도 있지만, 이 제도는 2009년 현재 미국의 가장 주된 주거 복지 제도로 자리 잡았다.

2015년 5월 17일 작고한 아이라 베어 하커비Ira Baer Harkavy는 미국 뉴욕 브루클린의 민사법원 판사 시절 작은 판결 하나로 저소득층 주거 현실과 주택바우처 제도의 문제점을 세상에 알리고 악덕 임대 사업자들의 간담을 서늘케 했다.

1987년 12월 7일, 판사 하커비는 주택법 위반으로 뉴욕 시 주택보전개발국DHPD, Department of Housing Preservation and Development이 소송을 건 당시 72세의 부동산 임대업자 모리스 그로스에게 전무후무한 판결을 내린다. 크라운하이트 구 스털링스트리트 320번지 그의 임대용 빌딩 5층의 비어 있는 아파트에서 15일간 직접 살라는, 일종의 가택 연금 형이었다.

대대로 부동산 임대업을 해온 모리스는 뉴욕에 빌딩 두 채를 갖고 있었다. 스털링스트리트 건물은 원룸과 투룸 113세대가 입주할 수 있는 6층짜리 아파트였다. 그는 부동산과 함께 '건물에 돈 들이지 마라'라는 선친의 유훈도 물려받았다. 쥐가 들끓고, 수도관에 금이 가 물이 새고, 천장 합판이 벌어져 시멘트 가루가 떨어지는 일은 예사였다. 욕실 벽에 구멍이 뚫려 종이나 커튼으로 가린 채 샤워를 해야 하던 가구도 있었고, 갈라진 외벽을 테이프로 막고 겨울을 나야 했던 가구도 있었다지만 그로스는 주민들의 수리 요구에 단 한 번도 응한 적 없었고, 자동 입금되는 연방 정부의 주택바우처와 가구당 280~750달러의 월세는 꼬박꼬박 챙겼다.

입주자들의 진정은 끊임없이 제기됐다. 뉴욕 주택보전개발국이 현장 조사를 벌여 수도관 누수 등 무려 420건의 주택법 위반 사실을 적발, 그로스에게 소송을 건 것은 1986년 4월이었다. 그로스는 전면 수리·보수에 동의했고 주택보전개발국은 소를 취하한다. 하지만 이듬해 1월 조사관의 확인 조사 결과 보수된 것은 돈 들이지 않고도 가능했던 33건에 불과했다. 당시 주택보전개발국 측 변호사 로런스 카르텔리는 "가장 문제인 건 배관 설비인데 사실상 전면 재시공이 불가피한 실정"이라고 말했다.

주택보전개발국은 다시 소송을 제기했다. 그로스는 건강상의 이유 등을 들어 답변서 제출을 기피하고 수차례 변론 기일을 연기하면서 곤경을 모면하려 했고, 그러면서도 건물 보수 노력은 일절 기울이지 않았다. 하커비의 판결은 그 끝에 나온 거였다. 그는 그로스에게 15일간의 가택 연금과 반경 30미터를 벗어날 경우 경보가 울리는 전자발찌 착용 외에 13만 7900달러의 벌금형(법원 모독죄 벌금 3만 2000달러는 별도)을 선고했다. 하커비는 거기 단서를 달았다. 13만 7900달러는 피고가 15일 연금 형을 산 뒤 건물 수리·보수에 그 돈을 쓰겠다면 허용하겠다는 거였다.

그로스 소송 이전에도 유사한 진정과 소송은 허다했다. 하지만 임대업자들이 대부분 고령이어서 법원은 징역형 선고를 기피했고, 수리 비용에 못 미치는 벌금형 역시 별 실효가 없었다. 뉴욕 주택보전개발국의 경우 임대 사업자가 민사법원의 판결조차 무시하는 사례가 한 해 평균 120~150건에 달하고, 그중 절반 이상은 그로스와 똑같은 판결을 받을 만한 이들이라고 판결 직후 카르텔리는 말했다. 그는 "자기 빌딩이 어떤 지경인지에는 전혀 관심이 없는 건물주들이 지금도 수없이 많다. 우리는 지금 그 풍토를 개선하기 위해 노력 중이며 하커비의 판결은 큰 힘이 될 것"이라며 반겼다.

대다수 임차인은 하커비의 처벌이 너무 경미하다고 생각했다. 당시 35세의 한 임차인은 "내겐 한 살짜리 딸이 있다. 그 애는 아파트가 너무 추워서 1년 내내 병을 달고 산다"라고 말했고, 마이린 어비라는 25세 임차인은 "차라리 폐가에 사는 게 나을 것이다. 욕실 벽 구멍으로 쓰레기도 내다버릴 수 있는 이 집보다는 차라리 폐가가 낫다"라고 말했다.

그로스의 형이 집행된 건 이듬해인 1988년 2월 12일이었다. 하지만 하루 전인 11일 여러 명의 공사 인부가 그로스의 임시 거처가 된 5층 C룸에 몰려들었다. 그들은 페인트칠을 새로 하고 천장을 수리했다. 부엌 바닥도 새로 깔았고 새 난방기도 설치했다. 세입자들의 분노는 폭발했다. "그도 똑같이 추워야 한다"라는 거였다. 건물 외벽에는 "No Heat No Hot Water—No Rent(난방·온수 없으면 임대료도 없다)" "Welcome, You Reptile(비열한을 환영한다)" 같은 플래카드가 내걸렸고, 쥐가 잡혀 있는 쥐덫을 꽃다발 대신 들고 로비에 나온 임차인도 있었다. 그 집에서 7년을 거주했다는 한 임차인은 "다 수리한 집에서 고작 15일 구금이라니 웃기지도 않는 판결이다. 그는 '리커스아일랜드뉴욕 브롱크스의 교도소'로 가야 한다. 아니라면 최악의 아파트에 집어넣어라. 우리가 어떻게 살았는지 그가 알아야 한다"라고 말했다. 대다수 임차인의 생각도 그러했을 것이다.

그로스는 선글라스로 얼굴을 가린 채 보디가드들과 함께 아파트

항소법원 연필에는
지우개가 달려 있다.

에 나타났다. 하지만 그에겐 '다 수리한 집'도 자신의 브라이턴비치 저택에 댈 수 없었을 것이다. 그의 구류는 8일 만에 끝났다. 그는 아파트에 머문 지 일주일 만에 법원의 승인을 얻어 아파트 전면 보수공사를 시작했고, 법원은 그의 형 집행을 정지시켰다. 입주민들은 "정의를 원한다"라며 법원을 성토했지만 하커비는 "그로스는 주택법상의 주거 기준을 무시하면 안 된다는 교훈을 충분히 얻었을 것"이라고 말했다. 그로스는 풀려나면서 기자들에게 "집수리는 끝내겠다. 부동산 임대업도 그만두겠다"라고 밝혔다.

아이라 하커비는 1931년 4월 13일 브루클린에서 태어났고, 컬럼비아대학교 로스쿨을 졸업했다. 1981년 민사법원 판사가 됐고, 형사법원을 거쳐 주 대법원 판사로 재직하다 2007년 은퇴했다. 재판 지연을 세금 낭비라 여겨 재판 전 소장을 뜯어 읽는 것으로 유명했고, 일주일 넘겨 판결하는 예가 드물었다. 그는 "항소법원 연필에는 지우개가 달려 있다"라고 말하곤 했다. 〈뉴욕타임스〉는 그를 '상식의 판사'라 불렀다.

1991년 'The Super'라는 제목의 영화^{번안 제목은 '더티 맨'}가 하커비 판결을 모티브로 만들어졌다. 영화는 실제와 사뭇 달랐다. 주인공은 조 페시가 연기한 '그로스'였다. 악덕 임대인 그로스는 120일 가택 연금 형을 받고 아파트에서 지내다가 세입자 가정의 한 소년과 우정을 맺게 되고 어찌어찌해서 개과천선하고 세입자들과도 친해져 집을 멋지게 수리하고 더불어 잘 살아간다는 해피엔딩 휴먼코미디였다.

영화는 이후의 현실과도 달랐다. 스털링스트리트 320번지 아파트는 1992년 부동산세 체납으로 주택보전개발국에 압류됐고, 주택보전개발국은 세입자 자치 조합이 아파트를 운영하되 일정 기간 후 협동조합을 만들어 적정가에 건물을 매입토록 했다. 조합이 관리를 맡으면서 외벽의 낙서가 사라졌고, 1층 로비에는 분수가 만들어졌고, 정문은 24시간 경비원이 상주했다. 주거 환경이 획기적으로 개선된 거였다.

하지만 주택보전개발국는 그해 말 빌딩 관리권을 회수한다. 1년 임대 수익보다 훨씬 많은 돈이 지출됐다는 게 이유였다. 1995년 12월 10일 자 〈뉴욕타임스〉는 조합이 가구당 매달 314달러의 관리·보수 비용을 지출, 유사한 공공 임대 아파트의 가구당 지출비 149달러보다 두 배가 많았다고 보도했다. 세입자이자 빌딩 무보수 매니저였던 스튜어트 씨는 모든 비용은 건물 보수에 꼭 들여야 했던 지출이었다고 항변했다. "세입자들은 이 빌딩을 '베트남'(무법천지)이라 불렀다. 마약 거래상들이 진을 치고 있었고, 경찰들이 매일 들락거려야 했다. 구멍 나고 물 새고 금 간 데가 여전히 천지였다." 조합 측은 관리권 반환 소송을 제기했지만 패소했고, 뉴욕 시는 빌딩 관리권을 커뮤니티개발공사CDC, Community Development Corporation 등 비영리 주택 기관에 이관했다.

그로스의 1988년 보수공사가 언 발에 오줌 누기였는지 조합 운영에 비리가 있었는지는 확인되지 않았다. 다만 상태가 별반 다르지 않았을 일반 공공 임대 아파트와 주민이 직접 관리한 스털링스트리트의 가구당 유지·보수비 차이는 당시 뉴욕 주거 빈곤층의 주거 여건이 어떠했는지 짐작하게 한다.

현재의 스털링스트리트 320번지는 번듯한 공공 임대주택으로 운영되고 있다. 월 임대료는 원룸이 1350달러, 스리룸은 1725달러.(2013년 7월 기준) 입주 신청을 하려면 1인 가구인 경우 연봉이 5만 4000달러 이상 9만 300달러 이하여야 한다는 조건이 달려 있다. 2014년 미국 최저임금 생활자 연봉이 약 1만 5000달러였다. 브루클린 지역 부동산 정보지 〈브라운스토너Brownstoner〉의 저 임대 소식 아래에는 한 시민의 이런 댓글이 달려 있다. "연봉 자격 제한 공공임대? 임대료가 일반 주택보다 약간 싼 것은 맞다. 하지만 저 최저 연봉은 이 근방 평균 연봉보다 훨씬 많다. 아마도 뉴욕 시가 이 빈민가를 고급스럽게 바꿔줄 세입자를 찾는 모양이다."

주거 복지는 사회복지 중에서도 상대적으로 긴 시간과 많은 예산이 들고 민사적 이해관계가 밀접하게 얽혀 묘안을 찾기도, 잡음 없이 추진하기도 힘든 분야로 꼽힌다. 제한적 예산으로 양과 질을 절충하며 나아가야 하는 어려움도 있다. 미국의 주거 복지 정책이 갈팡질팡하는 것도 그런 사정과 무관하지 않을 것이다.

면적 면에서 한국의 현행 최저 주거 기준은 1인 가구의 경우 14제곱미터(4.235평)다. 일본은 25제곱미터고 미국은 침실 면적만 11.15제곱미터다. 국토교통부의 '2014년 주거실태조사' 결과 최저 주거 기준에 미달하는 가구는 전체 가구의 5.3퍼센트인 98만 가구로 집계됐다. 1인 평균 거주 면적은 33.5제곱미터였으나, 한국처럼 심한 양극화 사회에서 평균이란 사실 무시해도 좋은 숫자다.

1929 — 2016
마이런 벨딕

루저들의 변호사

정의는 저절로 솟구치지 않는다

법원은 일의 진위와 곡직을 따지고 형편의 경중과 과다를 가리는 문명사회의 최종적 제도 공간이다. 하지만 거기서도 진실이 늘 이기는 건 아니다. 그건 법 자체의 한계 탓이기도 하고, 법을 집행하고 판단하고 이용하는 이들의 대립적 이해가 은밀하게, 당당하게 얽혀드는 탓이기도 하다. 진실의 승리가 또 언제나 정의의 승리랄 수도 없다. 그것은 사회의 통념과 상식의 한계와 관련이 있다. 법원 판결을 그냥 정의가 아니라 '법적' 정의라 부르는 까닭도 그 판단이 여러모로 온전치 않기 때문일 것이다. 허다한 법정 드라마들이 그리는 어떤 정의의 승리와 의연한 패배가 늘 처음처럼 감동적인 이유도 그게 그만큼 드물고 어려워서일지 모른다. 법원은 진실과 정의가 최종적으로 짓밟히고 묻히기도 하는 공간이다.

미국 변호사 마이런 벨덕Myron Beldock은 '루빈 카터' 편 귀퉁이에 잠깐 등장했다. 1966년 백인 세 명을 살해한 혐의로 종신형을 선고받은 흑인 프로 권투 선수 '허리케인' 카터가 투옥된 지 19년 만에 석방되는 데 결정적으로 기여한 변호사가 그였다. 벨덕은 원심 증인이 위증했다는 자백을 받아내 1976년 뉴저지 법원의 재심 재판을 성사시켰다. 하지만 재판에서 증인이 다시 자백을 번복하는 바람에 카터는 두 번째 종신형을 선고받았다. 벨덕은 9년 뒤인 1985년 검찰과 경찰이 감추고 조작한 증거 등을 찾아내 연방 법원에 구속적부심을 신청, 마침내 "(뉴저지 법원 판결이) 이성이 아닌 인종주의에, 공개가 아닌 은폐에 근거한 것"이라는 판결을 얻어냈다. 그는 "진짜 이야기는, 정의가 악을 이긴다는 게 아니라 그게 정말 힘겨운 싸움이라는 것"이라고 말했다.

이제 그 집요하고 끈질긴 변호사 벨덕의 이야기를 제대로 해야 할 차례다. 그가 누명 쓴 기결수에게 자유를 되찾아준 게 카터가 처음도 끝도 아니었다는 이야기, 진실과 정의의 승리라는 "정말 힘겨운 싸움"들의 이야기. 그가 2016년 2월 1일 별세했다. 향년 86세.

마이런 벨덕은 1929년 3월 27일 뉴욕 브루클린에서 태어났다. 아버지는 판사였다. 군대를 마치고 1958년 하버드 법대를 졸업한 그는 브루클린 검찰청 검사보로 2년 남짓 근무한 뒤 변호사가 됐고, 1964년 '벨덕, 레빈 & 호프먼'이라는 로펌을 열었다. 미국의 내로라하는 인권변호사들과 달리, 그가 처음부터 특별한 사명감이나 소명의식을 가졌던 것 같지는 않다. 로펌 동료 변호사 조너선 무어는 벨덕을 "이 시대의 마지막 위대한 제너럴리스트 (…) 대도시에 개업한 진짜 소읍 변호사"라고 요약했다. 동네 사람 온갖 아픈 데를 도맡아 진료하던 옛날 의사들처럼 그는 민사든 형사든 파산이든 이혼이든 안 가리고 맡았다는 거였다. 수임 사건 대부분은 사소하고 잡다한 일상의 송사거나 술자리 난투극 같은 형사사건들이었다.

그런데 우연인지 필연인지 그의 의뢰인들은 고용주나 국가기관을 상대해야 했던 빈민 혹은 흑인이 많았다. '루저들의 변호사'라는 소문이 난 뒤로는 이미 졌거나 승산이 없는, 돈 없고 희망 없는 이들이 그를 찾아오곤 했다. 2014년 〈뉴욕타임스〉 인터뷰에서 그는 인권변호사라는 영예가 버거운 듯 "내가 불의를 바로잡고 우리 사회의 사법 정의 시스템을 개선하고자 했던 것은 맞지만 기본적으로 나는 어떤 사건이든 닥치는 대로 맡아 했을 뿐"이라고, "나는 시대의 산물"이라고 말했다. 약자의 법 인권이 지금보다 더 취약하던 시절이었다. 그는 질까 봐 지레 위축되지도, 졌다고 쉽게 돌아서지도, 돈 없다고 냉큼 외면하지도 않고 말 그대로 "닥치는 대로" 맡았고, 더러 이겼다. 2004년 공권력 남용 소송을 맡아 고전 끝에 뉴욕 경찰을 상대로 승리한 그를 〈뉴욕타임스〉는 "이상주의적 기질의, 물고 늘어지기의 영웅a hero to some for stubborn stick-to-itiveness tinged with idealism"이라고 소개했다.

그가 언론의 주목을 받은 첫 사건은 1963년 8월 28일 뉴욕 맨해튼의 한 아파트에서 일어난 이른바 '직장 여성 살인 사건Career Girls Murders'이었다. 룸메이트였던 〈뉴스위크〉 조사원 재니스 와일리(당시 21세)와 교사 에밀리 호퍼트(당시 23세)가 집에서 강간당한 뒤 잔인하게 살해당했다. 피해자가 백인 전문직 직장인이라는 점, 수십 군데씩 칼로 난자당한 점이 당시로선 충격적이었다. 이듬해 4월, 고교 중퇴 학력의 19세 흑인 조지 위트모어George Whitmore Jr., 1944~2012가 체포됐다. 며칠 뒤 공개된 61쪽짜리 경찰 조서에는 그가 맨해튼 살인 사건 외에도 체포되기 몇 주 전 미니 에드먼즈라는 여인을 강간 살해했고, 엘바 보레로라는 또 다른 여성을 강간하려다 미수에 그쳤다는 자백이 포함돼 있었다. 언론은 대서특필했고, 위트모어는 재판도 받기 전에 '연쇄 강간 살인마'가 됐다.

재판에서 위트모어는 백인 경찰의 구타 등 가혹 행위를 못 견뎌 뭔지도 모른 채 조서에 서명했을 뿐 자신은 결백하다고 주장했다. 맨해튼 사건 당일은 마틴 루터 킹 목사의 워싱턴광장 연설과 시민 인권 행진이 있던 날이었다. 그가 친구들과 함께 뉴저지 와일드우드 고향 집에서 종일 TV를 봤고, 그의 알리바이를 뒷받침하는 친구들의 증언이 지역신문에까지 보도됐지만 검찰은 묵살했다. 변호를 맡은 벨덕은 경찰이 제시한 증거들, 예컨대 위트모어가 소지하고 있었다는, 피살 여성을 닮은 사진과 그의 집에서 찾아냈다는 사건 현장 약도 등에 맞서 분투했다. 물론 조작된 것들이었다.

재판이 한창이던 1965년 다른 범행으로 체포된 22세 백인 남성(리처드 로블레스. 종신형 선고)이 조사 중 맨해튼 사건의 진범으로 밝혀졌다. 위트모어의 자백이 강압에 의해 조작됐다는 게 사실상 입증됐지만 검찰은 그를 에드먼즈 사건의 피의자로 재판을 강행했다. 벨덕은 유일한 유죄 증거인 자백의 무효를 주장하며 지치지 않고 변론했고, 재판은 배심 의견 불일치로 종결됐다. 강간 미수 사건에서 위트모어가 무죄판결을 받은 것은 1973년 4월이었다. 범인의 얼굴을 제대로 보지 못한 피해자는 경찰이 나란히 세운 용의자들 가운데 유일한 흑인이던 그를 범인으로 지목한 것으로 알려졌다. 재판에서 피해자는 벨덕의 끈질긴 반대 심문에 화를 내며 "그런 일을 겪은 뒤 사는 게 어떤 건지 아느냐"라고 따졌고, 벨덕은 "(죄 없이) 감옥에 갇혀 있는 게 어떤 건지는 아느냐"라고 반박했다.

위트모어가 저 모든 사건에서 결백했다고 누구도 장담할 수는 없다. 경찰과 검찰은 벨덕이 "시민의 자유를 명분 삼아 법의 권위를 갉아먹고 있다"라고 비난했다. 하지만 분명한 것은 경찰의 강압 수사와 진술 조작, 언론의 성급한 보도와 편견에서 저 일들이 비롯했다는 사실이었다. 위트모어 재판은 1965년 뉴욕 주가 형법을 개정해 사형제를 폐지(경찰 피살 사건 제외. 뉴욕 주는 1995년 사형제를 부활했다가 2004년 위헌 판결을 받았다)하는 데 결정적으로 기여했다. 주 의회는 위트모어 사건을 인용하며 "우리는 61쪽에 달하는 완벽하고 치밀한 범인의 자백이 경찰에 의해 조작된 것이라는 사실에 충격과 두려움을 느꼈다"라고 밝혔다. 1966년 연방 대법원은 '미란다원칙'(범죄 용의자에 대한 변호사 조력권과 진술 거부권 고지 원칙)을 판결로 확립하면서 위트모어 사건을 "가장 눈에 띄는 사례"로 언급했다.

1989년 4월 19일 오전 9시, 센트럴파크로 조깅을 하러 나간 한 여성이 오후 2시께 공원 후미진 곳에서 강간 폭행을 당한 뒤 기절한 채 발견됐다. 환한 대낮에 도심 복판 공원에서 빚어진 일이었다. 당일 밤 공원을 배회하던 흑인과 히스패닉계 10대 소년 다섯 명이 체포됐고, 며칠 뒤 경찰은 그들이 범행을 자백했다고 발표했다. 언론은 그들을 '이리 떼wolf pack' '야수wilding' 등으로 명명하며 사건 전모를 전했다. 유죄 입증 자료는 자백이 전부였다. 피해자에게서 채취한 정액은 용의자 누구의 DNA와도 일치하지 않았다. 훗날 켄 번스Ken Burns, 1953~의 다큐멘터리 〈센트럴파크 파이브The Central Park Five〉에서도 드러났듯이, 그들은 사건 당시 공원에 있지도 않았고 각자의 진술 역시 서로 모순되는 내용이 많았다. 재판에서 그들은 구타를 못 견뎌 자백했을 뿐이라고 항변했지만 법원은 그들에게 각각 8~12년 형을 선고했다.

살인·강간 혐의로 33년 형을 선고받고 수감돼 있던 마티아스 레이스라는 이가 센트럴파크 사건이 자기 짓이라고 실토한 건 2002년 1월이었다. 그는 사건 3개월여 뒤인 1989년 8월 다른 사건으로 체포됐다. 뉴욕 시를 상대로 '이리 떼' 다섯 명과 피해 여성의 소송이 시작됐다. 뉴욕 시는 경찰 조사 과정에 아무런 하자가 없었으며 진술에 근거해 기소했을 뿐이라는 주장을 굽히지 않았다. 2014년 9월 뉴욕 시는 그 사건과 관련한 일체의 추가 소송을 하지 않는다는 조건을 달아 피해자들에게 4100만 달러의 배상금을 지급했다. 벨덕은 레이스의 자백에 있기까지 그들의 결백을 믿으며 포기하지 않은 변호사 가운데 한 명이었다.

1999년 정신 질환을 앓던 31세 유대인 청년이 망치를 들고 난동을 부리다 경찰이 쏜 총에 열두 발을 맞고 숨지는 사건이 발생했다. 유족은 과잉 진압이라며 경찰을 상대로 소송을 제기했다. 뉴욕 경찰은 현장 경찰 증언과 목격자 진술 등을 총 동원해 희생자를 '악마'로 만들었고 1심에서 승리했다. 항소심에 가족 측 변호인으로 가세한 벨덕은 총을 쏜 경찰관이 경미한 찰과상밖에 입지 않은 까닭을 추궁했다. 경찰관은 방탄조끼 덕이었다고 해명했다. 총을 쏘기 전 다른 진압 방법을 왜 사용하지 않았느냐는 질문에 경찰관은 페퍼스프레이를 썼지만 워낙 다급한 상황이어서 제대로 맞히지 못했다고 답변했다. 벨덕은 숨진 청년의 눈이 페퍼스프레이로 거의 실명

세상은 이상이 아니라
권력과 돈에 의해 움직인다.
세상을 나아지게 하려면
맞설 만한 이유가 있는 한
끝까지 맞서는 도리밖에 없다.

에 이른 상태였음을 밝히는 부검 자료를 배심원단 앞에 제출했다. 뻔한 질문으로 상대를 방심하게 한 뒤 기습 공격한 셈이었다. 승소 직후인 2004년 인터뷰에서 그는 이렇게 말했다. "한때는 나도 사람들이 생각하듯 세상이 점점 나아질 수 있다고 믿었다. (…) 하지만 그건 순진한 생각이다. 세상은 이상이 아니라 권력과 돈에 의해 움직인다. (…) 세상을 나아지게 하려면 맞설 만한 이유가 있는 한 끝까지 맞서는 도리밖에 없다."

2013년, 84세의 벨덕은 암 진단을 받았다. 당시 그는 열여섯 살 소녀를 유괴 살해한 혐의로 1992년 체포돼 실형을 선고받은 에버턴 웩스태프Everton Wagstaffe의 무료 변론을 준비하던 참이었다. 사건 당시 스물세 살이던 웩스태프는 제대로 읽고 쓸 줄도 몰랐지만 감옥에서 혼자 글을 익히고 법을 독학해 직접 재심 청구 서류를 작성할 만큼 죽을힘 다해 자신의 무죄를 주장했고, 가석방 기회조차 죄를 인정하는 꼴이라며 거부한 채 각계에 탄원서를 썼다. 거기 응답한 이가 벨덕이었고, 뉴욕의 공익 법률 단체들을 설득해 그의 변론에 가세토록 한 것도 벨덕이었다. 벨덕은 공판을 앞두고 정신이 혼미해지지 않도록 항암 진통제까지 끊은 채 재판에 매달렸다. 2014년 9월 항소법원은 경찰과 핵심 증인이 거짓말을 했다는 정황증거를 검찰이 감춘 사실을 들어 원심 판결을 기각했다.

한국인에게 소월의 어떤 시가 그렇듯 아일랜드인들에겐 그들의 시인 셰이머스 히니Seamus Heaney, 1939~2013. 1995년 노벨문학상 수상의 희곡 『트로이 해법The Cure at Troy』에 나오는 아래 구절이 유명하다고 한다.

History says, Don't hope / On this side of the grave. /
But then, once in a lifetime / The longed-for tidal wave /
Of justice can rise up / And hope and history rhyme.

역사는 무덤가에서 희망을 찾지 말라고 말하지만,
살다 보면 갈망하던 정의의 파도가 솟구치기도 하고,
그때 희망과 역사는 더불어 노래한다.

웩스태프 소송에서 이긴 날, 〈뉴욕타임스〉의 한 아일랜드 출신 기자 짐 도여Jim Dwyer가 벨덕에게 전화를 걸어 외로운 추방자의 구원을 노래한 저 희곡의 시구를 들려주자 그는 "멋지네, 메일로 보내줄래? 난 할 일이 좀 있어서"라고 말했다. 아마도 그는, 정의의 파도란 저절로 솟구치는 게 아니라 질기게 물고 늘어져야 어쩌다 한 번 간신히 솟구치는 것이라고 속으로 말했을 것이다.

1947 — 2015
프란체스카 힐튼

삶은 코미디

비운을 웃음으로 승화한 힐튼가의 비상속녀

2008년 8월 어느 주말, 캘리포니아 선셋 대로의 한 코미디 극장. 휑뎅그렁한 객석을 향해 한 금발 여인이 입을 연다. "안녕하세요. 저는 힐튼가의 오리지널 상속녀였습니다. (…) 나이를 먹었고older, 더 현명해졌고wiser, 더 영리해졌습니다smarter, 염병할 더 넓어졌습니다damn wider." 객석의 잔잔한 웃음 위에 그는 자기 가계의 사연들을 풀어나갔다. "제 어머니는 자자 가보Zsa Zsa Gabor, 1917~미상예요. 그가 누군지 아시죠? 그리고 제 아버지는 콘래드 힐튼Conrad Nicholson Hilton, 1887~1979입니다. 여러분 중 몇몇은 그의 타월을 갖고 계실 텐데, 들키지 말고 잘 간직하세요." 이제 패리스 힐튼 차례. "그녀는 제 조카 손녀예요. 어느 날 그녀가 제게 전화 했더군요. '프란체스카, 나 좀 데리러 올래요? 너무 취해서 운전을 못하겠어요.' 제가 말했죠. '애야, 그러고 싶다만 나도 이미 취했어.'" 패리스 힐튼이 프란체스카에게 저런 전화를 걸었을 리 없고, 자신에게 가난한 코미디언 고모할머니가 있다는 사실조차 어슴푸레했을 것이다. 프란체스카의 코미디는 어머니 자자 가보 이야기로 끝을 맺곤 했다. "제 엄마와 저는 가장 친한 친구예요. 이제 그녀와 나는 나이도 같아졌어요." 자자 가보가 늘 진짜 나이를 숨겼던 일을 빗댄 개그였지만, 당시는 의붓아버지 때문에 자자 가보를 제대로 만나지도 못하던 때였다.

할리우드 원년 글래머 스타 자자 가보와 신화적 호텔리어 콘래드 힐튼의 '트로피 차일드trophy child' 컨스턴스 프란체스카 가보 힐튼 Constance Francesca Gabor Hilton이 2015년 1월 5일 LA의 한 병원에서 심장 발작으로 숨졌다. 향년 67세. 숨질 당시 그는 홈리스였다.

백만장자 아버지와 자유분방한 은막 스타 어머니 사이에서, 또 1946년 둘의 이혼 이후 가보를 향한 구애로 애달았던 수많은 남자들과 의붓아버지들 사이에서, 평생을 따라 다닌 언론의 뜨거운 관심 속에서 프란체스카의 유년은 한편 화려했고 한편 불우했다. 로마, 파리…… 그는 세계 각지를 원 없이 여행했고 많은 것을 누렸다. 그는 "엄마의 남자 친구들은 나를 어디든 데려가줬고 호감을 얻기 위해 내가 요구하는 것은 뭐든지 사주곤 했다"라고 〈LA타임스〉 인터뷰에서 말했다.

1976년 세 번째 재혼으로 딴 가정을 이룬 콘래드 역시 전처에 대한 애증 탓인지 딸의 좋은 아버지이지 못했다. 프란체스카는 힐튼가의 거대한 부와 명성, 또 전설적 스캔들 메이커 가보의 유명세를 생의 업으로 짊어지고 살아야 했다. 특히 어머니 자자 가보는 사생활로 더 유명했던 배우였다. 헝가리 부다페스트에서 태어난 가보는 연극배우로 활동하던 열아홉 살 때 '미스 헝가리'에 뽑혀 영화배우가 된다. 1952년 미국으로 건너간 그는 존 휴스턴 감독의 영화 〈물랭루주〉의 주연을 맡아 일약 스타덤에 오르고, 메릴린 먼로와 〈당신의 결혼은 무효입니다We're Not Married!)에 출연해 관능을 겨루기도 했다. 그는 영화보다 사랑에 더 몰두했던 듯하다. 영화배우 조지 샌더스, 허버트 허트너, 조슈아 코스던 주니어, 바비 인형의 제작자 잭 라이언, 마이클 오헤어 등과의 짧은 결혼 생활. 펠리페 데 알바와는 오헤어와 이혼도 하기 전에 결혼식을 올려 혼인 무효가 되기도 했다. 결혼으로 이어지지 않은 미남 배우나 재력가 들과의 연애도 알려진바 수백 건. 할리우드라 해도 당시의 도덕관은 지금과 달랐고, 그는 50년대에 이미 '사생활이 문란한' 배우로 소문이 자자했다. 그는 60여 편의 영화에 출연했지만 초기 몇 편을 제외하면 좋은 배역을 얻지 못했고 배우로서 자신의 가치를 충분히 입증하지도 못했다. 하지만 그가 1971년 쓴 책에는 당시로선 도발적이고 심오한 말들이 적잖이 담겨 있다. '자자 어록'으로 불리는 책의 몇몇 구절들을 보면, 방종한 여자라는 그에 대한 일반적 평가에 고개를 갸웃거리게 된다.

— To be loved is a strength, to love is a weakness.(사랑받는다는 건 건강하다는 의미고, 사랑한다는 건 약하다는 의미다.)

— I have never hated a man enough to give his diamond back.(나는 그의 다이아몬드를 돌려줄 만큼 남자를 미워해본 적이 없다.)

— The only place men want depth in a woman is in her decolletage.(남자들이 여자에게 바라는 깊이란 데콜테 목이 깊이 파인 옷뿐이다.)

— You never really know a man until you have divorced him.(남자와 이혼해보기 전에는 그를 절대 알 수 없다.)

그는 '얼마나 많은 남편을 가졌느냐'라는 질문에 "내 남편 말인가요, 다른 여자들 남편 말인가요?"라고 대답, 자신을 경멸하는 세상을 넌지시 경멸하기도 했다. 자자 가보의 로맨스는 69세이던 1986년, 스물여섯 살 연하의 프레데리크 폰 안할트Frédéric Prinz von Anhalt, 1943~와의 결혼으로 공식적으론 끝이 난다. 둘의 결혼은 당시에도 이후로도 말이 많았다. "가보는 폰 안할트의 작위(독일 태생인 폰 안할트는 36세에 빌헬름 왕가 한 과부의 양자로 입양돼 자신의 이름 앞에 'prince'를 붙이곤 했으나 가문은 그를 구성원으로 인정하지 않는다)를 탐냈고 안할트는 가보의 명성과 재산을 탐냈다"라고, 둘이 결혼할 무렵 서른아홉 살이던 프란체스카는 말했다.

프란체스카는 부모의 이혼 직후인 1947년 3월 10일 미국 뉴욕에서 태어났다. 자자 가보는 1991년 자서전에서 "딸은 콘래드가 나를 강간해서 낳은 아이"라고 썼는데, 사실 여부를 묻자 프란체스카는 "나는 그 자리에 없어서 모른다. 다만 내가 아는 건 그들이 섹스를 했다는 사실 뿐"이라고 말했다. 성년의 그는 사진작가, 코미디언, 홍보 등 다양한 직업에 도전하며 홀로서기를 시도했다. 1971년 오슨 웰스, 잭 니콜슨 등이 출연한 헨리 자그롬Henry Jaglom, 1938~ 감독의 영화 〈세이프 플레이스A Safe Place〉에 조연으로 출연하는 등 배우로도 활동했지만 별로 주목받지 못했다.

부유한 부모는 각자 연애하고 사업하느라 바빠 그를 나 몰라라 했고, 그는 내내 경제적으로 궁핍했다. 물론 콘래드가 가끔 모녀를 초대해 호화로운 식사를 대접하긴 했지만 "그는 (아버지가 아니라) 사업가였다"라고 프란체스카는 말했다. 콘래드는 1979년 숨지면서 당시 기준으로 2억 달러에 달하던 재산 대부분을 자신이 만든 콘래드힐튼재단에 기부한다.(그의 유산 중 호텔 지분을 포함한 상당액은 콘래드의 전처소생인 차남 윌리엄 배런 힐튼이 소송을 통해 상속받는다. 그가 힐튼의 현 회장이자 패리스 힐튼의 조부다. 장남 니콜슨은 1969년 사망.) 콘래드가 프란체스카에게 남긴 유산은 10만 달러였는데 거기에는 '상속권 박탈' 단서 조항이 붙어 있었다. '유산 분배에 불응해 소송을 걸어 패소하면 10만 달러도 못 받는다'라는 거였다. 프란체스카는 소송을 걸었고, 패배했다. 그 일에 대해 훗날 그는 "과거에 안주해서 살지 말라는 게 그(콘래드)의 메시지였던 듯하다"라고 좋은 낯으로 말했다. 그는 콘래드힐튼재단의 임시 직원으로 취직해 일한 적도 있고, '힐튼'이라는 자신의 본명을 새긴 이름표를 달고 베벌리힐스 힐튼호텔 카운터에서 투숙객을 맞는 일을 한 적도 있다.

2005년 폰 안할트는 의붓딸을 사기 및 사문서 위조 혐의로 고소한다. 프란체스카가 엄마의 서명을 위조해 가보의 베벌리힐스 호화 맨션(시가 1400만 달러)을 담보로 200만 달러를 대출받았다는 거였다. 프란체스카는 가보의 동의를 얻었다며 안할트를 상대로 맞소송을 건다. 주요 증인인 자자 가보가 법원에 출석하지 않고 대리 서명도 거부, 법원은 소송을 무효화한다. 당시 가보는 2002년 교통사고 후유증으로 한쪽 다리를 잃은 데다 반복된 수술과 복합 발작 등으로 거동은 물론 의사 표현 능력조차 거의 상실한 상태였다.

2012년 폰 안할트는 대리모를 통해 그와 가보 사이의 2세를 갖기로 했다는 기괴한 기자회견을 한다. 무려 7만 달러를 들여 둘의 결혼 25주년을 자축하는 대형 전광판을 선셋 대로에 내걸었고 할리우드의 명사들을 초대해 성대한 파티를 열었다. 물론 모든 비용은 가보의 금고에서 나왔고, 병석의 가보는 그 잔치를 즐기지 못했다. 프란체스카는 다시 소송을 건다. 폰 안할트가 엄마의 치료와 병 수발을 건성으로 하면서 그의 재산을 멋대로 처분하고 있다며 법정 재산 관리인을 선임해줄 것을 요청하는 소송이었다. 그는 "현재의 남편인 폰 안할트가 어머니에 대한 나의 사랑을 막고 만날 권리마저 박탈하고 있다"라고 진술서에 썼다. 폰 안할트는 "법원에서 와서 아내가 얼마나 편안히 잘 있는지 보기를 바란다"라며 "힐튼이 바라는 건 오직 내가 집을 팔지 못하게 하는 것"이라고 주장했다. 양측은 폰 안할트가 매달 프란체스카의 변호사에게 재산 보고서를 제공하고 매주 한 시간씩 엄마를 만날 수 있는 권리를 보장하는 조건에 합의했다.

프란체스카가 알뜰한 생활인이었던 같지는 않다. 배다른 사촌인 힐튼재단 이사장 스티브 힐튼의 말처럼 그가 자신의 길을 찾고자 생의 많은 부분을 바친 건 사실이지만, 스스로 선의로 읽은 생부의 뜻처럼 과거로부터 벗어나 자립적이고 자율적인 삶을 살지도 못했다. 그는 의붓아버지와의 불화와 잇단 소송으로 많은 시간과 에너지와 돈을 잃었고, 정부의 생활 보조금과 할리우드 지인들의 자잘한 호의로 술과 끼니를 해결하곤 했다. 연예 전문 매체인 〈레이더온라인Radar Online〉은 그의 말년 소식을 전하며 "한 저명 헤어드레서는 그의 머리 손질과 염색을 공짜로 해주곤 했다"라고 썼다. 호텔 제왕의 딸인 그가 말년에 머문 거처는 매주 선불로 방값을 내야 하는 헐한 여인숙이었고, 그마저 낼 형편이 안 될 땐 97년식 도요타

포러너Forerunner 승용차가 그의 거처였다. 거리에 나뒹구는 신문에는 하루걸러 조카손녀 패리스 힐튼의 근황이 실리곤 했을 것이고, 그는 코미디 무대에 서서 그녀와의 인연을 웃음의 소재로 활용했다.

　힐튼이 숨진 뒤 안할트는 자살 가능성 등 죽음의 의혹을 제기하며 부검을 요구하는 한편 의붓아버지로서 프란체스카의 장례식을 주관할 권리를 주장했다. 하지만 프란체스카의 오랜 친구이자 에이전트로 홍보 일을 맡아온 에드워드 로지는 "그녀가 어떻게 죽게 됐는지 우리 모두 안다. 사인은 스트레스로 인한 심장 발작이었지만 주원인의 하나가 프레데리크 폰 안할트였다"라고, "만약 그가 그녀의 장례식을 주관한다면 그녀는 무척 화를 낼 것"이라고 맞섰다. 검찰은 프란체스카의 부검은 승인했지만 폰 안할트의 시신 인수는 허락하지 않았다. 그의 시신은 숨진 지 10여 일 만에 스티브 힐튼이 인수했고, LA의 유서 깊은 웨스트우드 공동묘지에 묻혔다. 지인들의 조의금을 보태 사촌이 마련해준 장지였다.

1925 —— 2014
지미 스콧

천 상 의 음 색

병이 만든 목소리로, 삶을 담아서

There's a somebody I'm longing to see
I hope I could always be good
To one who'll watch over me ~

간절히 보고 싶은 사람이 있어
난 늘 좋은 사람이기를 바라네
나를 보살펴줄 그 사람에게

1991년 3월 뉴욕, 전설적인 블루스 가수 겸 작곡가 독 포머스Doc Pomus, 1925~1991의 장례식장. 조지 거슈윈의 히트곡 〈Someone to Watch over Me〉가 흘러나오는 순간 식장이 술렁이기 시작했다. 그 친숙한 노래를 그렇게 낯설게 또 절절하게 부르는 가수가 누군지 몰라서였다. 귓속말이 오고 가고, 고개를 들어 두리번거리는 이들도 있었을 것이다. 노래만 들어선 이름은커녕 아이인지 노인인지 남잔지 여잔지조차 알 수 없었다.

주인공은 독 포머스의 오랜 친구이자 20세기 보컬 재즈의 가장 은밀한 전설 지미 스콧James Victor "Jimmy" Scott이었다. 2000년 〈뉴욕 타임스〉가 "20세기를 통틀어 가장 부당하게 홀대당한 미국 가수" 라 했고, 가수 마돈나가 "노래로 나를 울게 한 유일한 가수"라며 우러렀던 사람. 지미 스콧이 2014년 6월 12일 숨졌다. 향년 88세.

독 포머스의 장례식장은 66세의 스콧이 컬트 스타로 거듭난 사실상의 데뷔 무대였다. 그 무대는 폐암 투병 중이던 포머스가 유언으로 남긴 이벤트였다. 자신의 사단이라 부를 수도 있을 수많은 스타 가수를 제쳐두고 스콧에게, 그것도 곡명까지 지정해서 추모곡으로 불러달라고 청할 때 포머스는 어쩌면 장례식에 모일 당대 음악계 실력자들에게 제 친구를 소개하고 싶었던 것일지 모른다. 저 거슈윈의 노랫말처럼 포머스는, 무대에 서기 시작한 1930년대 이래 단 한 번도 제대로 주목받지 못한 친구, 70년대 이후로는 사실상 무대에서 추방당한 친구 스콧을 내내 '보살펴준watch over' 이였다. 그가 떠난 뒤 많은 이들이 그를 대신해서 스콧을 찾고 또 챙겨주기를 바랐을 것이다.

영화감독 데이비드 린치는 공전의 드라마 히트작 〈트윈 픽스〉의 2부 마지막 에피소드와 1992년 동명의 영화에 스콧을 출연시켜 대중적 명성을 얻게 했다.(거기서 부른 곡은 〈Sycamore Tree〉.) 록그룹 벨벳언더그라운드의 리더 루 리드는 1992년 앨범 《Magic and Loss》를 스콧과 함께 녹음하고 함께 전국 투어를 다녔다. 장례식장에서 스콧의 노래를 듣고 심장이 멎는 경험을 했다는 사이어레코드Sire Records사 시모어 스타인 사장은 다음 날 그와 음반 계약을 맺고 이듬해 스콧의 사실상 첫 음반인 《All My Way》를 냈다. 그 음반은

1992년 빌보드 재즈 차트 4위, 그해 그래미상 후보에 오른다. 그는 1993년 빌 클린턴 대통령 당선 축하연에 초대돼 〈Why Was I Born?〉을 노래했다.

비평가들은 스콧의 목소리를 '천상의 음색'이라고 표현하곤 했다. 그의 노래는 늙은 성대의 숙련된 떨림과 청년의 미성을 넘나들며 시간의 비가역성을 희롱하는 듯했고, 흐느끼듯 처연한 감성과 솟구치는 격정의 힘을 교직하며 얄궂은 운명을 가벼운 농담처럼 품어 안았다. 그는 반주를 앞장서 끌어당기거나 뒤에서 잡아당기며 느릿 느릿 길게, 또 낯선 가락으로 솟구쳤다가 가라앉기도 하면서 모든 노래를 그의 노래로 만들곤 했다.

천상의 음색이라는 저 흔해터진 찬사는, 하지만 그에게는 더없이 어울리는 말이었다. 스콧은 콜만증후군Kalmann's Syndrom이라는 희귀한 유전성 성호르몬 결핍증 환자였다. 그는 2차 성징을 경험하지 못했고, 당연히 변성기도 거치지 않았다. 10대에 성장이 멈춰 37세 되던 해까지 그의 키는 152센티미터에 불과했다.

지미 스콧은 1925년 7월 17일 미국 오하이오 주 클리블랜드에서 10남매 중 셋째로 태어났다. 그는 교회 성가대에서 노래를 배웠다. 교회 피아노 주자로, 그의 재능을 사랑했던 어머니 저스틴은 스콧이 열세 살 때 교통사고로 숨진다. 일용 노동자였던 아버지 아서 스콧은 형편이 어려워 아이들을 모두 고아원에 보냈다. 고등학교도 못 마친 스콧은 극장 검표원, 보드빌 공연장 주차 안내원 등을 하며 스스로 생계를 꾸려나갔다. 가끔 노래도 불렀을 것이다. 그러다 40년대의 인기 보드빌 공연 팀 '에스텔 칼레도니아 영Estelle Caledonia

Young'에 발탁돼 가설극장 무대에서 정식으로 노래를 불렀다. 당시 스콧은 열아홉 살이었고, 훗날 그는 팀 리더이자 댄서였던 칼레도니아를 자신의 엄마 같은 사람이었다고 말했다. 4년 뒤인 1948년 그는 당대의 유명 R&B 팀인 햄프턴 밴드에 보조 싱어로 발탁된다. 리더 라이어넬 햄프턴Lionel Hampton, 1908~2002은 스물세 살의 스콧을 열일곱 살로 속이게 하면서 '리틀 지미'라는 애칭을 붙여준다. 리틀 지미는 이듬해 그의 생애의 노래라 할 만한 〈Everybody's Some-body's Fool〉을 녹음, 1950년 빌보드 R&B 차트 6위까지 오르며 햄프턴 밴드의 성가를 높였다. 하지만 그 노래는 밴드의 이름으로 발표됐고, 음반 어디에도 그의 이름은 표기되지 않았다. 팬들은 오랜 세월 동안 무명의 여성 가수로 그(의 목소리)를 기억했고, 그는 단 한 푼의 주크박스 수입도 얻지 못했다.

스콧은 뉴욕과 뉴저지의 작은 클럽들을 떠돌며 빌리 홀리데이, 찰리 파커 등 당시 이미 거장이었던 선배 뮤지션들과도 함께 공연했다. 그의 노래는 홀리데이의 마음을 사로잡아 평생 친구가 됐고, 비록 대중적인 인기는 얻지 못했지만, 훗날 유명한 가수가 되는 이들의 마음을 흔들어놓았던 듯하다. 훗날 마빈 게이는 스콧의 50년대 절제된 창법을 자신의 발라드 창법에 접목했다고 고백했고 프랭키 발리, 조 페시 등도 자신을 스콧의 제자라고 공언하곤 했다. 그들 중에는 '소울 뮤직의 대부' 레이 찰스도 있었다. 1963년 레이 찰스는 스콧에게 자신의 탠저린Tangerine 레이블로 음반을 만들자고 요청, 저 유명한 〈Falling in Love Is Wonderful〉을 발표한다. 찰스가 직접 피아노를 연주하고 당대 최고의 뮤지션들이 세션으로 가담한 그 음반은, 하지만 세상에 나오자마자 사라진다. 무명 시절 스콧과 계약했던 음반업체 사보이Savoy Records가 그와의 계약은 종신 계약이라며 소송을 걸고 나선 탓이었다. 사보이는 스콧을 R&B 가수로 키우기 위해 몇 개의 음반을 냈으나 별 재미를 못 본 터였고, 스콧은 선곡서부터 창법까지 일일이 간섭하며 자신을 R&B의 틀 안에 가두려던 음반사와 불화했다. 훗날 스콧은 음악 잡지 〈롤링스톤〉 인터뷰에서 "당시 찰스는 내게 2500달러의 선금을 줬는데 그 액수는 사보이가 주던 돈의 열 배가 넘는 액수였다. 부를 노래도 열 곡 모두 내게 선곡하도록 했고, 전곡의 피아노 반주를 그가 했다"라고 말했다. 스콧과 레이 찰스의 1963년 음반은, 40년 뒤인 2003년 LP가 아닌 CD로 세상에 다시 나올 때까지, 재즈 마니아들 사이에서 풍문으로만 떠돌던 전설의 음반으로 통했다.

사보이는 1969년 스콧의 또 다른 음반마저 발매를 막았고, 낙담한 스콧은 고향 클리블랜드로 낙향, 호텔 종업원과 보조 간호사 등 음악과 무관한 직장을 전전하며 약 20년 동안 허덕지덕 집세와 밥값을 벌어야 했다. 그는 음악계에서 사실상 잊혔고, 그의 팬들은 그가 사망한 것으로 알았다. 70년대 한 지역 라디오방송 진행자가 숨진 가수로 그를 소개하며 노래를 들려줘 방송을 우연히 들은 스콧의 아내가 항의 전화를 건 일도 있었다고 한다.

그의 열정적인 소수의 친구들은 물론 그를 잊지 않았고, 기회가 있을 때마다 대중들에게 그를 알리기 위해 애를 썼다. 연예 기획자이자 유명 프로듀서인 퀸시 존스는 1988년 〈빌리지보이스Village Voice〉 인터뷰에서 50년대 스콧의 공연을 처음 본 순간을 회상하며 "그는 내 무릎을 꿇게 했고 소름을 돋게 했다. 그 이후 지미는 매일 밤 내 가슴을 찢곤 했다"라고 말했다. 루 리드는 "그는 '가수들의 가수'다. 지미의 노래를 듣는다는 건 자신의 심장을 연주하는 것과 같다. (…) 그의 노래가 끝나면 우리는 하릴없이 남루한 일상으로 돌아오게 되고, 그의 노래가 다시 시작돼 우리를 더 멋진 세상으로 데려가줄 때까지 기다리는 도리밖에 없다"라고 말했다.

하지만 재즈의 정전正傳으로 꼽히는 요아힘 베렌트Joachim-Ernst Berendt, 1922~2000의 방대한 『재즈북The Jazz Book』에는 지미 스콧의 이름이 단 한 번도 등장하지 않는다. 그가 지미의 존재 자체를 몰랐을 수도 있고, 공인된 거장들을 먼저 챙기느라 잊었을 수도 있고, 대중적으로 잊힌 가수라 건너뛴 걸 수도 있다. 또 어쩌면 지미 스콧의 모호한 정체성 탓일지도 모른다. 그의 음색과 음역은 공인된 재즈 거장들과 판이하게 달랐고, 그래서 실제로 R&B 가수로 분류되기도 했다. 스콧은 그의 전기(『제 박자의 신념Faith in Time: The Life of Jimmy Scott』)를 쓴 데이비드 리츠에게 이렇게 말했다. "평생 동안 나는 괴상한 놈queer, 계집애, 할망구, 괴짜freak, 호모fag라고 조롱당하곤 했다. 가수로서도 여성스러운 음색 때문에 비판을 받기도 했는데, 그들은 내가 어느 음악 범주에도 속하지 못한다고 평했다. 남자도 여자도 아니고 팝도 재즈도 아니라는 거였다. 하지만 나는 내 시련이 곧 나의 구원이라는 사실을 일찌감치 깨닫고 있었다." 그는 NPR National Public Radio, 미국공영라디오방송과의 1992년 인터뷰에서 자신에게 주어진 목소리는 어쩔 수 없는 운명이지만 그 한계를 극복하기 위해 더 깊은 소리를 내려고 노력했다고 말했다.

37세 되던 1962년, 그의 몸은 갑자기 성장을 재개, 1년 새 무려 8

인치가 자란다. 의사는 원인을 알아내지 못했고, 다만 꾸준히 운동을 하면 증세가 '호전'될 수 있다고만 조언했다. 스콧은 그 변화를 위기라 여겼다. 그는 전기 작가에게 "호르몬의 장난으로 내 목소리가 달라질까 봐 두려웠다"라고, "결핍에서 비롯한 문제들이 많았지만 내가 기댈 수 있는 건 내 목소리밖에 없었기 때문이다"라고 말했다. 다행히 그의 목소리를 훼손되지 않았다. 그는 "오히려 50년대 목소리보다 좀 더 무겁고 강해진 것 같아 다행스럽게 생각한다"라고 말했다. 실제로 그가 노년에 부른 노래의 호소력은 청년 시절의 그것보다 훨씬 강렬한데, 거기에는 시각적인 대조 효과도 부인하기 힘들다. 콘트랄토 음역을 넘나드는 그의 음색은 충분히 늙어 달관한 듯한 얼굴과 더 잘 공명하는 듯 보였다. 평생 거친 운명에 부대끼며 숙성된 무엇도 더불어 스몄을 것이다. 그는 한 인터뷰에서 "나는 자잘한 삶의 이야기가 담긴 노래들을 좋아한다. 그런 노래들이 내게 위안이 되고 또 청중들에게 희망을 줄 것이라 믿기 때문이다"라고 말했다. "노래할 때마다 나는 고양되는 느낌을 받는다. 신神이 이 기괴하고 작은 거푸집 속에 나를 담을 때는 어떤 이유가 있었을 것이다. 다만 내게 필요한 것은 나 자신이 되기 위한 용기였다. 그런 용기가 삶을 더 낫게 만든다." 그는 2007년 미국의 가장 영예로운 재즈 타이틀인 NEA^National Endowment for the Arts '재즈마스터'상을 비롯해 수많은 상을 탔다.

스콧은 스무 살 때부터 모두 다섯 번 결혼했고, 2003년 마지막 아내인 지니와 결혼해 함께 살았다. "지미는 늘 친절했고, 겸손해서 누구를 만나든 상대가 특별한 사람이 된 듯 느끼게 해주는 사람이었다. 비록 자신은 힘든 삶을 살았지만 어떤 분노도 품고 있지 않았다"라고, "그는 지상의 천사였다"라고 지니는 말했다.

1926 — 2014
알바 여공작

통념은 가라

주눅 들지 않는, 자신에게 충실한 삶

스페인 귀족, 알바 여공작18th Duchess of Alba이 숨졌다. 향년 88세. 신분제 사회의 살아 있는 전설이던 그는 사회 통념과 귀족 관습에 얽매이지 않는 자유분방한 삶으로 수많은 이야기를 남겼고, 연예계 스타 못지않은 관심과 사랑을 누렸다. 그의 이야기는 그가 지닌 유·무형의 세습 자산들과 함께 회자되곤 했는데, 그것들은 이야기 의 흥미를 돋우는 촉매이면서 그 자체로서 전근대 귀족 사회에 대 한 로망을 자극하는 독자적인 이야기였다.

알바 여공작은 여덟 개의 공작위를 포함, 마흔여섯 개 세습 작위 를 지녀 기네스북에 오른 '지존至尊의 혈통'이었다. 귀족 서열로는 스페인 왕실이나 영국 엘리자베스 여왕보다 '끗발 센' 스튜어트 왕 조의 제임스 2세 직계였고, 만일 스코틀랜드가 독립을 했다면 여왕 이 될 수도 있는 신분이었다. 여섯 개의 성城과 방대한 세습 영지를 물려받은 스페인의 갑부로, 그가 소장한 그림과 유물만도 웬만한 미술관이나 박물관 수준을 능가한다는 이야기가 있고, 누가 먼저 모자를 벗어야 하는지까지 따지는 귀족들의 의전 규범으로 보자면 그는 교황 앞에서도 무릎 꿇지 않을 수 있고, 말을 탄 채 세비야대성당에 들어설 수 있다는 이야기도 있다.

저 모든 특별한 배경들은 그의 삶을 주목받게 하는 데 기여했지만 대중적 호감을 사는 데는 오히려 불리했을지 모른다. 특히 그는 시민들이 상상하기 힘든 사치를 누렸고, 인색했고, 영지 주변의 농민들과 자주 불화하기도 했다. 그러면서도 적지 않은 이들이 그를 밉지 않게, 아니 호의적으로 본 것은 쉽게 이해하기 힘들다. 다만 그는 신분으로 거들먹거리지 않았다. 전통의 의무보다 개인의 자유를 중시했고 또 과시하듯 그 자유를 누렸다. 그가 누린 자유는 물론 '특별한 개인의 자유'였지만, 거기서 시민들은 대리만족했을지 모른다.

한국 언론들도 이따금 그를 '해외 토픽' 같은 외신란에 소개했다. 2011년 그의 세 번째 결혼 소식을 전한 게 가장 최근 일이다. 당시 언론은 신분과 나이를 극복하고 왕실의 반대까지 묵살한 '귀족의 로맨스'로 그 사연을 전했다. 결혼식 사진이 특히 인상적이었다. 스물네 살 연하의 연인과 나란히 선 85세 신부新婦의 모습은 흔히 볼 수 없고 쉽사리 잊히지도 않을 행복감으로 넘쳤다. 그의 얼굴은 숱한 성형수술(과 시술)로도 감추지 못한, 아니 더 도드라져버렸다고 해야 할 세월의 흔적으로 안쓰러웠지만 그는 더없이 당당했다. 그 당당함 역시 몸에 밴 세습의 자부라 쉽게 말할 수 있겠지만, 거꾸로 세월과 관습과 시선과 험담에도 주눅 들지 않으려는, 사랑에 빠진 여인의 열정 혹은 존엄한 고집을 엿본 이들도 있을 것이다. 그는 강렬하고 압도적이었다.

마리아 델 로사리오 카예타나 팔로마 알폰사 빅토리아 에우헤니아 페르난다 테레사 프란시스카 데 파울라 로르데스 안토니아 호세 파 파우스타 리타 카스토르 도로테아 산타 에스페란자 피츠하메스 스투아르트 이 데 실바 팔코 이 구르투바이María del Rosario Cayetana Paloma Alfonsa Victoria Eugenia Fernanda Teresa Francisca de Paula Lourdes Antonia Josefa Fausta Rita Castor Dorotea Santa Esperanza Fitz-James Stuart y de Silva Falcó y Gurtubay, 줄여서 카예타나 피츠하메스 스투아르트는 1926년 3월 28일 스페인 마드리드 리리아 성에서 태어났다. 그는 17대 알바 공작인 돈 자코보 피츠하메스 스투아르트 스튜어트 이 팔코와 어머니인 도나 마리아 델 로사리오 데 실바 이 구르투바이 후작의 외동딸이었다. 장남이 작위를 세습하는 영국과 달리 남녀불문 첫 자녀가 작위를 세습하는 스페인 귀족 전통에 따라 그는 두 거대한 가문의 모든 것을 세습한다. 그의 이름이 숨 가쁘게 긴 까닭도 그 때문이다. 스페인의 이름들은 부모 양가의 성뿐 아니라 영적 부모인 대부모의 성도 이어 쓰기 때문에 대체로 길다. 이름과 함께 별명을 쓰는 경우도 많다. 게다가 귀족, 특히 알바 여공작 같은 거창한 귀족은 가문의 출신지와 봉토, 세습 작위의 주요 흔적들까지 담기 때문에 이름은 가히 호적의 요약본처럼 길어진다. 실제로 유럽의 족보학자라면 저 이름 하나로 그의 혈통의 내력을 설명할 수 있다고 한다. 그의 이름 속에는 영국 왕가의 흔적과 대부모인 스페인 빅토리아 에우헤니아 여왕 부부의 흔적도 엿보인다.

그는 영국 최고의 명문가로 꼽히는 스튜어트 왕가의 직계, 제11대 베릭 공작이기도 했다. 제1대 베릭 공작인 제임스 2세의 아들 제임스 피츠제임스1670~1734에게서 비롯한 작위다. 1대 공작은 제임스 2세가 말보로 공작의 여동생인 아라벨라 처칠과의 사이에 낳은 사생아로, 아라벨라 처칠은 윈스턴 처칠 전 영국 수상의 먼 할머니다. 그의 모계 후손으로는 웨일스의 공주 다이애나 전 황태자비가 있다. 그러니 알바 여공작은 윈스턴 처칠, 다이애나 전 황태자비와도 친척이다. 16세기 유럽의 최강국이던 스페인의 네덜란드 총독으로 '철공작'이라는 잔혹한 이름을 떨친 톨레도의 돈 페르난도 알바레스가 3대 알바 공작이고, 13대 알바 여공작 도나 마리아 델 필라 데 실바는 화가 프란시스코 고야의 연인으로, 문제작 〈옷 벗은 마야〉의 주인공이라는 설이 있다. 530여 년 전통의 알바 성주城主인 그에게 엘리자베스 여왕이 머리를 조아려야 한다는 보학자들의 주장은 그래서 터무니없지 않다. 영국의 현 왕가Saxe-Coburg Gotha. 고타 왕가는 1820년대에야 귀족의 반열에 든 벼락출세 가문이기 때문이다.

저 장황한 핏줄 이야기가 짜증스러울지 모르지만 귀족 사회, 특히 아직도 상원 정치권력의 특권을 법적으로 보장하고 있는 영국이나 헌법이 국왕의 귀족 서임권을 인장한 스페인 같은 입헌군주국에서 저 맥락들은 지금도 여전히 돈으로도 살 수 없는 자부심의 배경이다. 그들은 혼인과 사교 등 자신들의 닫힌 네트워크를 오연히 지키고 있다.

그 네트워크 안에서 알바 여공작의 생각과 행동, 판단과 선택은 사뭇 달랐다. 2011년 그의 세 번째 결혼을 둘러싼 논란에 세계인이 촉각을 돋운 것도 저런 사정 때문이었다.

그의 피앙세는 스물네 살 연하의 사회보장국 하급 공무원 출신 알폰소 디에스(당시 61세)였다. 첫째 남편과 낳은 자녀들(5남 1녀)은 그 결혼에 극력 반대했다. 다들 공작이나 후작 백작위를 서너 개씩 가진 그들은 매스컴을 통해 노모의 연애를 공개적으로 비난했고

그들이 당신을 잊어버리면
당신은
아무것도 아닌 존재가 된다.

'평민'인 연애 상대를 조롱했다. 결코 '귀족적'이라 할 수 없었을 노모의 평소 패션과 돌출적 행동으로 자주 마음을 졸였을 그들로서는 노모의 저 사랑이 가문의 명예에 또 하나의 스캔들이 될 것이라 여겼을 것이다. 하지만 결정적 문제는 그 결혼이 임박한 유산遺産 상속의 달갑지 않은 변수가 될 것이라는 점이었을 것이다. 그들은 디에스를 '재산 사냥꾼gold-digger'이라고 비난했다. 2008년 그들의 염문이 결혼설로 비화한 직후 후안 카를로스 스페인 국왕까지 나서 그의 결혼을 만류했고, 2011년 6월 여공작의 막내아들인 아르호나 공작 카예타노는 알바 여공작의 재혼은 없다며 "어머니가 역사적 책무의 문제를 존중하기로 했다"라고 가문의 이름으로 공식 발표하기도 했다.

하지만 알바 여공작은 그 모든 반대에 혼자 맞섰다. 자녀들과의 공개적 설전이 뜨겁던 2008년 그는 한 스페인 라디오방송에 나와 사별로 끝난 자신의 두 차례 결혼 생활과 아들들의 이혼 전력을 대비하며 이렇게 말했다. "(윤리와 책임을 들먹이며) 그들은 지금 내 결혼에 반대하는데, 그들은 나보다 더 자주 (비윤리적으로) 파트너를 바꿔왔다." 또 다른 인터뷰에서는 "당신들도 누군가를 알게 되고 좋아하게 되고 또 약간 사랑하다가 아예 사랑에 빠지지 않느냐"라며 자신의 사랑이 '당신들'의 사랑과 다르지 않다고 말했고, 디에스에 대해 "그는 환상적인 남자다. 그가 내 삶을 완전히 뒤흔들어놓았다"라고 고백하기도 했다. 그는 자녀들과 귀족 사회의 위선을 그렇게 조롱했고 나이를 둘러싼 사회의 편견을 그렇게 일축했다. 여론도 그를 편들었다. 그의 연애 이야기는 2009년 드라마로 방영되기도 했다.

2011년 알바 여공작은 사후 자신의 전 재산을 자녀들에게 물려준다는 약속을 미리 공개하고 디에스 역시 상속권 등 일체의 재산 권리를 포기한다고 선언, 모든 반대를 정면 돌파한다. "우리는 누구에게도 피해를 주지 않았다. 알폰소는 나를 제외한 그 무엇도 원치 않았고 실제로 모든 것을 포기했다." 자신의 세비야 성에서 보란 듯 치른 결혼식 직후 알바 여공작은 하객들 앞에서 구두를 벗고 드레스 단을 걷은 채 열정적인 플라멩코 춤을 선뵀다.

그의 첫 남편은 소토마요르Sotomayor 공작의 장남인 해군 장교 페드로 루이스 마르티네스였다. 1947년 세비야대성당에서 치러진 결혼식에는 전 유럽의 내로라하는 왕족과 귀족 1000여 명이 참석했다. 〈뉴욕타임스〉를 비롯한 세계 언론이 "봉건영주 가문이 치른 최대·최후의 화려한 예식"으로 꼽은 그 결혼식에서 알바 여공작이 몸에 걸친 보석만 120만 파운드어치였고, 결혼식 비용도 약 200만 파운드에 달한 것으로 알려져 있다. 1972년 사별할 때까지 부부는 5남 1녀를 낳았다.

6년 뒤인 1978년 그는 전 예수회 신부이자 자유주의 지식인, 헤수스 아기레 이 오르티스 데 자라테Jesús Aguirre y Ortiz de Zárate, 1934 ~2001와 재혼한다고 발표, 스페인의 완고한 가톨릭교도들을 충격에 빠뜨린다. 아기레는 한때 공작의 고해신부였고 또 사생아였다. 하지만 그땐 자녀들이 어렸고, 그 역시 쉰두 살의 한창때였고 또 여전히 아름다웠다. 부부의 사생활은 황색 언론의 주요 취재 대상이었다. 아기레가 알바 여공작을 위해 연애시를 지어 가수 훌리오 이글레시아스에게 노래로 만들어달라고 청한 이야기, 시가 너무 선정적이어서 이글레시아스가 거절했다는 일화도 있다. 1988년 한 신문이 두 사람의 불화설을 보도하자 예순두 살이던 알바 여공작은 인터뷰에서 이렇게 말했다. "우리는 처음처럼 행복하다. 당신들이 그렇게 알고 싶어 하니까 하는 말인데, 우리는 지금도 매일 밤 섹스한다." 실생활에서야 어쨌든 규범적으로는, 국왕보다 높은 서열의 귀족이 저런 말을 공개적으로 한다는 것 자체가 파격이었다. 아기레는 2001년 병사病死했다.

젊은 알바 여공작은 미모로도 유명했다. 진위를 알 수 없는 염문도 적지 않았다. 자녀들 중 넷째 아들인 비센테 델 바르코 후작(돈 페르난도)이 실은 세비야의 미남 플라멩코 댄서 안토니오 엘 바일라린의 아들이며, 그의 사후 비망록에도 그렇게 기록돼 있다고 한다. 하지만 알바 여공작은 그 사연을 처음 보도한 스페인 잡지 〈인테르비우Interviú〉를 상대로 명예훼손 소송을 걸었고, 법원은 잡지사에 9만 유로의 배상금을 지급할 것을 선고했다. 알바 여공작은 2009년 세비야 산페르난도 공동묘지의 묘역 한 자리를 사들이는데 그 자리는 한때 그의 연인이라는 소문이 무성했던 한 투우사의 무덤 옆 자리였다.

그의 재산 규모 역시 미지수다. 물려받고 직접 사 모은 엘 그레코, 벨라스케스, 티치아노, 렘브란트, 고야, 피카소 등 5만 점에 이르는 작품의 가격을 산정한 적이 없어서다. 예술품 외에도 콜럼버스의 아메리카 지도 초판본, 세르반테스의 『돈키호테』 초판본, 1429년 판본의 『성경』 등 1만 8000여 권의 장서를 소유한 것으로 알려져 있다. 그가 태어난 마드리드의 리리아 성과 살라망카의 알바 성, 세비야의 두에냐스 궁전 등 문화재급 고성과 유럽 각지에 산재한 저택과 별장, 그의 땅을 밟지 않고 스페인을 여행하는 게 불가능할 정도라는 방대한 토지 등을 근거로 〈포브스〉는 그의 재산을 35억 달러로 추산했고 〈뉴욕타임스〉는 44억 달러로 추정했다.

알바 여공작은 병약했던 어머니를 여덟 살에 잃고, 프랑코 치하에서 영국 대사를 지낸 아버지를 따라 런던으로 이주해 결혼 전까지 10여 년을 영국에서 살았다. 동갑이자 먼 친척이기도 한 엘리자베스 여왕과는 장난감을 함께 가지고 놀던 사이였다. 그는 매체를 가리지 않고 인터뷰에 응하면서 다양한 반응을 즐겼던 듯하다. 한 잡지 인터뷰에서 그는 "그들이 당신을 잊어버리면 당신은 아무것도 아닌 존재가 된다"라고 말하기도 했다. 2006년 그가 안달루시아 정부로부터 '안달루시아의 딸'이라는 영예로운 칭호를 부여받은 뒤 지역 농민 단체가 사치나 일삼는 부재지주에겐 과한 영예라며 반발하자 그들을 '우범자 무리delinquents'라고 공개적으로 비난해 소송을 당하기도 했다.

결혼식 전 그의 남편 디에스는 〈배너티페어Vanity Fair〉 인터뷰에서 이렇게 말했다. "그녀는 '우리 다음에 뭐 할까?'라는 질문을 달고 산다. 가끔은 내가 더 늙었다는 생각이 들 정도다."

1936 ─ 2015
게리 달

돌 보 기 를 금 처 럼

쓸모없음의 쓸모 있음

그의 운명은 한 술자리의 가벼운 농담으로 일변했다. 어쩌다 애완동물을 키우는 문제로 대화가 이어졌고, 친구들은 강아지, 고양이 등이 끼치는 갖은 말썽과 돌봄의 수고, 사료값과 병원비 따위의 불평들을 경쟁적으로 쏟아내던 참이었다. 잠자코 있던 달이 그 순간 한마디 한다. "나는 돌을 키워.I have a Pet Rock." 어리둥절해하는 친구들에게 달은 이렇게 부연했다. "밥 줄 필요도 없고, 똥 치울 일도 없고, 말썽도 안 피우고, 씻기기도 쉽고, 안 씻겨도 그만이고, 산책 가자고 조르지도 않고 또 나보다 오래 살고……." 다행히 그 자리에는 매사 이성을 앞세워 판단하고 설명하려 드는 친구가 없었던지 다들 맞장구를 쳤고, 저마다 '애완 돌' 돌보기의 몽상을 전개해나갔다.

물론 그의 농담 혹은 유쾌한 반어反語를 진지하게 생각하는 이는 없었다. 누구도, 심지어 달 자신조차 얼마 뒤 그의 돌에 다리가 돋아나 미국 전역을 싸돌아다니게 되리라 생각하지 못했다.

그런데 그리됐다. 달의 돌은 '순수 혈통의 펫록Pet Rock'이라는 이

151

름표를 달고 그해 8월부터 이듬해 2월까지 약 6개월 동안 개당 3.95달러에 무려 150만 개가 팔렸고, 실업자나 다름없던 38세의 달은 저택과 벤츠를 가진 벼락부자가 됐다. 1975년 여름 미국 북캘리포니아 로스가토스의 한 술집에서 시작된 일이었다.

　가벼운 마음으로 귀가한 친구들이 다음 날 출근을 위해 잠자리에 들 때, 일 없던 프리랜서 광고업자 달은 책상 앞에 앉아 애완 돌에 대한 활유법의 몽상을 이어갔다. 펫록 돌보는 법, 재능과 특기, 길들이는 법, 훈련시키는 법……. 장장 보름에 걸친 작업 끝에 그는 30여 쪽의 팸플릿 『펫록 훈련 교본Pet-Rock Training Manual』을 완성했다. "박스에서 나오면 처음에는 긴장할지 모른다. 그러면 신문지 위에 가만히 올려놓아줘라. 펫록은 신문지가 왜 필요한지 스스로 알 테니 따로 가르칠 필요가 없다." 그러고 술자리 친구들을 꼬드겨 두 명에게서 펫록 분양업 창업 자금을 빌린다.(물론 소액이었겠지만 이 대목은 그의 불가사의한 성공 신화에서도 가장 큰 미스터리다. 다만 친구들이 그를 어떤 사람으로 알고 있었는지는 짐작할 만하다.)

　그는 집 인근 산호세의 건축자재 상가를 찾아간다. 그가 고른 돌은 멕시코 만 로사리타 해변에서 채취된 거였는데, 달걀처럼 둥근 모양과 아이 주먹만 한 크기가 대체로 흡사해서였다. 그가 사들인 돌 한 개 값은 1센트현재 환율로 약 10원였다. 애완동물 운반용 케이지를 모방한 골판지 박스도 숨구멍까지 뚫어 주문 제작했고, 거기 대팻밥을 깔아 돌을 얹었다. 상자에는 회심의 역작인 매뉴얼 팸플릿이 동봉됐다.

　1975년 8월, 달은 펫록 시제품을 샌프란시스코 선물용품 박람회에 출품한다. 그는 장난감 시장은 경쟁이 치열했기 때문이라고 했지만, '생명'을 지닌 상품을 장난감으로 내놓을 순 없다고 판단했을지도 모른다. 달은 자신의 '전공'을 살려 직접 보도 자료까지 만들어 언론사에 배포한다.

펫록의 인기는 누구도 예상하지 못했을 만큼 폭발적이었다. 가장 놀란 것은 불과 1년 전에 결혼한 그의 세 번째 아내 마거릿 우드였다. "처음엔 내가 정신 나간 사람과 결혼한 줄 알았다"라던 그는 펫록 주문에 맞춰 포장해대기 바빠 제정신도 나갈 지경이 된다. 부부가 단둘이 시작했던 그 일은 시판 6주 뒤부턴 300여 명의 보조 일꾼을 고용해야 할 만큼 큰 사업이 됐다. 크리스마스 직전에는 하루에만 10만 개가 팔려 나갈 정도였다. 석재 무게로 환산하면 2.5톤이 넘는 양이었다. 달은 그해와 이듬해 미국 NBC 토크쇼 〈투나잇 쇼The Tonight Show〉에 두 차례나 출연할 만큼 인기를 누렸고, 미국 신문의 약 3분의 2가 그와 펫록 이야기를 보도했다는 설도 있다.

드레스의 색깔이 푸르냐 검으냐를 두고 세계인이 뜬금없는 논쟁을 벌이기도 하는 세상이다. 펫록 인기의 비밀 역시, 17세기 네덜란드의 '튤립 파동' 등 인간이 연출한 다채로운 신드롬들처럼 지금도 미스터리다. 달 자신의 분석처럼, 베트남전쟁이 끝난 뒤의 집단적 허탈감, 워터게이트 사건과 1974년 닉슨 대통령의 하야 등 우울한 뉴스들에 시달려온 미국의 소비자들에게 그의 유쾌한 장난이 먹혔던 것이라고 말할 수는 있다. 그는 1975년 〈피플〉과의 인터뷰에서 "요즘 시민들이 다들 따분해하거나 각자의 문제들로 지쳐 있지 않은가. 펫록은 그들을 짧은 환상 여행으로 초대해준다. 사실 우리가 박스에 담은 건 (돌멩이가 아니라) 작은 유머다"라고 말했다. 달은 TV

에 출연해서도 "우리의 펫록은 엄격한 복종 성향 테스트 등을 거쳐 우수한 개체만 선별해 배송한다"라는 식으로 너스레를 떨곤 했다.

사실 그가 판 것은 동명의 소설가 로알드 달의 작품을 연상케 하는 '매뉴얼'이라 할 수도 있을 것이다. 그 내용의 일부다.

혈통에 대해 당신의 펫록은 이집트 피라미드와 유럽 고대 도시의 자갈길, 중국의 만리장성 속 선조들, 아니 시간이 시작된 그 순간 너머까지 혈통이 이어져 있다.

기본 훈련에 대해 펫록은 누가 주인인지 이미 알고 있다. 하지만 훈련은 필요하다. 펫록은 채찍이나 초크체인이 필요 없는 애완동물이다. '이리 와'라는 명령은 부드럽지만 단호해야 한다. 처음에 아무 반응이 없으면 정상이다. (…) 자기 펫록이 너무 멍청하다고 불평하는 고객들도 있지만, 모든 훈련에는 극도의 인내심이 요구된다. (…) 하지만 '멈춰'나 '앉아' 같은 명령에는 기가 막히게 잘 따를 것이다.

심화 훈련에 대해 '굴러' 같은 기술을 익히게 하려면 경사진 곳에서 훈련시키는 게 좋다. 일단 구르기 시작하면 지칠 때까지 구를 것이다. '죽은 척하기Play Dead'는 펫록의 주특기다. 오리를 물에 데려다놓는 것과 같다.

로체스터기술연구소Rochester Institute of Technology의 마케팅 전문가 유진 프램은 "1975년까지 수년 동안 (60년대의 훌라후프 같은) 아이디어 상품이 없었고, 무엇보다 부담 없는 가격이었다는 점이 매력적이었을 것"이라는 고전적 마케팅 이론으로 펫록 현상을 설명했다. 50년대 베이비부머로 개인적 욕구를 중시하는 미-제너레이션Me-

Generation의 소비 취향에서 해답을 찾는 이들도 있었다.

저 모든 설명의 바탕에, 몽상을 실천으로 이어간 한 인간의 무모하리만치 경쾌한 영혼과 몇 날 며칠 잠을 설쳐가며 궁리하고 디자이너 등 전문가들에게 자문하러 다녔던 열정과 노력이 있었다는 점은 분명하다.

펫록이 대박을 터뜨리자 '펫페블Pet Pebble' 같은 모방품들이 등장했고, 펫록의 옷을 파는 업자들도 생겨났다. 디트로이트에서는 인조 잔디와 콘크리트 비석까지 갖춘 펫록 공동묘지도 생겨났는데, 〈LA타임스〉는 이런 묘비명도 있었다고 소개했다. "조지는 너무 많은 유리창에 덤벼들었다." 지금도 펫록은 이베이 같은 곳에서 개당 10달러 내외로 거래되고 있다. 물론 거래 건수는 미미하다.

수많은 대학과 기업광고 마케팅 관련 수많은 연구소들은 강의와 연구 테마 리스트에 지금도 펫록 현상을 올려두고 있다. 펫록이란 이름은 또 납득하기 힘든 광적인 유행이나 덧없이 스러질 인기, 쓸모없는 물건 따위를 나타내는 부정적 상징어로, 기적을 만드는 도전 정신 혹은 창의적 아이디어의 가치를 표상하는 비유적 표현으로 여전히 건재하다.

게리 로스 달Gary Ross Dahl은 1936년 12월 18일 미국 노스다코다주 보티노에서 태어났다. 아버지는 제재소 인부였고 어머니는 웨이트리스였다. 워싱턴주립대학교에서 마케팅을 전공한 그는 광고업체에 취직도 하고 프리랜서로도 일하며 30대 중반까지 힘겹게 생계를 꾸려갔다. 펫록을 만들 당시 그는 두 차례 이혼한 뒤 세 번째 결혼을 해서 전처들과 낳은 세 아이와 함께 샌타크루즈 외곽의 작은 오두막에 살고 있었다. 1975년 말 그는 낡은 혼다 승용차 대신 신형 벤츠를 타고 샌호세 외곽의 146평짜리 수영장 딸린 저택에 사는 부자가 된다.

70년대 말 그는 로스가토스에 '캐리네이션스Carrie Nation's'라는 상호로 술집을 차렸다가 금세 망한다. 캐리 네이션스Carrie Nation, 1846~1911는 금주법이 시행되기도 전인 19세기 말에서 20세기 초 활약한 전투적인 금주운동가이자 기독교인으로, 술집에 난입해 집기를 부수는 일도 서슴지 않았던 여성이다. 친구였던 투자자 두 명이 자신들에게 돌아온 몫이 너무 적다며 소송을 건 것도 그즈음이었다. 법원은 달에게 '여섯 자리 숫자'(수십만 달러)의 금액을 그들에게 지급하라고 판결했다.

달은 『아이디어로 백만장자 되는 법Turn Your Idea or Invention into Millions』이라는 책을 쓴 돈 크랙과의 인터뷰에서 "펫록 외에도 네 개의 아이디어가 더 있다"라고 말했고, 실제로 모래를 배양해서 자신만의 사막을 만드는 키트 등을 선뵀는데, 모래의 성별 테스트기 등을 포함시킨 그의 새로운 도전에 세상은 시큰둥했다. 그는 캘리포니아에 '게리 달 크리에이티브 서비스'라는 마케팅 홍보 대행업체를 설립해 2006년 은퇴할 때까지 일했다. 2000년 한 대학이 주최한 창작 괴담 콘테스트에서 그는 그랑프리를 수상했고, 2001년에는 『바보들을 위한 광고Advertising for Dummies』라는 책을 쓰기도 했다.

그는 '제2의 펫록 신화'를 꿈꾸는 수많은 이들이 미국 전역에서 몰려들어 자신들의 아이디어를 들려주고 조언을 구하려 드는 통에 일을 할 수 없는 지경이어서 인터뷰를 거부하고 은둔자처럼 산 적도 있고 그 탓에 생업에 곤란을 겪기도 했다고 한다. 1999년 12월

〈시제이온라인닷컴CJonline.com〉과 가진 10여 년 만의 인터뷰에서도 그 고충을 털어놓았다. 기사의 끝줄은 달의 요청대로 "전화하지 마세요Don't call him"로 끝난다.

펫록의 인기가 시들해진 뒤 〈워싱턴포스트〉 인터뷰에서 그는 "내가 펫록을 만든 사실을 사람들이 잊더라도 나는 행복하다"라고 말했지만, 10여 년 뒤인 1988년 AP통신과의 인터뷰에서는 "가끔 지난 일들을 돌이켜보는데, 만일 내가 그걸 안 만들었다면 내 삶이 어땠을지 생각하게도 된다"라고 말했다.

한국에선 '찐득이'라 부르는 '벽 타는 괴짜Wacky Wallwalker. 벽에 던지면 달라붙었다가 서서히 떨어지며 기어 내려오는 고무 장난감'를 1983년 개발해 무려 2000만여 달러를 번 켄 하쿠타가 이런 말을 한 적이 있다. "내 장난감의 인기가 좀 더 지속됐다면 정신과 의사들이 지금보다 훨씬 줄어들었을 것이다. 한 시간에 100달러씩 하는 상담 치료 대신 '찐득이'를 갖고 한두 시간만 혼자 방에서 놀다 나오면 기분이 나아질 테니까."

하쿠타의 말에 동의하든 않든, 또 달이 펫록으로 하여 달라져버린 자신의 팔자를 원망하든 않든, 그의 펫록이 '전적으로 무의미한 것들이 주는 즐거움'과 그 의미를 생각해볼 계기를 선사했다는 사실은 기억돼야 한다. 게리 달은 2015년 3월 24일 만성 폐쇄성 폐질환으로 별세했다. 향년 78세.

1947 — 2014
펠릭스 대니스

협 상 너 머 무 지 개

공허함을 조롱한 〈맥심〉 발행인

1967년 3월 영국 런던. 월간지 〈오즈Oz〉 편집실로 테이프 하나가 소포로 배달된다. 1963년 호주에서 창간된 반문화 대안 잡지 〈오즈〉는 기성 문화와 보수적 가치관에 대한 강렬한 풍자와 유머로 젊은 층의 큰 호응을 얻고 있었고, 그 여세로 히피 문화의 아성 런던에 막 진출한 참이었다. 테이프에는 "내 생애 최고fucking의 (…) 환상적인fantastic 잡지" 어쩌고 하는 뻔한, 다만 이례적으로 격정적인 찬사가 담겨 있었다.

며칠 뒤 편집실로 그 테이프의 주인공이 찾아왔다. 함께 일하고 싶다는 거였다. 스물여섯 살이던 편집장 리처드 네빌은, 한눈에 무일푼이란 게 딱 보이는 그 스무 살 청년에게 잡지 두 뭉치를 던져주며 팔아 오라고 시켰다. 그는 금세 잡지를 팔아치운 뒤 물건을 더 달라며 찾아왔고, 네빌은 그를 즉석에서 정식 판매원으로 고용했다. 판매액을 절반씩 나눠 갖는 조건이었다.

훗날 세계적인 남성 잡지 〈맥심Maxim〉과 뉴스 매거진 〈더 위크The Week〉 등 70여 종의 온·오프라인 잡지를 창간한 거물 펠릭스 데니

159

스Felix Dennis는 그렇게 잡지와 첫 인연을 맺었다. 당시의 그는 예술 학교 중퇴 학력의 변변찮은 R&B 밴드 드러머였고, 그나마 여자 친구의 낙태 비용을 마련하느라 악기마저 팔아치운 직후였다. 그에게 〈오즈〉 판매원은 더없이 좋은 일자리였지만 그의 야심은 훨씬 컸다. 이듬해 그는 광고 매니저로 승진했고, 곧이어 3인의 공동 편집장 가운데 한 명으로 발탁됐다. 그리고 1973년 〈오즈〉가 폐간될 때까지 함께했다.

중학교 중퇴에 예술학교도 다니다 만 데니스가, 비록 규모는 작아도 한 시절 풍미했던 잡지의 편집장으로 벼락출세를 한 데는 사연이 있겠지만 알려지진 않았다. 다만 그가 생애를 통해 유감없이 발휘한 끼와 재능, 즉 독자가 원하는 바를 정확히 간파하고 흥미를 자극하는 탁월한 감각과 겁 없는 추진력이 그 시절부터 돋보였을 것이다.

1971년 〈오즈〉가 필화 사건으로 기소된 데도 아마 데니스의 '활약'이 크게 작용했을 것이다. 청소년을 필자로 참여시킨 제28호 '스쿨보이' 특집에는 당시 인기 카툰 캐릭터였던 곰 루퍼트Rupert the Bear와 집시 그래니Gipsy Granny의 노골적인 섹스 장면이 몽타주 형식으로 삽입됐다. 〈오즈〉의 외설과 풍기문란 혐의 기소는 당대의 사건이었지만, 판사의 판결은 더 흥미로운 화제를 낳았다. 1심 판사는 세 명의 편집장 가운데 유독 데니스에게만 징역 9개월 형의 관대한 형량을 선고하면서 "(셋 가운데 그가) 지적으로 모자라기 때문very much less intelligent"이라고 밝혔다. 그 판결 배경 역시 알려지진 않았지만 짐작하기 어려운 일은 아니었다.

1973년 〈오즈〉는 재정난으로 폐간됐다. 데니스는 그해에 '펠릭스 퍼블리싱'이라는, 자신의 이름을 내건 회사를 설립, 잡지 출판이라는 일생의 지향을 선명히 한다. 지인들의 자금으로 〈연재만화 잡지 Cozmic Comics〉를 창간했다가 금세 망한 뒤인 1974년, 그는 런던 시내를 산책하다 10대 청소년들이 쿵푸 스타 브루스 리의 영화를 보기 위해 오전부터 극장 앞에 장사진을 친 현장을 목격한다. 그는 머뭇거림 없이 〈월간 쿵푸Kung-Fu Monthly〉라는 잡지를 창간한다. 급조한 잡지였으니 내용은 조잡했겠지만 거기에는 침실 벽에 붙일 수 있는 브루스 리의 브로마이드가 삽입돼 있었다. 〈월간 쿵푸〉는 발간과 거의 동시에 매진됐고, 무려 유럽 14개국으로 판권이 팔려나갔다. 그는 브루스 리의 전기 『쿵푸의 왕』(1974)을, 무하마드 알리가 조 프레이저를 눕힌 프로 복싱 헤비급 타이틀전 직후 알리를 주인공으로 한 책 『신성한 전사The Holy Warrior』(1975)를 출간, 공전의 베스트셀러로 만들어냈다. 그는 벼락부자가 됐다.

하지만 그가 진짜 부자가 된 건 1979년 무렵부터다. 퍼스널컴퓨터가 소수 마니아들이 즐기는 특별한 오락 수준이던 당시, 유럽의 첫 컴퓨터 잡지 〈피시월드PC World〉가 창간됐다. 그는 컴퓨터의 폭발력을 감지, 당시의 그에게는 거금이었을 10만 파운드를 들여 그 잡지를 사들였고 3년 뒤 무려 300만 파운드에 팔아치운다. 그러고 〈맥유저MacUser〉라는 새 컴퓨터 잡지를 창간했고 2년 뒤 미국의 한 업체에 2000만 달러에 팔았다. 미국과 유럽에서 그는 〈피시존PC Zone〉 〈컴퓨터바이어Computer Buyers〉 〈드림캐스트Dreamcast〉 등 조금씩 차별적인 컴퓨터 잡지들을 잇달아 창간, 일부는 운영하고 일부는 어마어마한 이윤을 남기며 팔아치웠다. 훗날 그는 출판·자본 시장의 냉혹한 승부사로서 자신의 철학을 담은 책(『부자 본능』)을 쓰기도 했다. 서른다섯 살 무렵의 그는 백만장자였다.

펠릭스 데니스는 1947년 5월 27일 영국 런던 남서쪽 킹스턴에서 태어났다. 작은 가게를 운영하며 취미로 재즈 피아노를 즐겼다는 아버지는 그가 세 살이던 1950년 어느 날, 데니스의 표현에 따르면 "담배를 피우겠다며 나간 뒤 영영 돌아오지 않았다"고 한다. 호주로 떠나버린 거였는데 그 사연 역시 알려지지 않았다. 그의 어머니는 가족의 생계를 위해 회계사 교육을 받아야 했고, 데니스와 동생 줄리언은 외가에 맡겨졌다. 외가는 전기도 수도도 없이 공동 화장실을 쓰던 극빈층이었다. 그는 어머니가 어렵사리 마련한 학비로 고전언어를 가르치는 중학교 과정의 그래머스쿨에 진학하지만 두 차례 퇴학을 당했고, 드럼을 배우겠다며 열다섯 살에 가출했다. 공동묘지 잡역부, 공원 매표원, 잔디 깎이, 도로 잡역부, 쇼윈도 마네킹 드레서 등을 전전하며 밥을 벌던 그에게 〈오즈〉는 말 그대로 마법 세계로 가는 열쇠였다.

그의 잡지 전략은 대개 틈새시장 공략, 까놓고 말하자면 약삭빠른 치고 빠지기였다. 특히 청년 시절 그는 품질과 격조보다는 감각과 아이디어로, 선의의 경쟁보다는 무주공산을 선점하는 데 능한 승부사였다. 잡지의 주류인 '시사 뉴스'는 거들떠보지 않았고, 여성지처럼 뜨거운 경쟁 시장엔 근처에도 가지 않았다. 그런 성향 탓에 그는 줄곧 업계의 시기 어린 비아냥을 들었고, 데니스 역시 자신의 성공을 "남들이 내팽개쳐둔 쓰레기 더미를 뒤적이는 식scrabbling around in the leftovers"이었다고 한 인터뷰에서 말하기도 했다. 하지만 그도 늘 그랬던 건 아니었다.

1995년 런던에서 창간한 남성 잡지 〈맥심〉은 창간호부터 섹스와 스포츠, 여자라는 아주 선명한 테마를 걸고 시장에 진출했다. 미국 창간호는 클래식한 신사의 멋을 겨냥하던 〈GQ〉와 〈에스콰이어〉를 합친 것보다 많은 월 250만 부의 판매 부수를 기록했다.

　이듬해인 1996년 그가 한 주의 뉴스를 요약해서 제공하는 종합 뉴스 주간지 〈더 위크〉를 창간했을 때 업계는 대체로 냉소했다. 그가 뉴스 시장에 진출한다는 게 같잖아 보였을지 모르고, 뉴스를 생산하는 게 아니라 기존 뉴스를 짜깁기해 파는 형식도 천해 보였을 것이다. 하지만 〈더 위크〉는 뉴스의 틈새시장을 성공적으로 장악했고 2001년 미국으로 진출했다. 미국 진출 전망은 더 부정적이었는데, 당시는 전통의 시사 주간지 〈타임〉과 〈뉴스위크〉마저 재정적인 어려움을 겪던 시절이었다. 〈월스트리트저널〉은 '펠릭스 데니스가 미쳤나Is Felix Dennis mad?'라는 직설적인 제목을 달고 조기 폐간을 전망했다. 하지만 아니었다. 〈더 위크〉는 2014년에도 세계 시장에서 70만 부가 넘는 판매량을 기록하며 드물게 흑자를 내는 인쇄 매체로서 건재했다.

　사실 데니스는 잡지 출판인으로서의 공적인 이력보다 '분방한' 사생활로 더 유명할지 모른다. 평생 독신이었던 그는 1997년 새로운 인생을 시작하기 전까지 술과 여자 그리고 마약(코카인)에 탐닉했던, 스스로 표현한바 "부도덕한 탕자an amoral sod"였다. 한창때는 그의 운전사가 "코카인을 양동이로 퍼 날라야bring home in the buckets 했을 정도였다"라고 떠벌린 적도 있다고 〈텔레그라프〉는 썼다. 그는 한 인터뷰에서 "지난 시절의 그런 미친 삶에 최소 1억 유로—술·마

더 많은 무지개와 노을을 좇았어야 한다고
후회하며 떠나고 싶지는 않다.
무엇보다 나는,
모든 끝은 공허하다는 식의 감상을
조롱하며 떠나고 싶다.

약·여자·변호사 비용 등—는 썼을 것"이라고 말했다. 그의 인생철학은 한마디로 "살아 있는 매 순간을 좋은 시간으로 채우는 것"이었다. 그리고 뭐든 시작하면 지독하게, 끝장을 본다는 태도로 덤벼들었다. 그게 젊어서는 돈과 일이었고, 돈을 번 뒤로는 술과 여자와 마약이었다.

50대의 그를 사로잡은 것은 뜬금없게도 시詩와 나무였다. 그는 2002년 첫 시집 『반쯤 찬 유리잔A Glass Half Full』을 출간한 뒤, 순회공연 다니는 록 스타처럼 전용기로 미국 전역을 전국을 돌며 시 낭송회—행사 제목은 '와인은 무료라고 말했던가요?Did I Mention the Free Wine?'였다—를 열었다. 그 시집은 1만 부가 넘게 팔렸고 평가도 아주 나쁘지는 않았다. 순수한 문학적 평가인지 어쩐지는 알 수 없지만, 저명한 언론인이자 비평가로 몇 권의 소설도 쓴 적이 있는 톰 울프는 그를 20세기의 키플링으로 추켜세웠고, 영국 상업 방송 ITV의 예술 채널 〈사우스뱅크 쇼〉는 그의 문학을 조명하는 장장 한 시간짜리 다큐멘터리를 방영하기도 했다. 그는 숨질 때까지 거의 매일 서너 시간을 독서와 글쓰기에 할애하며 1500여 편의 시를 썼고 일곱 권의 시집을 냈다.

그가 말년의 과업으로 숲을 가꾸기 시작한 것도 시를 쓰기 시작할 즈음부터였다. 그는 80년대 말 '데니스의 숲'을 조성하기 위해 영국 중부 워릭셔의 저지대의 땅을 사 모으기 시작했다고 한다. 거기에 그는 90년대 말부터 매년 약 300에이커(약 36만 7000여 평)씩 참나무를 심었고, 2001년에는 '영국 숲의 심장 프로젝트'라는 재단을 설립했다. '데니스의 숲'은 현재 하이드파크의 여덟 배인 2500에이커 규모로 넓어졌지만, 그의 목표는 무려 3만 에이커(3673만여 평)였다. 뚝섬 서울숲이 35만 평이다.

그의 책 『부자 본능』은 냉혹한 사업가로서의 그의 면모를 잘 보여준다. 어떻게 자본을 축적하고 어떤 전략으로 협상에 임해야 하는지, 또 어떻게 경영권을 지키고 이윤을 극대화할 수 있는지 등 그의 생각이 거리낌 없이 담겨 있다. 미국 경제 월간지 〈INC닷컴〉 인터뷰에서 그는 '무관심'이 협상 성공의 관건이라고 말했다. "협상 결과에 전혀 신경 쓰지 않을 수 있다면 당신은 그 협상에서 이길 수 있다. (…) 상대에게 그런 인상을 주도록 애쓰라는 게 아니라 실제로 협상장을 박차고 나와라. '노-딜'이야말로 진짜 딜이다.No deal is a must-do deal." 그는 기업을 사고파는 경우처럼 심각한 상황에서 사원 모두를 만족시키기 위해 전전긍긍하는 참모는 협상에서 배제해야 한다고도 했다. "그런 이들이 지닌 공감 능력은 협상에 전혀 도움이 안 된다. 협상에서 필요한 것은 교활함이다." 하지만 그는 "사업가는, 마지막에는 모든 것을 포기해야 한다는 사실을 잊지 않아야 한다. (…) 만일 내가 쉰세 살이 아니라 서른 살 때부터 시를 썼다면 훨씬 근사한 사업가가 됐을 것이다"라고 하기도 했다. 그는 2007년 〈맥심〉 등 주요 잡지 네 개의 미국판을 팔았지만 〈더 위크〉 등 50여 개의 잡지와 웹사이트를 갖고 있었고, 거기서 연간 100만 달러가 넘는 수익을 올렸다.

그는 2012년 1월 인후암 진단을 받은 뒤 자신의 웹사이트에 근황과 심경을 적어 올리곤 했다. 그해 12월 그는 "더 많은 걸 이뤘어야 한다거나 더 많은 이들을 도왔어야 한다거나 더 많은 무지개와 노을을 좇았어야 한다고 후회하며 떠나고 싶지는 않다. 무엇보다 나는, 모든 끝은 공허하다는 식의 감상을 조롱하며 떠나고 싶다"라고 썼다. 그러곤 2014년 초 마이크로소프트, 대만 PC업체인 에이서Acer를 설득해 자신의 별장이 있는 카리브 해의 섬나라 세인트빈센트 그레나딘의 중학생 1만 2500명 전원에게 노트북컴퓨터를 선물하고 교사들의 미국 연수를 주선했다. 그 세대가 자라 가난한 그들의 조국을 IT 허브로 성장시킬 것을 기대한다고 그는 말했다.

펠릭스 데니스는 2014년 6월 22일 숨졌다. "한 그루 나무를 심는 건 / 불멸과 나누는 윙크Whosoever plants a tree / Winks at immortality"라는, 2010년 쓴 그의 시 한 구절처럼 그는 약 8억 달러인 전 재산(〈버밍엄포스트〉 추산)을 숲 재단에 기부했다.

1933 —— 2014
찰스 바소티

카투니스트 시인

간결한 선과 여백으로 그린 진실

#1 지팡이를 든 순례자가 '진리Truth'라는 표지판을 따라 힘겹게 걷고 있다. 문제는 트레드밀 위라는 거다.('궁극의 진리'에 대한 환멸일까, 자기 세계에 갇힌 구도자에 대한 조롱일까.)

#2 지팡이를 든 순례자가 '진리' 표지판을 따라 걷다가, 실망한 표정으로 되돌아오는 남루한 차림의 다른 순례자를 만난다.('진리'에 실망한 것인지 너무 힘들어 중도에 포기한 것인지는 알 수 없다.)

찰스 바소티Charles Branum Barsotti의 카툰은 초등학생도 금세 따라 그릴 수 있을 것 같은 간결한 선들로 완성된다. 컷 안의 캡션 역시 없거나 한두 단어, 길어야 간단한 한마디가 전부다. 그는 40년 넘게 다양한 매체에 카툰을 그렸고, 그것들로 인간과 세계의 어둠과 빛을, 추함과 아름다움을 넉넉히 담아냈다. 그의 카툰이 던지는 메시지는 함축적인 유머와 버무려져 뭉툭하고 잔잔한 웃음을 자아냈고, 매섭고 신랄할 때에도 왜 웃는지도 모른 채 웃게 하곤 했다.

그에게 유머는, 그 어떤 메시지보다 우선적으로 전달하려 했던 '진리'였을지 모른다. 실제로 바소티는 〈뉴요커〉 카툰 편집장에게 유머가 그 자체로 진리의 한 형태라고 말한 적도 있다. 위에서 예를 든 두 컷의 작품은 바소티 자신의, 유머라는 진리를 추구하는 카투니스트로서의 삶의 연민과 반성 또 포기할 수 없는 고집의 고백일 수도 있다. 그렇게 그의 작품들은 짧은 시처럼 깊고 간결했지만 다양한 해석의 층위를 지녔다. 그를 사랑한 독자들은 작품이 발표될 때마다 각자의 해석을 놓고 논쟁을 벌이곤 했고 그런 다양한 이해를 통해 작품들을 풍성하게 했다.

찰스 브래넘 바소티가 〈뉴요커〉의 1400여 컷을 비롯해 〈뉴욕타임스〉 〈애틀랜틱〉 등에 수천 장의 작품을 남기고 2014년 6월 16일 뉴저지 주 캔자스시티 자택에서 뇌암으로 숨졌다. 향년 80세.

찰스 바소티는 1933년 9월 28일, 미국 텍사스 주 샌마르코스에서 태어났다. 아버지 하워드는 아일랜드계 이탈리아인으로 시카고에서 살다 텍사스로 이주한 노동자였고 어머니 다이시는 역사 교사로 독실한 남부 침례교도였다. 그는 자신의 집안을 "중산층의 가치관을 지향한 하위 중산층"으로, 자신의 부모는 "진짜 중산층이 되기 위해 아주 성실했던 이들이었다"라고 말했다. 정작 자신은 게으른 학생이었다는 고백 중에 나온 얘기였다. 그는 다섯 살에 초등학교에 입학했으나 공부보다는 빈둥거리며 몽상을 즐기는 데 더 열성이어서 자주 꾸중을 듣곤 했다지만 부모는 늘 그의 편이었다고 〈텍사스먼슬리Texas Monthly〉와의 2000년 인터뷰에서 말했다.

그는 열세 살 무렵 어머니의 권유로 샌안토니오의 한 아트스쿨에 등록, 그림을 배운다. "누드화부터 배우기 시작했어요. (…) 처음엔 숨이 막힐 정도로 겁이 났지만 학교에서는 한동안 엄청난 영웅이 됐죠." 그는 회화보다는 스케치, 특히 카툰에 흥미를 느꼈던 듯하다. 텍사스주립대학교에 사회과학 전공으로 진학한 뒤에도 대학 학보에 카툰을 연재했다. "단과대 학장이 거의 매 컷을 검열했고 일부 장면을 지우곤 했어요. 대개는 음주와 관련된 거였어요." 그는 2년 간의 군 복무 후 복학, 대학원을 준비하며 대학 부설 청소년 재활 센터의 매니저로 약 6년간 일했고, 그 무렵에도 카툰을 잡지에 투고했다. 그의 작품을 처음 산 곳이 1962년 〈뉴요커〉였다. 연애와 관련된 그렇고 그런 컷이었고 별 반향은 없었다고 한다. 그가 〈뉴요커〉의 전속 카투니스트가 된 건 8년 뒤였다.

1964년 그의 첫 직장은 유명한 카드업체 홀마크^{Hallmark}사였다. 그의 바람은 그림이었겠지만 발령받은 부서는 편집, 특히 글 쪽이었다. 래피도그래프^{그림 펜의 일종}가 갓 출시된 때였고, 그는 그 펜으로 집에서고 회사에서고 틈날 때마다 그림을 그렸다. 어느 날 회사의 한 동료가 그의 그림을 보고 자신이 작업하던 한 시인의 팸플릿에 삽화를 그려달라고 요청한 일이 있었다고 한다. "비공식적인 부탁이었고 개인 시간을 쪼개서 해야 했어요. 하지만 했죠. 그러다 내 부서에서 문제가 됐고……. 당시 홀마크사는 그 정도로 관료주의적이었어요."

1969년 그는 줄기차게 작품을 응모했던 〈새터데이이브닝포스트〉에서 연락을 받고 꿈에 그리던 카투니스트가 되지만 채 1년도 안 돼 신문사가 폐업했다. 그는 가족과 함께 캔자스시티로 이사, 다양한 잡지에 카툰을 투고하며 경제적으로 또 심리적으로 힘겹게 살았고 이혼까지 하게 된다. 이듬해인 1970년 〈뉴요커〉의 카투니스트가 될 때 그를 괴롭힌 건 경제적 어려움이나 이혼의 상처보다 정치, 특히 베트남전의 광풍이었다고 한다. 열성적인 반전주의자인 그는 베트남전을 끔찍한 실수라 여겼고, 1972년 공화당 아성인 지역구에서 민주당 하원 의원 후보로 공천을 받기도 한다. 하지만 그는 후보를 중도에 사퇴한다. 〈코믹스저널〉과의 인터뷰에서 그는 이유를 이렇게 말했다. "선거 캠페인 중에 내가 협력하길 원치 않는 부류의 사람들과 그들(민주당 선거 캠프 인사들)이 어떤 계약을 맺었다는 걸 알게 됐어요. '난 못하겠다'라고 했죠. 한 친구는 '(정치를 하려면) 바보 같은 짓도 때로는 참아야 한다'라고 조언했지만 내 생각엔 난센스였어요." 바소티의 카툰 중에는 그의 짧은 정치 경험이 반영된 듯한 작품들이 더러 있는데, 예컨대 국왕이 전화를 붙들고 이렇게 말하는 그림도 있다. "완전히 썩었어. 너도?Corrupted absolutely—and you?"(#3) 그의 생애에서 대외적으로 가장 격렬했던 30대 말 40대 초 무렵이었다.

1986년 공화당 레이건 대통령이 취임한 뒤 홍보수석에 패트릭 뷰캐넌을 임명한 직후였다. 뷰캐넌은 바소티가 그린 자신의 캐리커처를 공식 캐릭터로 쓰고 싶다며 백악관 로고가 새겨진 편지로 요청한 일이 있었다고 한다. 카투니스트로서 명예로운 일이었겠지만 바소티는 일언지하에 거절했다. 물론 그는 생애 내내 민주당 지지자이기도 했지만 거절 이유는 달랐다. 〈시카고트리뷴〉 기자에게 그는 "정치인이란 당신이 뭔가를 공짜로 주면 절대 당신을 존중하지 않는 족속들이다. 그들이 존중하는 건 '거래'다"라고 빈정거렸다고 한다.

캔자스시티에 살면서 그는 매주 10~15컷의 카툰 아이디어를 〈뉴요커〉 편집장에게 보내 협의한 뒤 작품을 선정하곤 했다. 작품을 그릴 땐 먼저 연필로 그리고 선이 확정되면 잉크로 마무리했다. 그에게 '확정'이란 더 이상 단순해질 수 없을 때까지 선과 글을 줄인 뒤 남는 최소한을 의미했다. 그렇게 몇 가닥의 선들로 그는 법정, 고성古城, 기업 이사회장, 병원 진료실, 천국 등을 묘사했고, 왕과 영주와 신과 마피아와 거지와 자본가를 소환했고, 사랑과 죽음과 분노와 증오와 행복을 표현했다. 그렇게 세계와 인간을, 현실과 비현실을 담아냈다.

그 모든 과정을 그는 '증류distilling'라고 표현했다. "캡션과 그림 모두를 나는 증류합니다. 극한까지 증류한 뒤 남는 최소한의 것들로 내가 표현하고자 하는 바가 표현될 때 나는 무척 기쁩니다. 의사든 악마 같은 사업가든, 뭐든 마찬가지예요. 중세 회화에서는 덜 중요한 것들은 작게 그렸어요. 그것처럼 착취당하는 이를 좀 작게 그리면 되죠. 그런 단순한 방식이 좋아요. 그렇게 단순화하면 상황 자체도 좀 더 추상화할 수 있어요." 그는 작품을 단순화함으로써 넓어지는 시간적 공간적 보편성과 상징성을 추상화라고 했고, 독자들은 그 추상의 이미지들을 삶의 디테일로 끌어안았다. 한 신神이 구름 위에서 인간 세계를 내려다보며 다른 신에게 "자, 보세요. 만일 우리가 벼락이 아니라 돈다발을 던지면 어떤 난리가 날지 알 만하죠?"라고 묻는 작품이 그런 예일 것이다. 〈워싱턴포스트〉 코믹 담당 기자에게 〈뉴요커〉의 전 카투니스트인 로즈 채스트Roz Chast는 "바소티는 언제나 넘치지도 모자라지도 않았다"라고 했고, 현 카투니스트 데이비드 시프레스David Sipress는 "여백의 아름다움과 선의 단순함으로 표현되는 그의 스타일에는 적수가 없다"라고 말했다.

173

그는 시사적인 문제 못지않게 인간 존재의 아름다움과 한계를 자주 이야기했고, 순수하게 독자를 웃겨주기 위한 작품을 그리기도 했다. 〈뉴요커〉의 카툰 에디터 로버트 맨코프Robert Mankoff는 〈뉴욕타임스〉 인터뷰에서 "유머 자체에 대해 그는 자주 심오한 어조로 말하곤 했다. 예컨대 그는 유머가 엄격한 이성이 결코 납득할 수 없는 진실의 한 형태라고 했다. 유머러스하다고 진실의 무게가 가벼워지는 것은 결코 아니라는 거였다"라고 말했다.

특정 신분의 등장인물을 통해 말하기 애매한 것들을 얘기하고자 할 때 혹은 유머든 인간성이든 바소티 자신의 이야기를 하고 싶을 때 그는 동물이나 사물, 심지어 파스타 가락을 자신의 페르소나로 등장시키곤 했다. 특히 강아지는 가장 사랑받은 주인공 가운데 하나였다.

#4 강아지 한 마리가 빈 밥그릇을 뚫어져라 쳐다보며 앉아 있다. 그림 위에는 '믿음Faith'이라는 단어 하나가 놓여 있다.

#5 청진기를 건 강아지가 차트에 뭔가를 적고 있고 병상에는 다른 강아지가 침울한 표정으로 누워 있다. "그들이 내 밥그릇을 치워버렸어They Moved My Bowl."

#6 죽어 천국에 간 남자 앞으로 강아지 한 마리가 꼬리를 흔들며 달려온다. 신이 이렇게 말한다. "보자, 당신이 리틀 바비로군. 렉스야, 네가 50년간 기다리던 친구가 왔다."

그는 청년 시절 자신이 사랑했던 닥스훈트 종 반려견을 모델로 강아지를 그렸는데, 스누피의 작가 찰스 슐츠는 어느 날 자신의 닉네임 '스파키'라는 서명을 단 편지를 보내 "내 생각에 당신의 작은 개는 요즘 카툰에 등장하는 개 가운데 가장 재미난 개인 것 같다"라고 말하기도 했다. 어린 래브라도 리트리버처럼 순한 얼굴의, 이름도 없는 그의 개 캐릭터는 1990년 영국의 문구 회사인 나이스데이에 팔려 '나이스데이 퍼피'라는 이름으로 문구 포장지와 홍보물, 광고 모델로 활약하고 있다. 영국 체신 당국은 1996년 세계의 카투니스트 다섯 명을 선정해 모두 열 장의 시리즈 우표를 제작했는데, 그 가운데 세 장이 미국 작가인 바소티의 작품이었고, 나이스데이 퍼피도 물론 포함됐다.

그의 지인들은 그가 수줍음을 타는 편이었고 이런저런 지역 모임이나 예술 행사에 나서는 것도 꺼렸지만, 도서관 건립이나 빈민 구제 기금 모금 활동 같은 데에는 열성적이었고 작품도 많이 기부했다고 말했다.

> #7 슬픈 얼굴의 서커스 광대가 전화기로 누군가와(아마도 정신과 의사와) 통화하는 중이다. "더 나은 약은 뭔가요?What's the next best medicine?"

바소티는 지난해 3월 뇌암 판정을 받고 수술과 약물·방사선 치료를 받으며 투병하다 35년을 함께 산 아내 라모스와 자녀들에게 둘러싸인 채 자신의 집에서 숨을 거뒀다. 〈뉴요커〉 카툰 편집장 맨코프는 바소티가 호스피스 병동으로 옮기기 직전까지도 의사에게

#1

#2

#3

"Corrupted absolutely—and you?"

#4

#5

"They moved my bowl."

#6

*"So you're little Bobbie; well, Rex here has been going
on and on about you for the last 50 years."*

#7

'손 떨림이라도 진정시켜달라'고, '그림을 그릴 수 있게 해달라'고 부탁했다는 라모스의 말을 NPR과의 인터뷰에서 전하며 "절망적인 질병과 싸우면서도 그는 자신의 위트와 유머 그리고 인간성으로 우리의 삶을 밝히고자 노력했다"라고 말했다.

"카툰이 우스워 보일지 모릅니다. 중후한 예술이 아닌 건 맞죠. 하지만 카툰에는 카툰으로서 지녀야 할 두려우리만치 분명한 진실성integrity이 있습니다. 만일 없다면 있게 해야 합니다." 그의 카툰을 오래 보다 보면 얻게 되는 현상 너머의 세계를 바라보는 어떤 관점, 혹은 유머의 필터로 걸러진 인간과 공동체의 다채로운 진실이 그가 말한 진실성일지 모른다.

● 〈뉴요커〉의 카툰 저작권 에이전시 카툰뱅크(https://www.cartoonbank.com)에 접속하면 기사에서 설명한 작품들을 열람할 수 있다.

1923 — 2015
진 나이데치

공감과 존중의 다이어트

'몸무게 감시자들'을 설립한 전 비만녀

진 나이데치Jean Evelyn Nidetch는 "세상에는 두 부류의 사람이 있다"라고 했다. 고민거리를 두고 식욕을 잃는 사람과, 고민을 잊기 위해 뭐든 먹어야 하는 사람. 전자를 그는 '민간인civilian'이라 불렀다. "왜냐하면 그들에게 음식은 그냥 음식일 뿐이어서 우리가 벌이는 전쟁에 가담할 필요가 없기 때문이다." 그는 후자였다. 삶의 전반기 40년을 그는 '비만녀'로 불렸고, 후반기 51년 동안 스스로를 '전前 비만녀former fat housewife'로 불렀다. 그리고 아마 인류 최초의 다이어트 컨설팅 그룹일 '몸무게 감시자들Weight Watchers'을 조직해 부자가 됐고, 번 돈을 여성과 청소년 교육·복지 등 공익사업에 썼다. 진 에벌린 나이데치가 2015년 4월 29일 별세했다. 향년 91세.

나이데치는 1923년 10월 12일 미국 뉴욕 브루클린에서 태어났다. 아버지는 택시 운전사였고 어머니는 손톱 관리사였다. 밥벌이로 바빴던 부모는 풍성한 간식으로 자신들의 애정을 벌충했다. "옆집 아이와 다투고 온 날이든 비가 와서 바깥에 놀러 나가지 못하는 날이든 친구 생일 파티에 초대받지 못해 의기소침해져 있든 어머니는 사탕으로 내 기분을 달래주곤 했죠." 3.26킬로그램으로 태어난 그의 몸매는 초등학교 다닐 무렵부터 이미 예사롭지 않았다고 한다. "학교 소방 훈련 때 책상 아래 들어갔다가 못 빠져나와 애를 먹은 기억이 나요. 너무 살이 쪄서 회전목마 타는 것조차 두려웠을 정도였어요."

안 해본 다이어트가 없었다. 단식, 계란·포도 다이어트, 오일 다이어트, 무지방 우유 다이어트……. 효과가 아주 없진 않았지만 지속되지는 않았고, 그는 조금씩 지치고 또 적응해갔을 것이다. 스물네 살이던 1947년 '18 사이즈' 웨딩드레스를 입고 트럭을 몰던 마티 나이데치와 결혼식을 올렸는데, 빌릴 수 있는 가장 큰 옷을 입고도 비어져 나오는 허릿살을 감추느라 애를 먹었다고 그는 말했다. 그나마 다행인 건 신랑 역시 비만이었고 하객으로 온 친구들의 몸도 대부분 어금지금했다는 점이었다. 훗날 강연에서 그는 "나는 과체중 운전기사와 결혼해서 과체중인 두 아이를 키우며 뚱보 친구들과 어울리고 뚱보 푸들을 키우던 비만 주부였다"라고 자신을 소개하곤 했는데, 그건 웃자고 한 말만은 아니었다.

풍만한 이들 사이에서 별 저항감 없이 살아가던 1962년 어느 날. 쇼핑몰에서 오랜만에 마주친 한 이웃이 그에게 반가운 얼굴로 "정말 좋아 보이세요. 예정일이 언제죠?"라고 묻더란다. 키 170센티미터에 몸무게 97킬로그램이던 때였다. 그는 맨해튼의 뉴욕 시 보건국 다이어트 클리닉을 찾아갔고, 거기서 자신이 비만이라는 소리를 처음 듣게 된다. 〈텔레그래프〉 인터뷰에서 그는 "책상에 앉은 날씬한 여성이 '비만클리닉 찾아오셨죠?'라고 묻더군요. 그 전까진 살이 좀 쪘을 뿐 비만이라곤 생각하지 않았어요. 충격적이었지만 '예스'라고 대답했죠. (…) 연필처럼 날씬한 영양사가 참가자들에게 다이어트 처방전을 나눠 주더군요. 매주 몇 차례 생선을 먹고, 매일 빵두 조각에 탈지우유 두 잔을 마시고…… 매주 몸무게 1, 2파운드는 빼야 하고…… 다 그럴듯하게 들렸어요."

그는 두 달 반 만에 약 9킬로그램을 뺀다. 썩 나쁘지 않은 효과였지만 그가 겪은 고통에 비하면 초라한 효과였다. 가장 큰 고통은 허기나 결핍감이 아니라 그 고통을 혼자 감당해야 한다는 고립감, 격려해주고 공감해줄 그 누구도 곁에 없더라는 사실이었다. 빨래 바구니에 초코칩 쿠키를 숨겨두고 가족 몰래 먹기도 했지만 클리닉에 가서도 그 고통과 부정cheating을 고백할 수 없었다고 그는 말했다. 그들은 모두 날씬했고, 왜 그가 쿠키의 유혹에 굴복할 수밖에 없었는지 진정으로 이해하지 못하리라 여겨서였다. 그는 그 시절 전통적인 다이어트 프로그램들은 가장 중요한 다이어트 수단을 결여하고 있었다고, 그게 바로 '공감empathy'이라고 〈월스트리트저널〉 인터뷰에서 말했다.

나이데치는 뉴욕 퀸스의 자기 아파트에 비만 친구 여섯 명을 초대, 살과의 연대 투쟁을 시작했다. 각자의 처방·경과·성취에 대해 대화하고 비교하고 평가하는 일종의 주례 보고회. 근래 세계의 케이블 방송들이 모방하고 답습해온 바로 그 다이어트 프로그램 콘셉트였다. 10파운드를 빼면 금(도금) 핀을 주고 추가로 10파운드를 뺄 때마다 다이아몬드 칩 하나씩을 선물하는 보상 시스템도 마련했다. 그 비용을 충당하기 위해 매주 25센트씩 참가비도 걷었다. 두어

달 뒤 모임 멤버는 40여 명으로 늘어났고, '뚱보 클럽Fat's Club'은 모임 장소를 아파트의 빈 지하실로 옮겨야 했다. 나이데치는 "생면부지인 타인들이 그 모임에서 만나 서로의 말을 경청하고, 공감하고, 격려하는 모습에 뭉클해지곤 했다"라고 말했다. 그해 10월 나이데치는 몸무게 64킬로그램의 근사한 몸매로 변신한다. 9개월 만에 무려 32.7킬로그램을 감량한 거였다.

이듬해인 1963년 5월, 그는 뉴욕의 한 극장 다락을 임대, '웨이트워처스인터내셔널WWI, Weight Watchers International'이라는 간판을 건 다이어트 컨설팅업체 대표가 된다. 뚱보 클럽 멤버였던 사업가 펠리스 리퍼트Felice Lippert와 알 리퍼트Al Lippert 부부의 적극적인 권유와 창업 자금 지원 덕이었다. 나이데치는 탁월한 공감 능력을 갖춘 리더이자 컨설턴트였고, 설득력 있는 몸의 이력과 말솜씨를 지닌 강연가였다.

참가비는 영화 관람료와 똑같은 주당 2달러(훗날 3달러). 참가자는 첫날 400명을 시작으로 눈덩이처럼 불어나기 시작했다. 나이데치는 하루 여덟 차례 상담 세션을 진행할 정도로 바빠 그 덕에 살이 빠질 지경이 됐고, 웨이트워처스는 오래된 참가자 가운데 재능과 열의를 갖춘 이들을 강사로 충원해야 했다. 주요 도시에 지부가 설립돼 1968년 무렵에는 미국 전역에 81개 지부가 생겨났고, 캐나다와 유럽 등 해외 지부도 열 곳이나 문을 연다. 여름 캠프 등 프로그램도 풍성해졌고 다양한 소모임도 생겨났다. 방송 출연과 강연 요청도 쇄도했다. 회원 소식지에 쓰던 그의 다이어트 칼럼은 미국과 유럽 300여 개 신문사에 팔려나갔다. 창업 5년 만인 1968년, 웨이트워처스 회원 수는 약 500만 명에 달했다.

1973년 뉴욕 매디슨스퀘어가든에서 열린 웨이트워처스 10주년 기념식에는 희극인 밥 호프, 영화배우 펄 베일리, 오페라 가수 로버타 피터스 등이 단상에 앉았고, 회원 1만 6000여 명이 운집했다. 회원들은 스타 연예인들을 제쳐두고 나이데치와 악수하고 서명을 받으려고 몰려들었다고 〈뉴욕타임스〉는 그의 부고 기사에 썼다. 자신의 생애를 통틀어 절정의 하루로 기억한다던 나이데치는 그날 종교 지도자를 방불케 하는 위엄으로 "과식이란 정서적으로 풀어야 할 정서적 문제"라는 '복음' 같은 메시지를 남기고 웨이트워처스 대표직을 리퍼트 부부에게 넘긴다. 그는 1997년 은퇴할 때까지 웨이트워처스의 홍보 및 컨설팅 고문 역으로 일했다. 그의 후임은 영국 앤드루 왕자의 부인(1996년 이혼)이었던 요크 공작비 세라 마거릿 퍼거슨이었다. 나이데치는 1966년의 요리책을 시작으로 세 권의 다이어트 관련서를 썼고, 1970년에는 자서전 『웨이트워처스 이야기The Story of Weight Watchers』를 출간했다.

나이데치는 전문교육을 받은 다이어트 전문가도 영양사도 아니었다. 그런 만큼 그는 자신의 역할을 의료 전문 컨설팅이 아닌 정서적 리더로 제한했고, 회원들에게 각자 의사와 다이어트 프로그램을 상담할 것을 의무화했다. 그는 웨이트워처스 모임 참가 전 반드시 식사를 하고 오라는 원칙을 중시했다. "굶주린 이에게는 금욕과 절제를 떠벌려서도, 수치스럽게 해서도, 괴롭혀서도 안 된다"라는 게 그의 지론이었다.

그는 자서전에 회원들과 대화하며 얻은 경험과 일화들을 소개했는데 이런 것도 있었다. "한 여성 교사의 고백이었어요. 어느 날 한 학생이 먹다 남은 도넛을 쓰레기통에 버리는 것을 봤는데 그날 수업을 다 끝낼 때까지 그게 잊히질 않더라는 겁니다. 오후 3시 방과 후 그는 교실 문을 잠근 뒤 쓰레기통을 뒤져 그 도넛을 주워 먹었대요. 그 일이 수치스러워 내내 괴로워하면서 누구에게도 말하지 못하다 우리 모임에서 고백을 한 거였죠. (…) 놀라운 것은 그 순간 그 방에 있던 우리 모두가 그녀의 동지였다는 사실이었어요."〈가디언〉인터뷰에서는 모임 초기의 경험을 이렇게 전했다. "당시 모임 멤버들—대부분 여성이었는데—은 더 이상 누구도 혼자 박탈감을 겪거나 절망하지 않았어요. 완전한 타인들이었지만 그들은 언제나 서로의 말을 경청하고 서로를 격려했어요." 이스라엘 텔아비브에도 웨이트워처스 지부가 있다. 1993년 〈텔레그라프〉인터뷰에서는 이런 말도 했다. "우리 모임에선 유대인과 아랍인이 한 클래스에 함께 참가합니다. 거기 모인 이들은 절대 서로를 미워하지 않아요. 그들의 관심사는 오직 아침 식사로 각자 뭘 먹고 왔느냐는 거였으니까요."

나이데치는 고교 졸업 후 롱아일랜드대학교에 합격하지만 학비가 없어 등록을 포기했고, 1942년 어렵사리 뉴욕시립대 비즈니스 코스에 등록한 직후 아버지가 숨지면서 학위 대신 직업을 구해야 했다. 결혼 전 가구 공장에서 받은 급여는 주당 10달러였다. 경마 정보지 발행업체에 취업한 적도 있지만 당시 뉴욕 시장(피오렐로 라 과르디아)의 경마 반대 캠페인 때문에 업체가 폐업, 실직하기도 했다. 결혼 무렵 그의 직장은 국세청이었고 결혼 후에는 동네에서 가가호호 계란을 배달하고 수금하는 일을 했다.

그의 후임이자 대주주인 알 리퍼트는 1978년 웨이트워처스를 네덜란드 식품 회사인 하인즈 그룹에 매각한다. 매각 대금은 7120만

먹는 게 삶의 보상일 수도
삶의 하이라이트일 수도 없다.
삶의 보상은
스스로를 존중하는 데서 찾아야 한다.

달러. 나이데치도 자신의 지분에 해당하는 약 700만 달러를 받았다. 그는 진나이데치재단을 설립해 빈민 자립과 빈곤 가정 청소년 진학을 지원했고, 캘리포니아대학교와 네바다주립대학교에서 장학 사업을 벌였다. 1994년에는 성년 여성 교육기관인 진나이데치여성센터Jean Nidetch Women's Center를 설립했다. 네바다대학교는 1993년 그에게 명예박사 학위를 수여했다.

비만에 대한 사회적 관심이 커지고 의학적 연구가 진전되면서 비만의 다양한 원인들이 밝혀졌다. 습관뿐 아니라 유전적·체질적 특성에서 비롯될 수도 있고, 호르몬이나 중추신경계 이상이 원인일 수도 있다. 나이데치가 착안한 심리적 장애도 스트레스 등 정신병리학적인 세부 이론들로 설명되고 있다. 그에 따른 처방 역시 복잡하고 전문화해왔다. 비록 인류는 비만을 아직 극복하지 못했지만, 그 사이 비만(인)에 대한 공동체의 태도는 상당히 예의 발라졌다. 나이데치는 동병상련의 공감을 주로 말했지만, 비만인에 대한 사회의 폭력적 시선을 드러내고 고발함으로써 비만 자체에 대한 인식을 문명화하는 데도 기여했다. 그는 수많은 이들이 원치 않는 습관을 극복하게 하는 데 기여한 공로로 1988년 〈레이디스홈저널〉이 뽑은 '21세기 가장 중요한 여성 100인'에 들었고 공동 저작『1000년, 1000명: 밀레니엄을 만든 남성과 여성1,000 Years, 1,000 People: Ranking the Men and Women Who Shaped the Millennium』이란 책에 수록되기도 했다.

1971년 이혼한 남편과 사이에 세 아들(둘은 사망)을 둔 그는 플로리다 파크랜드의 한 실버타운 침실 하나짜리 아파트에서 혼자 검소한 말년을 보냈다. 그는 "살을 빼려면 음식에 대한 생각을 바꿔야 한다. 먹는 게 삶의 보상일 수도 삶의 하이라이트일 수도 없다. 삶의 보상은 스스로를 존중하는 데서 찾아야 한다"라고 말했다. 그는 1962년 10월 이후 자신의 몸무게가 단 한 번도 64킬로그램을 넘긴 적이 없다는 사실을 가장 자랑스러워했다.

1931 —— 2015
마틴 콜

생 물 학 자 에 서 성 과 학 자 로

모두의 고루하지 않은 성을 위하여

어느 광고 카피처럼 생각이 세상을 바꾸기도 하지만, 세상이 생각을 바꾼 예가 역사에는 더 흔하다. 앞선 한 사람의 입장이라면 전자가 진실일 수 있지만, 나머지 절대다수에겐 후자가 경험적 진실에 가깝다. 사회학자 오그번은 '문화 지체cultural lag' 개념으로 그 현상의 일부를 해석했고, 푸코 같은 이는 권력 이론으로 미시 메커니즘을 분석했다. 전통적 권위나 종교·정치·사회·문화 이데올로기에 대한 의심이 윤리적 정당성을 획득한 것도 사실 그리 오래전 일이 아니다. 성性의 문제, 특히 근현대인의 성에 대한 인식과 태도, 속과 겉, 현실과 법 제도의 괴리나 변화상은 후자의 경향을 극명하게 보여주는 예다.

미국에서 '킨제이 보고서'가 나온 건 연방 대법원이 동성혼을 법제화한 2015년으로부터 약 60년 전이었다. 미국 동물학자 앨프리드 킨제이Alfred Kinsey, 1894~1956의 책 『남성의 성생활Sexual Behavior in the Human Male』과 『여성의 성생활Sexual Behavior in the Human Female』. 미국 사회의 반응은 서울광장 퀴어문화축제 무대의 안과 바깥 풍경처럼 극명하게 엇갈렸다.

청년들은 열광했고 책은 불티나게 팔려나갔다. 1953년 8월 시사주간지 〈타임〉은 킨제이의 얼굴을 커버에 싣고 "콜럼버스가 지리학에 기여한 바를 그가 성에 기여했다"라고 썼다. 1956년 그가 숨지자 〈뉴욕타임스〉는 사설로 성에 대한 과학적·경험적 연구의 어려움—고루한 성 윤리와 개인적·집단적 터부 등—을 피력한 뒤 "킨제이의 객관적이고 정밀한 접근은 그 난관들을 넉넉히 극복했다"라고 평가했다.

종교계를 비롯한 보수 주류 사회는 킨제이를 '사탄의 심부름꾼'이라 불렀다. 특히 금기의 벽이 더 두텁던 '여성 편'에 대해선, 저명한 통계학자 존 턴키 같은 이는 "엉터리 통계로 우리 할머니, 어머니, 고모, 여동생, 딸들을 모두 창녀로 만들어버렸다"라고 성토했고, 연구에 돈을 대던 록펠러재단은 지원을 끊었다. 킨제이가 까발린 세상—남성 네 명 중 한 명은 동성애를 한 번 이상 경험했고, 기혼 여성 네 명 중 한 명은 혼외정사를 했다 등등—은 그들이 알던 세상과 너무나 달랐거나 너무 위험했다. 그들은 자신들의 관념적 세계를 지키기 위해 현실 세계를 부정했다.

1971년 4월 영국의 식물학자 마틴 존 콜Martin John Cole이 23분짜리 성교육 비디오 〈성장Growing Up〉을 발표했을 때 영국 주류 사회가 보인 반응도 20년 전의 미국과 흡사했다. 그가 근무하던 애스턴 대학교 학생들과 중등학교 교사들이 비디오 시사회 뒤 보인 반응과는 대조적으로 종교계와 정치계, 교육계는 콜을 '비뚤어진 색정광'이라 비난했다. 한 보수당 의원(일레인 켈릿 보먼Elaine Kellett-Bowman)

은 시사회장에서 뛰쳐나와 "그를 쏴 죽이고 말겠다"라며 흥분했고, 콜이 살던 버밍엄 시 의회는 관내 학교의 필름 상영을 금지시켰다. 훗날 보수당 의원이 되는 한 시의원(데이비드 길로이 베번David Gilroy Bevan)은 "이러다간 개들이 길에서 섹스하는 인간에게 물을 끼얹는 세상이 올 것"이라고 말했다. 보수당 히스 내각 교육부 장관이던 미래의 총리 마거릿 대처는 그해 4월 21일 하원 답변에서 각급 교육기관에 비디오 방영에 극히 신중을 기하라 당부하겠다고 밝혔고, 얼마 뒤 비디오에 출연했던 한 여교사는 학교에서 쫓겨났다. 〈더 선〉 같은 타블로이드 신문들은 콜에게 '섹스킹 콜'이란 닉네임을 안겼다.

물론 그들의 '세상'은 그들의 '생각'을 훨씬 앞질러 가 있었다. 경구 피임약이 나온 게 1961년이었고, 성 자유주의 물결은 60년대 청년 히피 문화와 더불어 이미 전 유럽을 휩쓸고 있었다. 콜의 비디오가 나오던 해, 영국 20세 미만 여성 출산율은 1000명당 50.6명으로 사상 최고치를 기록했지만, 영국 가족계획협회 등의 피임 상담은 기혼자들에게만 허용됐다. 청소년 성 지식은 친구나 부모, 도식적인 그림과 인체의 앞쪽 절반을 잘라낸 인체 해부 모형으로 진행되는 생물 수업에 의존해야 했다.

문란한 성관계를 경계해야 한다거나 성병의 해악을 홍보하거나 성교육이라 해도 간단한 그림 혹은 인형 등 부교재를 동원한 성교육 비디오가 전부였던 시절, 그의 필름은 사실 충격적이었을 것이다. 그는 실제 남녀를 등장시켜 성행위와 자위 장면을 연출했고, 당연히 남녀 성기를 영상에 담았다. 성 반응의 차이 등 기술적인 정보도 제공했다. 〈데일리메일〉은 "가장 명쾌하고 진술한 학교 교재용 필름"이라고 썼다. 여성운동 진영도 '반反콜' 진영에 섰는데, 콜의 비디오가 임신·출산에서 여성을 수동적 주체로 묘사해서였다. 〈텔레그라프〉는 콜이 자신의 비디오를 두고 반성했던 유일한 결점이 그 것이었다고 썼다.

그의 비디오가 출시된 지 38년 뒤인 2009년 작가 겸 영화평론가 피터 브래드쇼는 〈가디언〉 칼럼에서 콜의 비디오를 시대를 통틀어 모든 성교육 영상 자료 가운데 "의심할 여지 없는 최고의 역작"이라 평했다. 브래드쇼는 세상이 달라져 성이 넘쳐나는 시대를 살고 있지만 청소년들에게 성을 가르쳐줄 영상 교재는 도대체 어디 있느냐고 반문한 뒤 이렇게 썼다. "때가 되면 내 아이에게 보여주기 위해서라도 마틴 콜의 논쟁적인 〈성장〉을 챙겨둬야겠다."

마틴 콜이 본업인 생물학 연구보다 아예 성과학자Sexologist 겸 활동가로 나서게 된 데는 저런 사정이 있었다. 그로선 자신이 옳다는 존재 증명도 해야 했을 것이다. 콜은 1931년 10월 4일 런던에서 태어났다. 그는 사우샘프턴대학교에서 식물학을 전공한 뒤 식물유전학으로 박사 학위를 땄다. 나이지리아 이바단대학교 의대에서 강의했고, 1964년 버밍엄고등기술대학(현 애스턴대학교) 전임강사가 되면서 귀국했다.

"성 문제로 나에게 상담하러 오는 대학생들이 꽤 많았다. 아무래도 내가 생물학자고 또 젊어서 그랬을 것이다." 대학에도 보건소가 없어 달리 상담할 곳이 없었던 탓도 있었겠지만 이미 성에 대한 그의 개방적 철학과 활동이 꽤 알려진 까닭이 더 컸을 것이다. 그는 귀국 직후부터 당시 영국의 주요 현안 가운데 하나였던 낙태 허용pro-choice 운동에 힘을 쏟았고, 1966년 무렵에는 낙태법개정협회 버밍엄 지부 의장이 돼 있었다.

영국 의회가 낙태법을 통과시킨 건 1967년이었다. 법이 통과되자마자 콜은 버밍엄임신상담서비스Birmingham Pregnancy Advisory Service라는 단체를 설립한다. 임신·중절 수술을 비롯해 성 전반에 대한 일종의 상담 센터였다. 당연히 나이와 신분, 결혼 여부와 상관없이 누구나 상담 받을 수 있는 곳이었다. 그는 이어 성교육및성연구협회Institute for Sex Education and Research라는 것도 만든다. 상담 센터 운영으로 확인된 성 현실에 대한 그 나름의 대응인 셈인데, 발기불능 등 남성 성기능 장애를 겪는 이들에게 여성 대리 파트너Surrogate Partner로 하여금 신체 자극을 가해 발기력을 향상시켜주는, 원시적(?) 성 클리닉이었다. 발기불능의 95퍼센트가 심리적 원인, 즉 경험 부족과 자신감 부족에서 기인하는 것으로 알려져 있던 시대였다.

그의 클리닉 소식은 여성 잡지 등에 실렸고, 대리 파트너 모집도 그 경로로 이뤄졌다. 그는 세상의 눈초리를 의식해 "대부분 30~45세 여성이었고 50대도 있었다. 다들 썩 매력이 없지는 않았지만 그게 중요한 요소는 아니었다"라고, "서비스가 성행위로 이어진 예는 없었다"라고 말하곤 했다. 물론 '세상'이 모두 그의 말을 신뢰한 건 아니었다.

1966년은 미국의 산부인과 의사 윌리엄 매스터스William Masters, 1915~2001와 임상심리학자 버지니아 존슨Virginia Johnson, 1925~2013의 책『인간의 성적 반응Human Sexual Response』이 출간된 해였다. 직업여성과 자원자 등을 모집해, 알려진바 무려 1만여 회의 성행위를 관찰한 뒤 심전도와 뇌파 등을 측정해 성적 자극과 흥분이 어떻게 진행되는지 분석한 기념비적인 섹스 임상 연구서였다. 1970년 그들은

『인간의 성기능부전Human Sexual Inadequacy』도 출간했다. 매스터스 등은 조루, 발기부전, 불감증, 성욕 저하 등을 객관화하고 의학적 질환으로 규정한 데서 나아가 실험으로 효능이 확인된 '적절한' 치료법도 제시했다. 그 치료법들 가운데 일부는 '매스터스·존슨 요법'이란 이름으로 지금도 활용된다. 콜의 클리닉 처방도 그중 일부였다.

매스터스와 존슨 보고서는 당연히 영국에도 전파됐다. 오르가슴 신화가 증폭되면서 여성이면 누구나, 적절한 자극만 주어지면 오르가슴을 느낀다는 식의 정보들이 잡지 등을 통해 경쟁적으로 유포됐고, 콜의 클리닉은 커플이나 여성 고객도 수용해야 했다. 그는 남성 대리 파트너도 고용했다.

1993년 〈인디펜던트〉 인터뷰에서 콜은 "매스터스·존슨 요법에 따라 일정 기간 성행위를 금함으로써 성적 압력을 고조시키는 방법도 써보고 관능 마사지법 등도 써봤지만, 그들의 보고서(성 트러블 커플에게 2주간 실험한 결과 80퍼센트의 치유율을 보였다고 기록)가 밝힌 성공률에는 미치지 못했다"라고, "그럴 때는 현실의 한계를 솔직히 인정하고, 남녀 관계에는 섹스보다 더 중요한 것들도 있다고 상담했다. 하지만 파트너 중 한쪽에게 섹스가 너무나 중요하다면 어쩌겠는가? 갈라서야지"라고 말했다. 그 한계는 그의 한계 이전에 성과학의 한계였다. 그는 그 한계와 싸우면서 한계에 훨씬 못 미치는 세상의 성도덕과도 싸워야 했다. 그를 못마땅하게 여기는 이들은 그가 매매춘 업소를 운영하고 있다며 툭하면 고발했다.

은행원이던 마틴 콜의 아버지는 고루하고 엄격했다고 한다. 그런 아버지와의 불화(의 기억)도 그가 성을 무기로 세상(의 권위와 전통)

194

과 맞서고 위선에 저항하게 한 동력이었다. 그는 "평생 동안 나를 모종의 죄의식에 사로잡히게 했던" 부모님의 억압적 가치에 대한 반발심이 자신을 성과학자로 이끈 힘 중 하나라고 말했다.

콜은 1988년 은퇴했다. 1992년 인터뷰에서 그는 "10년 전과 비교해서 과연 인간이 더 행복해졌는지는 모르겠다. 하지만 성생활에 관한 한 훨씬 풍요로워졌다. 성적인 방종과 그로 인한 가정 파탄도 물론 문제다. (…) 하지만 내게는 누구에게도 해를 끼치지 않았다는 믿음이 있다. 나는 지금도 고객들의 감사 편지를 한 무더기 간직하고 있다"라고 말했다. 하지만 그는 아내들에게 감사를 받을 만한 남자는 못 됐던지, 세 번 결혼하고 다섯 아이를 두고 세 번 이혼했다. 마틴 콜은 2015년 6월 2일 별세했다. 향년 83세. 그는 다양한 상담 클리닉 경험을 담은 에세이 『섹스의 정석Fundamentals of Sex』과 『왜 그르치고, 무엇을 할 수 있는가Why It Goes Wrong and What You Can Do about It』를 썼다.

1937 — 2016
수잰 코킨

현 재 뿐 인 관 계

기억장애 환자를 사랑한 뇌과학자

1953년 8월, 간질을 앓던 27세 청년이 뇌 일부 절제 수술을 받은 뒤 치명적인 기억장애를 겪게 된다. 수술 이후 겪은 어떠한 일도 뒤돌아서면 까맣게 잊어버리는 증상. 그는 남은 55년의 생을 30초의 현재로만 살다가 2008년 숨을 거뒀고, 그사이 뇌·심리과학계의 가장 유명한 피실험자가 됐다. 120여 명의 과학자가 그를 연구해 수많은 논문을 발표했고, 그를 본 적 없더라도 뇌와 기억에 관한 논문을 쓰는 한 그의 사례를 비껴가기 힘들었다. 심지어 신경(뇌)과학이 심리학으로부터 독립해 지금처럼 성장할 수 있었던 게 그의 덕이라고 말하는 이들도 있다. 헨리 몰레이슨Henry Gustav Molaison, 1926~2008. 그는 숨지기 전까지 'H. M.'이라는 약자와 상상하기 힘든 가혹한 운명 그리고 실험 데이터로만 세상에 알려졌다.

미국 MIT의 뇌 인지·신경과학자 수잰 코킨Suzanne Corkin이 몰레이슨을 처음 만난 건 1962년 캐나다 맥길대학교에서 박사 논문을 준비하던 때였다. 학위를 따고 1964년 MIT에 자리 잡은 뒤로도 그에게 몰레이슨은 주요한 피실험자였다. 그러다 차츰 친구가 돼갔다.

헨리가 겪은 일은 틀림없는 비극이지만,
정작 헨리 자신은 좀처럼 고통스러워 보이는 일이
없었으며 항상 헤매고 두려워하는 것도 아니었다.
오히려 그 반대였다.
헨리는 일상에서 일어나는 일들을
있는 그대로 받아들이며 그 순간을 살았다.

온종일 실험실에 마주 앉아 있다가도 누가 화장실만 다녀와도 다시 자기소개를 하고 처음부터 새로 시작해야 하는 사이였지만, 그래서 늘 외롭고 일방적인 관계였지만 코킨은 그를 떠나지 않았다. 통증 자각조차 없던 몰레이슨의 건강을 그가 살폈고, 병이 나면 무료 진료를 받을 수 있도록 주선했고, 세계 각지에서 몰려드는 학자들의 연구 제안서를 일일이 검토해 욕을 얻어먹으면서까지 진짜와 가짜를 걸러냈고, 그럼으로써 그를 '구경거리'로 전락시키지 않으려 애썼다.

2013년 코킨은 『어제가 없는 남자, HM의 기억』원제는 '영원한 현재 시제(Permanent Present Tense)'이란 책을 써서 몰레이슨의 삶과 매력을 세상에 전했다. 뇌과학 교양서와 에세이의 중간쯤에 놓일 저 책의 한 자리에 그는 이런 글을 썼다. "(30초의) 단기 기억에만 의존해 살아간다는 것은 어떤 기분일까? 헨리가 겪은 일은 틀림없는 비극이지만, 정작 헨리 자신은 좀처럼 고통스러워 보이는 일이 없었으며 항상 헤매고 두려워하는 것도 아니었다. 오히려 그 반대였다. 헨리는 일상에서 일어나는 일들을 있는 그대로 받아들이며 그 순간을 살았다."

뇌과학자의, 긍정을 넘어 부러움마저 감지되는 저 느슨한 마음 뒤에는 어떤 게 있었을까? 그에 대한 그리움? 노년의 불안? 회한? 그는 자신의 이야기는 거의 쓰지 않았지만 행간의 빈자리에 많은 이야기를 남겼다. 그리고 이제, 기억을 잃은 남자를 사랑한 과학자인 그의 이야기를 우리가 기억해야 할 차례다. 수잰 코킨이 2016년 5월 24일 간암으로 별세했다. 향년 79세.

기억을 얽힘이라 말할 수 있을까. 좋든 싫든 그 얽힘 덕에 지금 여기 내가 있고, 우리와 그들로 나뉘고 얽혀가는 것이라 말해도 될까. 그렇다면 기억의 소거는 존재의 정체성과 가능성을 함께 지우는 잔혹한 일일 것이다. 하지만 저 문장을 쓸 때의 코킨은 질긴 얽힘으로부터 벗어나는, 죽음만큼 과격한 자유도 생각했을 듯하다. 그리고 어쩌면 그 두 극단 사이에, 기억과 존재가 온전히 등치되지 않을 가능성이 있을지 모른다. 학자로서 친구로서 코킨이 몰레이슨에게서 찾고자 했던 것이 또 어쩌면 그것이었을 것이다.

코킨은 1937년 5월 18일 코네티컷의 주도 하트퍼드에서 나고 자라 매사추세츠 스미스대학(심리학)에 진학했다. 몰레이슨의 집과 그가 수술받은 하트퍼드병원이 한 블록 거리였다. 훗날 캐나다 몬트리올의 실험실에서 연구자와 피실험자로 만난 둘은, 아니 코킨은 유년의 거리와 공원을 알고 추억하는 몰레이슨이 조금은 애틋했을 것이다. 과거의 기억마저 서서히 흐려지긴 했지만 몰레이슨의 수술 전 기억은 비교적 온전했고, 불가사의하게도 만년의 그는 코킨을 고교 동창이라 여기곤 했다.

40, 50년대는 약물 치료로 호전되지 않는 정신 질환의 유망한 요법으로, 뇌조직 파괴와 절제술이 시도되곤 했다. 하트퍼드병원의 윌리엄 스코빌William Scoville, 1906~1984도 그런 '야심 찬' 뇌외과 의사 중한 명이었다. 일곱 살 무렵(아홉 살이란 기록도 있다) 자전거를 타고 놀다 머리를 다친 뒤 시작된 몰레이슨의 간질 증상은 나이가 들면서 잦은 대발작(전신 강직 발작)으로 악화해갔다. 그는 강한 약물치료를 받으며 어렵사리 이스트하트퍼드고등학교를 졸업했고, 기술 교육을 이수한 뒤 자동차 부품 공장에서 3년가량 일했다. 독한 항간질약에 내성이 생겨 더 이상 직장 생활을 할 수 없게 된 건 스물

네 살 무렵이었다. 3년 뒤 스코빌은 그의 양쪽 관자놀이에 구멍을 뚫고 내측두엽(해마구, 편도체, 내후뇌피질 등 포함) 각 4센티미터가량을 잘라냈다. 수술로 그의 간질 증상은 완화됐다. 하지만 기억 형성 능력(단기 기억을 장기 기억으로 전환하는 능력)도 거짓말처럼 사라졌다. 몰레이슨도 자신이 처한 상황과 감당해야 할 세월을 알긴 했겠지만, 두고두고 곱씹지는 않았을(못했을) 것이다.

캐나다 맥길대학교는 그 무렵 정신외과학이라 불리던 분야에서 앞선 학자들이 모인 곳이었다. 그 대학 몬트리올신경학연구소의 창설자이자 소장인 와일더 펜필드Wilder Penfield, 1891~1976도 자신이 집도한 두 간질 환자의 부작용(기억상실 증상)을, 영국 케임브리지대학교에서 유학 온 당시 대학원생 브렌다 밀너Brenda Milner, 1918~와 공동 연구 중이었다. 밀너는 1955년 4월 하트퍼드로 와서 몰레이슨을 처음 인터뷰한 학자로, 신경과학계의 고전이 된 1957년 논문으로 해마와 인접 부위가 장기 기억 형성에 절대적으로 중요하다는 사실을 처음 규명한 학자다.

정신외과학자들에게 몰레이슨은 기적 같은 존재였다. 다른 환자들과 달리 몰레이슨은 평균 이상의 지능과 정상적인 지각 능력, 추상적 사고 능력, 추리력을 지닌 채 오직 장기 기억 능력만 상실한, 기억 메커니즘 연구의 완벽한 표본이었다.

몰레이슨은 장기 기억과 단기 기억의 구분 가설을 입증해주는 산 증거였다. 장기 기억에는 정보나 사실을 기억하는 서술 기억과 절차나 감정을 기억하는 비서술 기억(운동기억)이 있으며 그것이 한 덩어리로 생성·작동하지 않는다는 것, 서술 기억에는 또 사실을 관장하는 의미 기억과 사건을 떠올리게 하는 일화 기억이 있고, 비서 술 기억에는 기술이나 습관 같은 절차 기억과 슬픔과 기쁨 등에 관 련된 감정 기억이 있다는 것도 그를 통해 파악되거나 검증될 수 있 었다. 몰레이슨은 일체의 서술 기억 능력을 잃었지만 몸을 움직여 일을 해내는 데 필요한 비서술 기억은 습득할 수 있었고, 아주 간단 한 노동—잔디 깎기나 지역 정신장애인 일터의 물건 포장 등—을 할 수도 있었다.

코킨의 연구소와 몰레이슨이 살던 곳은 자동차로 불과 두 시간 거리였다. 1966년 몰레이슨의 아버지가 숨지고 1975년 어머니(1981 년 별세)마저 치매 요양 병원에 들어간 뒤, 또 이후 그를 돌봐주던 외가 먼 친척이 1980년 숨진 뒤 외톨이가 된 몰레이슨은 인근 빅퍼 드요양병원에서 남은 28년의 생을 보냈다. 코킨은 그가 이리저리 옮 겨 다닐 때마다 제대로 된 시중과 보호를 받을 수 있도록 보살폈고, 사회보장제도를 따져 입소 비용과 진료비 등을 챙겼다. 병원 기록 맨 윗줄에는 "유일하게 관여하는 친척이자 친구이며 연고자"로 늘 그의 이름이 적히곤 했다.

어머니가 곁을 떠난 뒤 어느 날, 실험실 연구원이 몰레이슨의 지 갑에서 이런 쪽지를 발견한다. "아빠는 돌아가셨다. 엄마는 요양원 에 계신다. 건강하시다." "잠에서 갓 깨어난 듯한 느낌"으로 살면서 도 불현듯 감지되던 상실감을 몰레이슨은 그렇게 견뎠고, 무심한 그의 표정을 코킨이 지켜봤을 것이다.

몰레이슨은 낯선 사람(모두가 낯설었다), 특히 여성을 대할 때 신 사적이어서 늘 앞장서 문을 열고 붙잡아주곤 했다고 한다. 몰레이 슨이 잃어버린 편도체는 성 욕망에도 관여하는 부분이란 게 훗날 밝혀졌지만, 코킨은 그것만으로 설명할 수 없는 예의와 기품이 그에게 있었다고 회고했다. 유머 감각도 남달랐다고 한다. 십자말풀이를 즐겨 언제나 곁에 퍼즐과 연필을 두고 지냈는데, 어느 날 코킨이 "헨리, 당신은 퍼즐 킹이에요"라고 말하자 그가 "I'm puzzling"이라고 대답했다는 이야기, 연구실에 열쇠를 두고 나왔다가 난처해하자 "적어도 열쇠가 어디 있는지는 아는 거네요"라고 대꾸하더란 이야기를 그는 2013년 NPR 인터뷰에서 전했다.

기억장애를 겪는 이가 장애를 상쇄하는 방법으로 심리학에서 '인지 제어 처리 기능'이라 부르는 게 있다. 전화번호를 잊지 않기 위해 주의가 분산되지 않도록 쉼 없이 되뇌는 게 한 예다. 어느 날 연구실 직원들이 한 동료를 놀리기 위해 몰레이슨과 작당을 했다고 한다. 곧 들어올 연구원 이름을 몰레이슨에게 미리 알려준 뒤 그가 나타나면 반갑게 "아, 존, 안녕하세요?" 하고 인사해보라는 거였다. 유쾌해진 몰레이슨은 능청스레 저 대사를 읊었고, 기겁하는 존의 표정을 보며 한없이 즐거워한 적도 있었다. 물론 그에겐 '한없이'도 30초였다.

그는 영문 모르게 노발대발 화를 낼 때도 있었고, "(나는) 아무짝에도 쓸모없는 사람이다. 남한테 피해만 끼친다"라며 고함을 질러대다가 다가서는 이에게 발길질을 하기도 했다. 그렇게 자신(의 기억력)과 불화할 때도 있었지만 대개는 누가 대답할 수 없는 질문을 해도, 사라진 기억을 속절없이 더듬으며 "나는 지금 나와 싸우고 있어요"라고 순하게 말하곤 했다고 한다. 코킨은 저 시간들을 함께 보내며 그와 함께 늙어갔다.

그리고 100여 편의 논문과 10여 권의 책을 썼다. 그가 몰레이슨을 보살핀 것은 피실험자로서의 가치 때문이기도 했겠지만, 그를 통해 이룬 과학적 성취 못지않게 그와 친구라는 사실을 그는 자랑스러워했다. 몰레이슨은 장기 항발작제 처방으로 생긴 골다공증 등 후유증으로 힘든 노년을 보냈고, 어떤 도움을 원하는지 기억하지 못해 고통을 키우곤 했다. 그러면서도 코킨을 만나면, 이름은 기억하지 못해도 서로 만난 적이 있다는 사실, 40년대 고교 시절 만난 사람이라는 '사실'을 기억했다. 코킨은 그 오해를 더없는 보상인 양 기꺼워했다. 실험실 동료들이 몰레이슨의 병실에 자신들의 사진을 붙여놓은 건, 실험 목적이 아니라 가족의 온기를 전하기 위해서였다.

1992년 코킨은 몰레이슨과 그의 법정대리인이던 친척 부인의 아들을 설득, 몰레이슨 사후 뇌 기증서에 서명을 받았다. 유고 시 몰레이슨의 시신을 신속히 옮겨 MRI 촬영을 하고 뇌를 적출해 보존할 절차와 방법을 정하고 그 일을 맡아줄 최고의 의과학자 명단을 뽑아 비상 연락망을 만들었다. 몰레이슨은 2008년 12월 2일 숨졌다. 향년 82세. 그의 뇌가 아홉 시간에 걸쳐 11기가바이트 분량의 MRI 영상으로 기록되는 동안 코킨은 옆방에서 '기억상실증 환자 H. M.'의 진짜 이름이 담긴 부고 자료를 만들어 언론에 배포했다. 그리고 저 사후 절차가 완벽하게 끝나자 두 팔을 머리 위로 번쩍 들어 연구진에게 박수를 쳤다. 몰레이슨의 뇌는 머리카락 굵기인 70미크론 두께의 절편 2401개로 잘려 샌디에이고 캘리포니아대학교 뇌·인지 연구센터에 보존돼 있다.

수잰 코킨은 몰레이슨 외에도 제2차 세계대전과 한국전쟁 참전 뇌 부상병 등을 대상으로 기억과 뇌 기능, 알츠하이머병, 파킨슨병 등 다양한 퇴행성 신경 장애를 연구했다. 그는 남편과 이혼한 뒤 2남 1녀를 키웠고, 아이들이 출가한 뒤론 줄곧 혼자 지내며 "맹렬히 fiercely" 독립적인 삶을 즐겼다고 한다. 〈보스턴글로브〉는 1년 전 간암 진단을 받은 그가 투병을 '모험'이라 부르곤 했다고 썼다. 딸 조슬린은 "전 엄마를 '마미 쓰나미'라고 부르곤 했어요. (…) 엄마는 죽어가면서도 일을 했죠"라고 말했고, 아들 데이먼은 "건강이 악화해 일어설 힘조차 없으면서 죽기 전 해야 할 일의 목록을 머리맡 휴지 같은 데 써두곤 했다"라고 말했다.

그는 몇 년 전 에콰도르 여행 중 교통사고를 당한 개를 입양해 '트루퍼trooper'라 부르며 함께 지냈다. 병석의 그에게 어느 날 아들이 '트루퍼trouper, 노련한 배우. 멋지다는 의미 같다'라고 했더니 그가 엄지손가락을 치켜세우곤 '우프우프woof-woof' 짖으며 트루퍼의 흉내를 내기도 했다고 한다. 코킨과 함께 몰레이슨의 비서술 기억 실험(거울을 보며 2겹 별 문양의 사이 공간을 따라 선을 긋는 유명한 실험) 등을 공동 진행했던 밀너는 코킨을 두고 "많은 이들이 신경과학을 만지작대곤 하지만 얼마나 많이 읽고 또 얼마나 사려 깊어야 하는지 아는 이는 많지 않다. 수Sue. 수잰의 애칭는 완벽하게 훈련된 학자였다"라고 말했다.

코킨은 추모 금품을 MIT 소수 인종 여성 과학자와 보스턴의 한 동물 치료 센터, 자연보호 단체인 풀뿌리야생보호Grassroots Wildlife Conservation에 전해달라는 유언과 함께 자신의 뇌도 몰레이슨이 있는 캘리포니아대학교에 기증했다.

1930 — 2016
마르코 판넬라

작은 정당 큰 정치

나이아가라폭포처럼 격한 헌신

급진당PR, Partito Radicale이라는 이탈리아 정당이 있다. 1955년 창당 이래 지금껏 그 이름 그대로 버텨온 꽤 전통 있는 정당이지만 총선 득표율은 1퍼센트를 넘긴 예가 드물다. 1979년 총선(정당 비례대표 제)에서 3.4퍼센트를 득표, 하원 630개 의석 중 18석을 차지한 적이 있지만, 제2차 세계대전 이후 이탈리아 정치사를 요약한 글마다 어김없이 등장하는 표현인 '군소 정당 난립'의 그 군소 정당 중 하나다. '급진'은 그 자체로 이념은 아니다. 좌우 이념으로 나뉜 이탈리아의 전통적 3대 정당(기독교민주당, 공산당, 사회당)과 90년대 이후 신자유주의 정당(베를루스코니의 포르차이탈리아와 북부동맹)들 틈바구니에서 '급진'은 애당초 미덥지 않은 깃발이었다.

이탈리아 급진당은 낯설어도 1987년 선거에 포르노 배우이자 미술가 제프 쿤스의 전 부인인 일로나 스탈레르Ilona Staller. 예명 '치치올리나'를 후보로 내세워 당선시킨 정당이라고 하면 '아~' 하는 이들이 더러 있겠다. '다중'과 '제국'의 정치철학자 안토니오 네그리가 1979년 모로 전 수상 납치 암살 연루 등 혐의(반국가 단체 조직·모의 등)로 체포된 뒤 의원 면책특권을 얻자고 1983년 선거 때 가담한 정당이 급진당이었다는 걸 기억하는 이들도 있을지 모르겠다.

그 당을 만들고 이끌어온 이가 마르코 판넬라Marco Pannella다. 그는 비록 군소 정당의 당수였지만 이탈리아와 유럽연합 정치 무대에서 존재감 있는 정치인이었다. 그의 영향력은 독보적 정치력과 추구해온 공적 가치, 튀는 정치 스타일 덕이 컸다. 이혼과 낙태, 정치 부패 근절, 양심적 병역거부, 마리화나 합법화, 존엄사 지지, 반파시즘, 반전, 사형제 반대, 수형자 인권 운동……. 그는 현안에 따라 좌우를 넘나들면서, 바티칸의 교황과 시민사회의 종교적 도그마에 맞서면서 유럽 중세의 가을을 가장 마지막까지 품었던 조국 이탈리아를 근대로, 급진적으로 이끌고자 말 그대로 목숨 걸고 분투했다.

이탈리아의 수많은 유권자들은, 비록 선거에서 급진당에 표를 주는 덴 인색했지만 그가 정치 무대에서 사라지는 건 더 원치 않았다. 1976~1994년 이탈리아 하원 의원과 1979~2009년 유럽의회 의원을 지낸 마르코 판넬라가 2016년 5월 19일 별세했다. 향년 86세.

1974년 전까지 이탈리아는 이혼이 불법이었다. 사회당 의원 로리스 포르투나Loris Fortuna, 1924~1985가 이혼법을 입안한 건 1965년이었고 하원에 상정한 건 1970년이었다. 바티칸과 다수당인 기독교민주당이 최대 걸림돌이었다. 군소 정당의 원외 당수 판넬라는 법안 통과를 촉구하며 생애 첫 단식을 감행했다. 그는 하루 세 잔의 커피와 비타민으로 장장 78일을 버텼다. 그해 말 의회가 법안을 승인한 것이 전적으로 그의 살 28킬로그램 덕이라 말할 순 없지만, 그의 단식은 70년대 이탈리아 페미니즘 운동의 기폭제였고 의회 내 반기독당

나는 급진주의라는 말을 써본 적이 없다.
이념적 개념 자체를 거부한다.
내게 이념은 신학의 대용품일 뿐이고,
급진당은 전통 정당들 같은
'교회 정당'이 아니다.

연대의 촉매였음은 부인하기 힘든 사실이었다. 이탈리아 의회는 주요 법률 사안에 대해 국민투표로 승인 여부를 묻는다. 그의 급진당은 '이혼연대Italian League for Divorce'를 결성, 페미니스트 단체들과 함께 서명운동 등 캠페인을 주도했고, 이혼법은 1974년 국민투표를 통해 확정됐다. 2년 뒤 그가 하원 의원이 된 것도 그 덕이 컸다.

의원이 된 뒤 그는 낙태 허용 법안(Law 194)을 발의했다. 임신 3개월 이내의 낙태를 허용하자는 그의 법안은 우파 정당들의 거센 반발 속에 1978년 5월 국민투표를 통해 확정됐다. 스페인 신문 〈엘파이스El País〉가 "나이아가라폭포 같다"라고 썼을 만큼 말하기 좋아하던 그였다. 투표에 앞서 유권자들에게 법안이 충분히 홍보되지 않은 데 항의하기 위해 그는 의회 연단에 서서 장장 25분간 침묵했다.

'낙태법'은 기독교민주당의 요구로 1981년 5월 재차 법안 폐지 국민투표에 붙여졌고, 유권자 67.9퍼센트가 폐지에 반대했다. 교황청은 바오로 2세 재임기는 물론이고 이후로도 수시로 낙태법을 공격했다. 2008년 교황 베네딕토 16세가 "낙태는 여성과 가족들의 고통을 해결하지 못했고 (생명 경시 등으로) 지난 30년간 새로운 상처를 안겨왔다"라며 법안 폐지를 촉구하자 판넬라는 "민주주의에 대한 공격"이라며 한마디로 일축했다.

그와 교황청은 앙숙이었다. 1978년 취임한 교황 바오로 2세가 이듬해 첫 부활절 축원 교서Urbi et Orbi, '로마와 온 세상을 향해'라는 뜻를 낭독하던 베드로광장에서, 판넬라는 비신자 8000여 명을 이끌고 국제 아동 기아 근절 피켓 시위를 벌였다. 〈뉴욕타임스〉는 "교황은 묵묵히 행진의 뜻을 수용해 '약자인 어린이들 역시 그리스도가 특별히 사랑하는 존재'라고 덧붙였다"라고 전했다.

마르코 판넬라는 1930년 5월 2일 이탈리아 아그루초(현 테라모)에서 태어났다. 본명은 지아신토Giacinto. '히야신스'의 이탈리아어였지만, 공무원의 실수로 호적에 등재되지 않은 중간 이름 '마르코'를 그는 선호했다. 위키피디아 이탈리아판에 따르면, 그는 어린 시절 리게티Righetti라는 반파시스트 음악가에게서 바이올린을 배우며 정치에 관심을 가지기 시작했고, 유대인 여자 친구가 학교에서 쫓겨나 추방당하는 걸 본 적도 있었다고 한다. 10대 전반기의 이탈리아는 전쟁터였고, 그는 연합군의 폭격과 나치의 퇴각을 지켜보았다. 1955년 로마 우르비노Urbino대학교에서 법학 학위를 받은 뒤 약 1년간 변호사 생활을 했고, 배우 에르네스토 로시Ernesto Rossi, 1897~1967, 언론인 출신 정치인 마리오 판눈치오Mario Pannunzio, 1910~1968 등과 함께 1955년 급진당을 창당했다.

대학 시절 그는 자유당 학생위원회 의장과 전국대학학생연맹UNURI, Unione Nazionale Universitaria Rappresentativa Italiana 의장을 지냈다. 기성 정당에서 권력정치를 지향하기에 무척 유리했을 저 이력들에도 불구하고 그가 급진당을 창당한 까닭은, 이념과 종교로 경직된 현실 정치에 대한 실망과 반감 때문이었다. 1980년 8월 〈엘파이스〉 인터뷰에서 그는 "나는 급진주의라는 말을 써본 적이 없다. 이념적 개념 자체를 거부한다. 내게 이념ideology은 신학theology의 대용품일 뿐이고, 급진당은 전통 정당들 같은 '교회 정당'이 아니다. 그 정당들은 모든 문제, 심지어 단 한 번도 토론하거나 생각해보지 않은 문제들에 대해서조차 이미 답을 마련해두고 있다. 하지만 정치란 무엇보다 창조적이어야 한다. 원칙과 목표, 방법론, 게임의 룰도 중요하지만 지나치게 엄격해서는 안 된다"라고 말했다.

그는 급진당 당원들은 어떤 사안에 투표를 할 수도 있고 안 할 수도 있으며, 다른 정당에 중복 가입할 수도 있고, 살인자라고 해서 출당당하는 일도 없다고 말했다. 그가 당수를 맡은 건 우왕좌왕하던 당이 해체될 위기에 처했던 1963년이었다. 당을 살린 것도 1965년 시작한 그의 이혼법 캠페인이었다.

판넬라는 1973년 〈해방Liberazione〉이라는 신문을 만들어 1년 가까이 발행했고, 1977년에는 지금도 건재한 라디오 방송국 '라디오 라디칼레Radio Radicale'를 만들었다. 그는 특정 이슈를 두고 불특정 청취자와 전화로 즉석 토론을 벌이는 생방송을 1986~1993년까지 진행하며 파시스트 섹시스트 등과도 자주 설전을 벌였고, 욕설과 인종주의적 발언까지 '표현의 자유'라며 받아넘기곤 했다.

그는 1995년 로마 피아자나보나Piazza Navona광장에서 산타클로스 복장을 하고 시민들에게 마리화나를 공짜로 나눠줘 3개월 징역형(벌금 3650달러로 감형)을 받았고, 재정 정책—정당 기부금 관련—에 항의해 로빈 후드로 분장하고 이탈리아 북부 트레비소에서 시민 수천 명에게 14만 8000달러를 나눠준 적도 있었다. 그는 그 돈이 "이탈리아 국민에게서 정당들이 훔친 돈"이라고만 말하고 구체적으로 어디서 나온 돈인지는 밝히지 않았다.

1992년 사회당 밀라노 지부장 마리오 키에자의 뇌물 수수 사건으로 시작된 부정부패 척결 작업 '마니 풀리테Mani Pulite, 깨끗한 손'는 주요 정치인·경제인 거의 전원이 연루돼 무려 3200명이 재판을 받은 초유의 부패 사건이었다. 공공 공사 입찰 비리를 눈감아주는 조건으로 정치권에 전달되는 정치자금의 '공식 비율'이 공사비의 10퍼센트였다는 사실, 그 검은돈의 정당별 분배 비율—사회당 40퍼센트, 공산당 20퍼센트, 기독교민주당 20퍼센트, 군소 정당 20퍼센트—까지 책정돼 있었다는 사실이 수사 과정에서 밝혀졌다. 주요 정당들이 몰락했고, 과도정부가 구성됐고, 1993년 국민투표에 의해 이탈리아 1·2공화국의 경계가 된 선거제도 개혁이 이뤄졌다. 정당명부식 비례대표제로 의원을 선출하던 기존 방식도 75퍼센트의 소선거구제와 25퍼센트의 비례대표제 선출 방식으로 바뀌었다. 마니 풀리테의 영웅이라면 당연히 부패 척결 수사의 선봉이었던 디 피에트로Antonio Di Pietro, 1950~ 검사를 꼽아야 할 테지만, 그 이전에 판넬라 같은 정치인이 있었다.

그는 1968년 동구 민주화 운동을 벌이다 불가리아 소피아에서 구금되기도 했고, 1983년 시실리에 미군 크루즈미사일이 배치되자 이탈리아 전역의 군 기지 리스트와 핵무기 배치도를 공개하기도 했다. 철새 사냥 금지도 급진당이 제기한 이슈 중 하나였다. 스페인의 저명 작가 페르난도 사바테르Fernando Savater, 1947~가 그와 함께 마드리드의 한 식당에 갔는데 사냥 마니아였던 식당 주인이 직접 사냥한 뇌조 구이를 특별 서비스로 내온 일이 있었다고 한다. 사바테르는 판넬라가 잠깐 난처한 표정을 짓더니 금세 "그 특유의 마법의 미소를 띠며 '뭐, 이 뇌조들은 이미 죽은 거죠? 맞죠? 맛있게 먹읍시다'라고 하더라"라고 전했다. 사바테르는 그가 머리띠를 푼 게 인정 때문인지 음식 때문인지는 말하지 않았다. 필요에 따라선 좌우파를 안 가리고 손을 잡았고, 1994년 선거 땐 베를루스코니를 지지하기도 했던 그는 기회주의자라 비난당하곤 했다. 온갖 이슈에 목청을 높여대 "판넬라는 주인공이 되기 위해서라면 장례식장에서 관 속에라도 드러누울 사람"이라는 비아냥을 들은 적도 있었다.

그러거나 말거나 그는 목숨 건 단식도 숱하게 감행했다. 말년의 재소자 인권 문제도 그중 하나였다. 감옥의 과밀 수용 실태 개선을 촉구하며 생애 마지막 단식을 이어가던 2014년 4월 25일, 프란시스 교황이 전화를 걸어 자기가 대신 노력할 테니 단식을 중단하라고 설득한 일도 있었다. 긴 불화에도 불구하고 그는 기아나 재소자 인 권 등 어떤 현안에서는 바티칸과도 손을 잡았고, 프란시스 교황과 는 특히 잘 지내, 교황은 자신의 대담집 『신의 자비God's Mercy』를 생일 선물로 보내기도 했다. 무신론자인 판넬라는 달라이 라마와도 내내 각별한 친분을 유지했다.

그는 법적으로 독신이었지만, 산부인과 의사이자 동지인 미렐라 파라치니Mirella Parachini와 1974년부터 "서로에게 자유로운" 파트너 관계를 공개적으로 유지해왔다. 그는 양성애자였다. 2010년 5월 BBC 인터뷰에서 그는 "서너 명의 남성과 깊은 연애를 한 적이 있 다. (…) 몇 차례 여성들과도 연애를 했는데, 세상 어딘가에 나를 꼭 닮은 아이가 50명쯤 있을지도 모른다"라고 농담하기도 했다. 그에겐 자녀가 없었다.

판넬라는 1998년 관상동맥 이상으로 4중 심장 우회수술을 받은 이래 여러 차례 다양한 질병으로 병원 신세를 지곤 했다. 간암과 폐 암 진단을 받은 것은 마지막 단식 직후인 2014년 여름이었다. 애연 가였던 그는 입원을 마다하고 로마의 자택에서 친구들과 어울리며 여전히 굴뚝처럼 담배를 피워댔고, '말보로' 담뱃갑에 적힌 'smok-ing kills(흡연은 살인)'라는 문구 뒤에다 'if banned(만약 금지된다면)'이라는 말을 덧붙이며 킬킬대곤 했다고 한다. 그는 숨을 거두기 사흘 전 병원에 입원했다. 막바지 고통을 견디던 그에게 파라치니가 진정제를 원하느냐고 묻자 그는 "고맙다"라고 말했다고, 그게 그의 생애 마지막 말이었다고 이탈리아 신문 〈코리에레Corriere〉는 전했다. '나이아가라폭포'의 그 마지막 아름다운 한 방울에 교황청과 유럽의 수많은 정치인이 폭포처럼 고마움을 쏟아냈다. 가장 간결하고도 강렬한 것은 이탈리아의 무신론자·불가지론자협회 의장 스테파노 인카니Stefano Incani의 추도사였다. "그의 헌신이 없었다면 이 나라가 지금 같지 못했을 것이다."

1934 — 2016
페르난도 카르데날

세 속 의 사 제

빈민 곁을 지킨 니카라과의 종교적 양심

니카라과의 에르네스토 카르데날Ernesto Cardenal, 1925~과 페르난도 카르데날Fernando Cardenal 형제의 삶은 많이 겹친다. 둘은 가톨릭 사제이자 해방신학자였다. 산디니스타민족해방전선FSLN, Frente Sandinista de Liberación Nacional 동지로서 소모사 독재 정권과 배후의 미국 정보 권력에 저항했고, 혁명 후 각각 다니엘 오르테가 정부의 문화부 장관과 교육부 장관을 지내며 혁명 공약 이행을 위해 헌신했다.

열성 반공주의자였던 교황 요한 바오로 2세가 '사제가 무슨 정치냐' 하고 질타하자 둘은 '사제니까 현실에 등 돌릴 수 없다'라며 맞섰고, 1984년 성직에서 함께 쫓겨났다. 교황청의 성무 집행정지 처분이 취소된 것은 프란치스코 교황이 취임한 뒤인 2014년 8월이었다. 그사이 에르네스토는 시인으로 명성을 얻었고, 동생 페르난도는 프레이리언Freirean 교육자로 큰 업적을 쌓았다. 변질된 오르테가 정권을 비판하며 산디니스타 혁명 정신의 복원을 누구보다 강하게 주장한 것도 그들 형제였다. 9년을 덜 산 동생 페르난도 카르데날이 2016년 2월 20일 먼저 별세했다. 향년 82세.

카르데날 형제는 니카라과 서쪽 그라나다의 꽤 풍족한 중산층 집안에서 태어났다. 1925년생인 에르네스토는 문학을 전공한 뒤 멕시코와 미국 유럽 등지를 돌며 유학했고, 1950년 귀국해 산디니스타 민족해방전선 대변인으로 일했다. 1954년 혁명 좌절 후 미국으로 도피, 트라피스트회의 저명한 사제 겸 시인 토머스 머턴 아래에서 신학과 문학을 공부한 뒤 사제가 됐다.

동생 페르난도는 1934년 1월 26일 태어났다. 연애를 즐기던 '그늘' 없던 청년이 조국 현실에 눈뜨기 시작한 건 17세 무렵. 그즈음 귀국한 형의 영향이 없지 않았을 것이다. 그는 로욜라예수회를 통해 사제가 됐고, 산디니스타가 됐다. 소모사 정권 말기의 부패와 폭압에 미국 정부조차 한계를 느끼던 1976년, 그는 미 하원 니카라과 인권침해 실태 조사 청문회에 산디니스타 대표로 참석해 민중들의 저항에 대해 증언했다. "니카라과 시민들은 지금 민주주의국가를 건설하기 위해 싸우는 중이다. 나는 유혈 해법을 선호하지 않지만, 소모사 같은 독재자들이 민주주의의 길은 오직 피를 흘려야만 나아갈 수 있다고 믿게 만든다." 미국은 소모사 정권에 대한 지원을 끊었고, 3년 뒤 산디니스타 혁명이 성공했다.

사제로서 페르난도의 주업은 빈민 구제, 특히 교육 사업이었다. 1974년 니카라과 예수회가 해외 원조로 시작한 교육 봉사 활동 '신념과 기쁨Faith and Joy, Fe y Alegria'이 그의 소명이었다. 콜롬비아 메데인의 한 빈민촌에서 본 참담한 실정이 곧 조국의 현실임을 깨달은 뒤였다. 문맹과 무지로부터의 해방은 물론 산디니스타의 혁명 공약이기도 했다. 1979년 그가 혁명정부의 교육부 장관이 되던 무렵 니카라과의 문맹률은 50.35퍼센트에 달했다.

2014년 7월 미국 조지타운대학교 버클리센터 인터뷰에서 그는 당시를 이렇게 회고했다. "혁명정부는 모든 니카라과인이 글을 읽을 수 있도록 하겠다고 약속했고 그 책임을 내게 맡겼다. 한편 기뻤지만 동시에 두려웠다. 전국적 문맹 퇴치 캠페인을 벌일 만한 조직 경험이 없었고 예산도 없었다. 혁명에 성공한 지 딱 열흘이 지난 때였고, 혁명정부는 가난했다."

대신 혁명의 열정과 기대에 나라 전체가 들려있던 시기였다. 페르난도는 산디니스타 청년 조직과 예수회 신도, 수도 마나과의 중앙아메리카대학교UCA, Universidad Centroamericana 학생 등 약 9만여 명의 자원봉사자를 모집해 농촌과 도시 변두리로 파견, 5개월씩 현지 주민들과 함께 지내며 그들을 교육하도록 했다. 60, 70년대 중국 문화대혁명기 하방下方운동의 산디니스타 버전이었지만, 큰 차이는 전자가 폭력적·권위적이었다면 후자는 상대적으로 자율적·자발적이었다는 점이다. 훗날 두고두고 발목이 잡혔지만, 산디니스타는 여느 혁명정부와 달리 성공 후에도 독재 정권의 고문 범죄자들까지 사면하며 관용과 화합을 중시했고, 콘트라 반군에 동조하던 우익 신문들에게도 보도 자유를 허용했다. 페르난도는 "우리의 문맹 퇴치 캠페인은 파울로 프레이리의 '페다고지' 정신에 입각한 상향식·민주주의적 교육 캠페인이었다. (…) 실제로 프레이리가 우리 프로그램을 돕기도 했다"라고 말했다.

좌파 정권에 위기감을 느낀 미국은 콘트라 반군을 앞세워 산디니스타 정권을 초기부터 흔들어댔다. 그의 문맹 퇴치 캠페인은 그 혼란 속에 달랑 석 달 만에 기획된 거였다. 잡음이 많았고, '프레이리 원칙의 희화화 버전'이라는 조롱을 받기도 했다. 활동가 대다수가 경험 없는 이들이었고 갓 고교를 졸업한 학생도 있었다. 그래도 어쨌건, 1987년 그가 장관직을 떠날 무렵 니카라과의 문맹률은 유네스코 공식 통계로 12.96퍼센트로 줄어 있었다. 그의 캠페인은 이후 라틴아메리카의 공교육 모델로 확산됐다.

요한 바오로 2세는 여러모로 인기 있는 교황이었다. 2000년 대희년을 맞아 기독교가 2000년 동안 조장·방조해온 온갖 범죄를 시인하고 공개적으로 반성한 게 그였다. 물론 그는 콘돔조차 반대하던 엄격한 보수주의자였고, 폴란드 출신답게 가차 없는 반공주의자였다. 중남미 해방신학을 '종교의 정치 참여'라며 못마땅해했지만, 더 엄밀히 말하면 그것이 좌파적이어서 경계했다. 바오로 2세는 산디니스타 정권의 사제 각료들(카르데날 형제 외에 둘이 더 있었다)에게 여러 차례 직간접적으로 경고했다. 1983년 중남미를 순방하며 니카라과에 들른 요한 바오로 2세는 공항에 마중 나온 에르네스토가 무릎 꿇고 반지에 입을 맞추려 하자 축복은커녕 손가락질까지 하며 대놓고 질타했다. 신의 종복과 정권의 종복, 둘 중 하나를 택하라는 거였다. 니카라과 시민들과 전 세계가 TV를 통해 그 광경을 지켜봤다.
이듬해 교황청이 그들 니카라과의 혁명 사제들에게 성무 집행정지 처분을 내리자 중남미의 여러 해방신학 사제들이 그들을 응원하며 격려했다. 페르난도는 「내 친구들에게 드리는 글Letter to My Friends」이라는 공개서한에서 자신의 선택이 왜 신앙과 위배되지 않는지 설명하며 "이번 조처는 가슴 아프지만, 크리스천의 입을 닫게 하지는 못할 것이다"라고 썼다. 교황에 대한 공개적 비판 직후 그는 예수회 교단으로부터도 추방당했다. 니카라과 예수회가 페르난도를 다시 받아들인 건 그가 오르테가 정부와 대립하던 1997년. 예수회가 추방한 사제를 다시 포용한 것은 500년 역사상 전무후무한 일이었다. 그는 '신념과 기쁨'의 총괄 책임자로 복귀, 숨질 때까지 빈민 교육 사업에 헌신했다.

2005년 12월 영국 우스터대학 매슈 크레인 교수와의 인터뷰에서 페르난도는 "산디니스타 교육 이념은 인간을 '소비자'가 아닌 삶과 이웃을 사랑하는 존재로 교화하는 거였다. 그것은 로욜라예수회 창시자 성 이그나티우스Saint Ignatius의 가르침, 즉 타인을 섬기고 사랑하라는 것과 다르지 않았다. 물론 우리 커리큘럼에는 수학도 물리학도 화학도 있었지만, 그 모든 교육의 뿌리는 스스로와 가족·이웃의 가치에 대한 존중이었다"라고, "유엔 인권 헌장도 기독교적 가치의 종합 아닌가. 장관으로서 내가 기독교의 교리를 말하지는 않았지만, 인권을 말하고 인권을 보호하는 것이 기독교인의 길이다"라고 말했다. 요한 바오로 2세의 '대희년 참회'의 바탕에는 1960년대 제2차 바티칸공의회가 있다. 당시 공의회는 교회의 품을 타 종교로, 세계로, 모더니티로 개방했다. 페르난도는 "바티칸공의회의 그 선택이 쿠바혁명과 니카라과 혁명의 차이를 낳았다"라고, "쿠바의 사제들과 달리 니카라과의 사제들은 그 선택 덕에 혁명의 주체로 가담할 수 있었다"라고도 말했다. 1968년 제2차 공의회의 결정을 라틴아메리카 사제들에게 공유시킨 회합이 열린 곳은, 페르난도의 각성이 시작된 그곳 콜롬비아 메데인이었다. 2015년 한 방송 인터뷰에서 그는 "내게 가난한 이들을 위한 혁명에 헌신하라고 요구한 것은 다름 아닌 예수라고 믿어왔다. (…) 내 신앙과 공산사회주의자로서의 분별에 근거해 단언컨대, 내겐 교황의 목소리보다 예수의 목소리가 더

내게 가난한 이들을 위한 혁명에
헌신하라고 요구한 것은
다름 아닌 예수라고 믿어왔다.
내겐 교황의 목소리보다
예수의 목소리가 더 강했다.

강했다"라고 말했다.

　오르테가 정권은 고전했다. 내전으로 혼란은 지속됐고 경제는 엉망이었다. 1990년 다당제 선거에 패해 보수 연합 정권에 권력을 이양하기 전에도, 2007년 집권 여당과 야합해 재집권에 성공하고 헌법까지 고쳐 오르테가가 3선 대통령이 된 뒤에도 그의 권력은 혁명 원칙의 폐기와 보수화로 치달았다.

　형제는 오르테가 정권의 맹렬한 비판자였다. 미국 시단에서 시인으로 명성을 얻은 에르네스토는 2011년 〈워싱턴포스트〉에서 "오르테가 정권은 좌파도 아니고 혁명적이지도 않다. 단지 가족 독재 정권일 뿐이다"라고 말했다. 직전 그는 '종의 기원The Origin of Species'이란 제목의 시집을 냈다. 과학적 사유에 기초한 생명 본질의 사유와 문명·소비 문화의 반인간적 행태를 고발하는 시편들을 모은 거였다. 예컨대 『가만한 당신』 '레베카 마시카 카추바' 편에서 다룬 휴대폰과 콩고전쟁의 폐해를 소재로 한 시도 거기 있었다. 그는 "사이언스픽션SF이 있듯이 과학적 시science poetry도 있다"라며 자신의 최근 시들이 이를테면 'SP'라고 말했다. 「화이트홀White Holes」이라는 시에서 그는 생명에서 생명으로 이어지는 삶과 죽음의 '성스러운 순환sacred recycling'을 이야기한 뒤 "It's entering into new combinations⋯ In the final Revolution the dead / will all be resurrected(새로운 조화에 들어서나니…… 최후의 혁명에서는 죽은 이가 모두 부활하리라)"라고 노래했다. 우주의 생명 질서와 혁명적 낙관 위에서 그는 조국 니카라과의 오늘을 비판했다.

　동생 페르난도는 2014년 조지타운대학교 인터뷰에서 "(5, 6년 전

223

스페인에서) 정치적 환멸을 어떻게 견디느냐는 질문에 '청년들이 희망'이라고, '그들이 거리로 돌아가 새로운 역사를 만들리라 희망한다'라고 말한 적이 있다"라고 말했다. 그는 그 직후 마나과의 시위 현장에서 자신이 했던 저 말이 적힌 피켓을 보았다고 덧붙였다.

2014년 복권 이후 페르난도는 성직자로서 교계의 논쟁적 이슈에 대해서도 거침없이 발언했다. 에스타노체Esta Noche TV 인터뷰에서 그는 대학 시절 한 동성애자를 폭행한 사실이 있다고 고백하며 "당시의 나는 짐승이었다"라고 참회했다. 그는 가톨릭이 동성애 편견을 극복하고 그들을 포용해야 한다고, 여성 사제 서임과 성직자 독신주의celibacy 등에 대해서도 전향적으로 변화해야 한다고 주장했다. 2006년 오르테가 정부가 가톨릭 보수 교단의 지지를 얻기 위해 낙태를 전면 불법화한 것을 비난하며 '치료적 낙태therapeutic abortion'는 마땅히 허용해야 한다고 주장했다. 그는 "통제rules보다는 자비mercy를 더 중시하자"라고 한 프란치스코 교황의 말로써 교황의 등도 떠밀었다.

BBC는 페르난도가 '믿음과 기쁨' 홈페이지에 "내가 이생을 떠나야 할 때 (…) 커다란 슬픔을 안고 가게 될까 두렵다. 니카라과는 여전히 라틴아메리카의 가장 가난한 나라고 시민 절반이 여전히 가난 속에 있기 때문이다. 우리 자신을, 우리의 시민들을 속이지 말자"라고 썼다고 전했다. 그는 교육투자조차 외면하는 오르테가 정부의 '배신'을 성토했다.

마나과 중앙아메리카대학교 강당에서 열린 그의 장례미사에는 등 돌리고 지낸 옛 동지들도 모였다. 정부 대표로 참석한 전 교육부 장관 미겔 데 카스티야는 추도사에서 "페르난도의 교육 업적은 니카라과뿐 아니라 전 라틴아메리카의 유산으로 남을 것이다. (…) 그는 카를로스 폰세카Carlos Fonseca, 1936~1976처럼, 체 게바라처럼, 한결 같이 우리의 말과 행동 속에 살아 있을 것이다"라고 말했다.

1926 — 2015
루드비크 바출리크

봄의 운동가

루드비크 바출리크Ludvík Vaculík는 옛 체코슬로바키아(현 체코공화국, 이하 체코)의 반체제 지식인이자 활동가다. 1946년 5월 총선에서 체코 공산당이 제1당이 된 이래 1989년 '벨벳혁명'으로 당 독재가 와해되기까지, 그 이전에도 이후에도, 그는 당과 국가 관료 기구에 맞서 자유와 민주주의를 옹호했던 주요 사건의 주역이었다. 그는 둘도 없는 동지였던 바츨라프 하벨이 대통령이 되고 활동가들이 너나없이 정치 주역으로 나설 때에도 권력 언저리에 단 한 번도 머물지 않았다. 작가 겸 저널리스트였고 지하출판인으로서 그는 많은 글을 썼고 수많은 작가를 서방에 알렸지만 정작 자신은, 친구인 밀란 쿤데라가 세계적 명성을 얻어가는 동안에도 출판인으로 남았다.

냉전기 그의 조국 체코는 동유럽 국가 중에서도 스탈린 식 통치가 가장 철저히 집행된 국가였다. 흐루시초프 집권 이후 소련에서 스탈린 격하 운동이 한창이던 60년대 초·중반에도 체코의 스탈린 식 강압 통치(감금, 고문, 추방, 출당 등)는 강고했다. 1968년 '프라하의 봄'과 둡체크의 개혁 시도가 있었지만 그야말로 한순간이었고,

소련의 군사개입으로 1969년 4월 둡체크를 쫓아낸 뒤 권력을 장악한 구스타우 후사크Gustáv Husák, 1913~1991는 더 견고한 일당독재를 유지했다. 폴란드가 바웬사의 자유노조운동으로 들썩일 때도, 헝가리가 다양한 경제 실험으로 개혁을 추진할 때도 체코는 "국민의 정치적 자유를 가장 철저히 억압한 국가 가운데 하나"였다. 소련에게 체코는 독일과 국경을 맞댄 지정학적 방패였다. 당연히 동맹국(이라 불리던 위성국) 중에서도 전략적 관리 대상이었다.

프라하의 봄은 스탈린의 악몽에서 벗어나려는 체코의 개혁 정치인과 지식인들의 항변이었다. 계획경제가 한계 상황에 이르면서 시민의 삶이 팍팍해지기 시작하던 때였다. "1963년 2월 경제학자 셀루츠키Radoslav Selucký, 1930~1991는 중앙 계획경제의 효율성에 대해 이의를 제기하면서 '계획의 우상화'를 '개인의 우상화'에 빗대 계획경제와 스탈린주의를 동시에 공격했다. 같은 해 11월 한 경제 세미나에서는 사회주의경제 체제의 개선책으로 시장경제 원리를 도입해야 한다는 주장이 제기"되기도 했다. 프라하의 봄은 그 무렵부터 징후를 보였지만, 현실로 나타난 것은 둡체크 집권 이후였다. 둡체크 체제하에서 숙청된 정치인들은 부분적으로 복권되고, 검열도 줄었다.

바츨리크가 첫 장편소설 『도끼The Axe』를 발표한 건 1966년이었다. 집단주의 체제하에서 권력에 맞서 벌이는 보통 인민들의 저항을 격하고 냉소적인 어조로 그린 소설로, '도끼'는 집단농장 농민들이 관료에 대항해 들었던, 저항의 환유라고 한다. "무자비하고 어둡고 위협적인 분위기 때문에 욕지기를 느낄 수 있다. 이런 책이 그 당시 체코 국내에서 출간된 게 기적 같다"라고 쓴 한 서평으로 미루어, 작품의 어조(당시 바츨리크는 40세였다)가 꽤나 격한 듯하다.

한 해 뒤인 1967년 6월, 체코작가동맹 제4차 회의에 참석한 바출리크는 연단에 올라 일당독재와 억압적 문화 정책을 거칠게 비판한다. 유화 국면이라고는 하나 강경파 안토닌 노보트니가 당과 국가권력을 장악하고 있던 때였다. 하벨은 『평화 교란Disturbing the Peace』이란 책에 "회의 참가 작가들의 반응은 크게 둘로 나뉘었는데 바출리크가 자신들이 털어놓고 싶던 진심(진실)을 대신 털어놔줘서 후련하다는 부류와 중앙 권력의 보복을 염려하며 기쁨을 억제하는 이들이 있었다"라고 썼다. 당시 작가동맹 회장이던 헨드리히Jan Hendrych, 1936~가 작가들이 자유주의적 성향에 젖어 당에 대한 충성심이 약화했다고 비난하자 쿤데라가 헨드리히를 공개적으로 비판한 것도 그 회의에서였다. 노보트니는 이듬해 3월 실각했고, 뒤를 이은 게 둡체크였다.

그리고 그해 6월 27일 '2000어 선언'이 발표된다. 바출리크가 작성하고 지식인 70명이 서명한 '선언'은 소비에트 체제 내의 온건한 개혁을 추구했던 둡체크에게 보다 급진적인 개혁을 촉구하기 위해 작성된 것이었다.

> (…) 이제 대다수 인민은 공적인 문제에 관심을 잃었고, 각자와 각자의 돈만 신경 쓸 뿐이다. (…) 인민들의 유대는 훼손됐고, 더 이상 노동을 즐거워하지 않는다. 한마디로 (당의 지배하에서) 우리의 정신과 체질은 회복될 수 없을 지경으로 망가져왔다.

저 진단 뒤에 '선언'은 권력을 독점·오용해온 강성 보수 정치인들의 퇴출을 요구했고, 국내 개혁 정책이 외세의 개입을 초래할 가능성을 염려하며 "어떤 도발에도 흔들리지 않아야 한다"라고 썼다. '외세foreign forces'란 물론 바르샤바조약기구WTO, 즉 브레즈네프 체제의 모스크바였다.

2000어 선언은 프라하의 봄의 절정을 알리는 불꽃처럼 체코 인민들을 들뜨게 했다. 얼마나 들떴던지 며칠 뒤 둡체크가 TV에 나와 시민들의 진정과 단합을 호소했을 정도였다. 반면 국경 너머 분위기는 판이했다. 2주 뒤 모스크바 공산당 기관지 〈프라브다〉에는 "자유와 민주화라는 미명하에 1948년 이래 체코의 역사를 부정하고, 당의 역할과 조약국 간의 유대를 능멸"하고 "반혁명으로 나아가는 길을 여는 글"이라는 한 작가(I. 알렉산드로프I. Aleksandrov)의 '선언' 비판문이 실린다. 사실상 소련 공산당 지도부의 공식 입장이었다.

바르샤바조약군이 프라하 중앙광장(현 바츨라프광장)에 진을 친 것은 '선언'이 발표된 지 두 달도 안 된 8월 20일이었다. 짧은 봄은 그렇게 졌고 1969년 1월 프라하대학교 철학부 학생이던 팔라흐Jan Palach, 1948~1969와 자이치Jan Zajíc, 1950~1969, 플로체크F. Plocek 등 청년들의 분신자살이 뒤를 이었지만 정세에는 아무 영향을 미치지 못했다. 둡체크는 실각했고, 정치적 다원주의와 부분적 시장경제라는 '인간의 얼굴을 한 사회주의'도 시들고 만다. 그의 '인간적 사회주의'는 30년 뒤에야 부활했다.

후사크의 소위 '정상화' 작업은 바츨리크가 개혁 가속화를 요구하며 경고했던 '반개혁의 보복' 예상을 능가했다. 1969~1971년 사이 공산당원 네 명 중 한 명(약 50만 명)이 축출됐고, 군 지도부 17퍼센트와 경찰 간부 30퍼센트가 교체됐다. 바츨리크의 당적도 물

우리의 싸움은 익명으로도 전개돼야 한다.
드러나지 않고 파괴되지 않은
온전한 힘들이 새로운 폭발로,
지속적으로 이어질 수 있어야 하기 때문이다.

론 사라졌다. 작가동맹에서도 제명됐고 작품 활동도 금지됐다. 바출리크의 대표작 가운데 하나로 꼽히는 『기니피그The Guinea Pigs』는 비밀리에 출판된 작품인데, 거기서 작가의 어조는 다소 모호해지고 내용도 알레고리적으로 우회한다고 한다.

벨벳혁명 전까지의 긴 정치 빙하기 동안 바출리크는 비밀경찰의 감시를 피해 지하출판인으로, 익명의 반정부·반체제 저널리스트로 활동했다. 1973~1979년 '에디체 페틀리체Edition Padrock'라는 이름으로 내기 시작한 그의 반체제 작가 지하출판 시리즈는 100여 권에 이르고, 그중 다수는 서방에서 번역 출간됐다.

프라하의 봄 이후 가장 두드러진 저항운동은 1977년의 소위 '77헌장Charta 77' 사건이다. 하벨과 바출리크, 극작가 겸 배우였던 파벨 란도브스키Pavel Landovský, 1936~2014가 초안을 쓴 '헌장'은 체코 헌법과 헬싱키 협약이 담고 있는 한도 내에서라도 인권을 보장하라는 소박한 요구를 담고 있다. 세 주역은 지식인과 종교인 등 243명이 서명한 '헌장'을 당과 정부에 발송하고 공식 선포할 계획이었지만, 1월 6일 비밀경찰에 사전 발각돼 연행된다. 77헌장 사건이 체코 시민들에게 알려진 것은 미국과 유럽 일부 언론 보도와 〈자유유럽방송Radio Free Europe〉〈미국의 소리Voice of America〉 등 방송 덕이 컸지만, 당과 정부의 역선전 덕도 적지 않았다. 당은 77헌장의 내용은 철저히 통제하면서도 "반정부·반사회주의 선동의 글"이라는 비판을 연일 보도했다. 어용 지식인들의 '반反77헌장'도 나왔다.

보복과 탄압이 뒤따랐다. 주모자와 서명자들에 대한 심문과 가택연금, 압수 수색, 해고 감금이 이어졌고, 자녀를 퇴학시켜 교육 기회를 박탈하거나 운전면허를 취소하는 야비한 보복도 자행됐다. 하벨은 5년 형을 선고받았지만 바출리크는 형을 살지 않았다.

77헌장 사건이 체코 시민들의 호응을 얻지 못한 까닭은 발표도 하기 전에 적발된 탓도 있지만 체제 내에서의 권리 요구, 즉 "법에 따라 인간을 인간으로 대접해달라"라는, 너무나 소극적인 요구를 담은 탓이라는 비판이 있다.

1977년의 체코(뿐 아니라 동구 전체)는 60년대 사정과 또 달랐다. 70년대 이후 동구 계획경제는 사실상 파산 국면으로 치닫고 있었고, 당의 장기 독재는 '인민주권의 건강성'을 이미 상실한 뒤였다. 체코의 국민소득 성장률은 1948~1978년 연평균 6.1퍼센트포인트였으나 1979~1982년 1.6퍼센트포인트로 격감했다. 1989년 벨벳혁명 당시의 성장률은 0.9퍼센트였다.

77헌장이 소수 지식인들에 의해 비밀리에 계획되고 시도됐다는 한계를 지적하는 이들도 있었다. 바출리크의 1978년 지하 칼럼 「용기에 관하여Remarks on Courage」의 요지도 그것에 대한 자아비판이자 하벨 등에 대한 우회적인 비판이었을 것이다.

바출리크는 수차례 연행 취조를 당한 적은 있지만, 불가사의하게도 제대로 옥살이를 한 적은 단 한 번도 없었다. 그것을 두고 반체제 진영 내에서 이런저런 말들이 있었다. 저 글에서 바출리크는 "정권에 의해 탄압받은 양에 따라 반체제 영웅의 값어치가 매겨지는 현실"에 대해서도 불평했다. "우리의 싸움은 익명으로도 전개돼야 한다. (…) 드러나지 않고 파괴되지 않은 온전한 힘들이 새로운 폭발로, 지속적으로 이어질 수 있어야 하기 때문이다."

하벨은 "그가 감옥에 가지 않은 것 때문에 어리석은 말을 하고 있다"라며 비판했다. 그는 "알려진 영웅들보다 훨씬 많은 이들이 더 혹독한 탄압을 받은 것은 사실이다. (…) 하지만 그 익명의 탄압에 대해 침묵하지 않았기 때문에 '영웅'들이 탄압받은 것도 사실"이라고 반박했다. 정확한 내막은 알려지지 않았다.

1985년 고르바초프의 개혁·개방 정책과 거기서 촉발된 동유럽 민주화 운동은 1989년 공산주의의 마지막 보루였던 체코로도 번졌다. 그해 11월 17일 나치 항거 및 프라하대학교 폐쇄 50주년 기념행사가 열린 나로드니트리다Národní třída광장에는 학생 1만 5000여 명이 모였고, 후사크 정권 반대 시위로 이어졌다. 강제 진압과 부상, 규탄 시위와 노동자 동조 파업……. 12월 후사크는 야케시Miloš Jakeš, 1922~에게 당 제1서기직을 물려주고 퇴장했다. 체코 진영의 대표적 반체제 조직이던 하벨의 '시민포럼'과 슬로바키아 진영의 '비폭력시민운동' 등은 국민 화합 정부를 구성, 하벨을 '체코와 슬로바키아 연방공화국' 대통령으로 선출한다. 그의 벨벳혁명 정부에는 그와 함께 활동했던 수많은 동지들이 참여했지만 바출리크의 이름은 어디에도 포함되지 않았다. 바출리크가 누린 것은 금서였던 작품과 작가 활동의 해금이었다. 벨벳혁명 이후 바출리크는 전과 다름없이, 다만 합법이 된 일간지 〈민중신문Lidové noviny〉에 매주 정치·문화 칼럼 등을 쓰면서 여생을 보냈다.

1987년 출간한 그의 책 『심문자와 커피 한 잔A Cup of Coffee with My Interrogator』은 1977~1987년 지하출판 형식으로 발표한 에세이와 칼럼 스물세 편을 골라 엮은 책이다. "유쾌하면서도 불온하고, 생각 없이 낙천적인 듯하지만 하나같이 사랑스러운" 글들이라는 평이 있다. 비밀경찰의 검열을 예상한 듯한 제목에서 엿보이는 냉소적 여유는 그의 승리의 확신 혹은 예감에서 배어난 것일지 모른다. 그 기운으로 체코의 겨울과 꽃샘추위를 이긴 이들도 많았을 것이다.

바출리크는 1926년 7월 23일 체코 그루모프에서 태어나 2015년 6월 6일 별세했다. 향년 89세. 보후슬라프 소보트카 체코 수상은 "생애 내내 어떤 정권하에서도 언제나 자유롭고 독립적인 글과 말을 누렸던, 중요하고 용감한 인물로 기억될 것"이라 추모했다.

1949 — 2014
앨런 콘블럼

커 피 처 럼 진 한 책

미국 독립출판의 정신적 보루

커피하우스프레스Coffee House Press는 미국 미네소타 주 미니애폴리스 시의 작은 비영리 문학 전문 출판사다. 1984년 문을 열어 이제껏 400종 남짓 책을 냈는데, 모두 그 안 팔린다는 시집과 소설, 논픽션이다. 발행인 겸 에디터를 포함해서 상근 직원은 열네 명. 근년 전자책 발간을 시작하면서 대폭 증원한 게 그 규모다. 노벨상이나 퓰리처상, 미국 내셔널북어워드전미도서상 같은 이름난 상을 탄 작가의 판권은 하나도 없다. 아니, 알려진 작가의 책이 거의 없다고 해야하는데, 물론 그의 출판사에서 낸 첫 책으로 호평을 얻어 유명해진 예는 있다.

연 시장 규모 300억 달러(2011년 306억 달러) 규모인 미국 출판 시장에는 매년 약 50만 종의 책이 쏟아진다. 그중 약 60퍼센트를 하퍼콜린스, 아셰트Hachette 등 소위 '빅 5' 출판사들이 내고, 나머지를 헤아릴 수 없이 많은, 혹자는 1만 개가 넘는다고도 하는 중소 독립 출판사들이 낸다. 미국 독립출판인협회IBPA, The Independent Book Publishers Association 유료 회원사는 2012년 약 3000개. 커피하우스프레스는 그러니까, 저 3000개 출판사 가운데 한 곳이다.

하지만 미국 출판업계에서 '커피하우스'를 모르는 사람은 드물다. 거대 자본의 지배에 맞서 출판문화 다양성을 지키면서 살아남은 몇 안 되는 전위로서, 저 많은 중소 출판사들이 지지하는 어떤 가치의 정신적 보루 같은 곳이기 때문이다. 커피하우스와 그 전신인 투스페이스트프레스Toothpaste Press를 만들고 42년 동안 이끌어온 출판인 앨런 마크 콘블럼Allan Mark Kornblum이 2014년 11월 23일 지병으로 숨졌다. 향년 65세.

2008년 온라인 서점 아마존이 미국 주요 출판인들을 초청해 디지털 출판과 e북의 시장 전망을 주제로 대규모 프레젠테이션을 열었다. 기술적·상업적 고려가 우선시된 행사였던 만큼 참석자들의 분위기 역시 대세 순응적이었는데, 콘블럼이 발언권을 얻더니 이런 질문을 던졌다. "지금 우리가 책을 만들면서 한 페이지 한 페이지 고심하고 있는 디자인은 새로운 디지털 형식에서 어떻게 되는 겁니까?" 아마존 측 대답은 "e북에서 디자인은 중요한 고려 사항이 아닙니다"였다. 미국의 저명 출판 칼럼니스트로 블로그 〈라이터스캐스트WritersCast.com〉를 운영하고 있는 데이비드 윌크는 콘블럼이 불퉁해진 얼굴로 털썩 앉으며 "디자인에 대한 관심의 결핍은 e북 독자와 독서 전반에 두고두고 큰 문제가 될 것"이라고 말했다고, "독서의 마법은 독자와 글의 상호작용 속에서 비롯한다는 것을 그는 알고 있었다"라고 자신의 블로그에 썼다. 내용 못지않게 형식의 아름다움이 중요한 역할을 한다는 게 콘블럼의 생각이었다.

그는 e북의 혁신적 의미를 누구 못지않게 잘 이해하고 있었지만,

오늘날 사회경제적 환경과 장대한 책의 역사 속에서 e북은 진화의 한 요소일 뿐 혁명적 계기는 아니라고 판단했다. "14~16세기 르네상스의 출판인들이 책을 인쇄하면서 창조했던 가치와 혁신을 반추해볼 필요가 있습니다. (…) 물론 종이책이 전자책의 속도와 경쟁할 수는 없습니다. 하지만 출판인이라면 우리가 지금 만들고 또 믿고 있는 책의 다른 가치들도 함께 생각해야 합니다." 그는 2011년 2월 작가이자 비평가 아니스 시바니Anis Shivani와의 인터뷰에서 그 생각의 일부를 오늘날 거대 출판 자본의 행태와 비교하며 이렇게 소개했다.

―르네상스의 출판인들은 책의 힘, 즉 책을 통해 세상을 바꿀 수 있다는 가능성을 맹렬히 믿었습니다. 지금은 어떤가요. 돈이 될지 안 될지를 우선적으로 저울질하고 있지는 않나요?
―1000권의 책은 화재나 홍수가 나고 전쟁이 나도 어딘가에는 어떻게든 살아남습니다. 내겐 그렇게 살아남은 오래된 책들이 있습니다. 과연 e북이 50년 뒤, 100년 뒤에도 지금처럼 읽힐까요? 나는 그 책들을 업그레이드해야 할 필요를 느끼지 못합니다.
―컴퓨터, 인터넷, 안정적인 전원…… 책에는 그런 게 필요 없습니다. 책은 중고도 있고 도서관에서 공짜로 볼 수도 있습니다. 나는 이 정보화 시대의 책(지식 교양)을 둘러싼 새로운 빈부 격차를 우려합니다.
―멋지게 디자인되고 잘 인쇄·제본된 책들은 그 자체로 마치 예술 작품처럼 우리의 정신을 고양하는 힘이 있습니다.

2006년 인터뷰에서 콘블럼은 진흙 서판에서 두루마리, 양피지,

인쇄술 그리고 등사에서 활판-오프셋-컴퓨터 편집에 이르는 장구한 책 형식의 역사를 반추한 뒤 "진보는 필요하고 그것이 사회적 선善인 것은 분명합니다. 하지만 그 진보가 거듭될 때마다 책의 매력이 조금씩 감소한 것도 사실입니다"라고 말했다. 요지는 e북이 다가 아니고 빠르고 편한 게 다가 아니라는 것, 돈이 다가 아니라는 거였다.

앨런 콘블럼은 1949년 2월 16일 뉴욕 맨해튼의 한 유대인 가정에서 태어났다. 그는 60년대 뉴욕 반反문화 정서와 미술, 음악, 문학 등 전 문화 영역에서 전위적인 도전들을 이끌어가던 '뉴욕 파New York School'의 세례를 받으며 성장했다. 그는 시인이 되는 게 꿈이었다. 뉴욕 중앙우체국 직원으로 하루 3교대로 일하면서 남는 시간이면 시를 썼고, 이런저런 문학 교실에 나가 공부를 했다고 한다. 1969년 12월 어느 날, 문학 강사가 한 문학잡지사 관계자와 함께 원고 뭉치를 들고 와서는 수강생들에게 교열을 부탁했다. 스무 살의 콘블럼은 자기 몫의 원고를 다 본 뒤 잡지사 사람에게 주뼛주뼛 다가가 '내 원고도 좀 봐줄 수 없겠느냐'라고 청했지만 모욕적으로 거절당한다. '그럼 내가 내지 뭐' 하는 생각을 처음 하게 된 계기였다. 그는 훗날 "선의의 격려보다 냉정한 거절이 훨씬 생산적일 수 있다는 교훈을 거기서 얻었다"라고 말했다.

이듬해인 1970년 7월 그는 아이오와대학교에 진학했고, 한 달여 뒤 자신이 좋아하는 시를 모아 생애 첫 책(팸플릿)을 만든다. 그렇게 〈투스페이스트매거진〉이 시작됐다. '치약 잡지'라는 이름에서 풍기는 스물한 살 청년의 치기와 반항기에도 불구하고 출판에 대한 그의 열정은 예사롭지 않았던 듯하다. 그는 9월에 곧장 타이포그래피 강좌를 신청했고, 활판인쇄 기술을 익히면서 서서히 활자의 매력, 출판의 미학에 빠져 들어갔다. 그해 말 그는 자신의 습작 시를 인쇄한 첫 활판본 교정쇄를 본 순간의 감흥을 "마치 새로 태어나 처음 보는 빛 같았다"라고 말하곤 했다. 1973년 가족의 도움으로 집을 얻고 결혼도 하고 중고 등사기를 구입한다. 이후 약 10년간 그는 인쇄와 디자인을 익히며 활판본 책 70여 권과 다수의 소책자, 홍보 포스터 등을 만들었고 위탁출판도 해낸다. '치약'의 책들은 그가 아내와 함께 지역 문인과 뉴욕 문단의 무명작가들이 보내온 원고를 읽고, 고르고, 교열하고, 편집하고, 디자인하고, 인쇄하고, 제본까지 한 것들이었다.

그가 마케팅과 회계를 익힌 것은 1983년 무렵부터였다. 활판인쇄로서는 도저히 수지를 맞출 수 없다는 판단, 여태 그가 해온 건 진지한 도전과 성취를 바라는 작가와 독자 대중을 위한 출판이 아니라 소수의 희귀본 컬렉터를 위한 출판이었다는 깨달음. 한마디로 직업 출판인으로서 올바른 길이 아니었다는 결론에 따른 거였다.

그는 1984년 투스페이스트프레스를 접고 커피하우스프레스를 설립한다. 그리고 이듬해 미니애폴리스로 이사, 미네소타북아트센터 건물 1층의 작은 공간을 얻어 레지던시 출판사를 연다. 그가 미니애폴리스를 선택한 것은, 미네소타 주 특유의 중소 문화 산업 인큐베이팅 프로그램 때문이었다. 미네소타 주의 모든 문화 재단은 예산의 일정 비율을 중소 규모 문화 산업의 몫으로 의무 할당·분배하도록 하고 있다. 이 제도는 기성 집단과 신생 집단의 경쟁을 촉진하고 거대 문화 집단의 혁신을 자극함으로써 전체 문화·예술 생태계의 건강성을 북돋우는 데 기여한 것으로 평가받는다.

커피하우스는 '치약' 시절부터 해오던 활판인쇄를 '모닝커피 챕북 시리즈'라는 이름으로 이어가는 한편 고급 활판본도 제한적으로 만들면서 대중적으로 판매할 문학서 발간에 주력했다. 그의 디럭스 활판본들은 미국 그래픽아트위원회가 선정한 '올해의 최고 디자인 도서 50'에 다수 선정됐다.

예술과 경제가 직접 만나는 영역 가운데 하나가 출판이라면 독립출판은 거기에 독자적인 지향과 가치, 즉 '운동'의 의미를 얹는다. 대자본의 지배력으로부터 상대적인 자율성을 유지한다는 소극적 의미의 독립이 아니라 대중문화의 보편적 경향에 맞서 나름의 가치와 개성을 구현하고 연대·확산하겠다는 적극적 의지의 주체 선언. '예술과 경제'만도 버거운 현실에서 '대중적 경향'과도 타협하지 않겠다는 그 길이 순탄할 리 없다.

커피하우스가 고집해온 장르는 시와 소설 그리고 문학 논픽션이다. 그리고 미네소타 지역의 무명작가와 여성 작가, 특히 아시아 등 소수민족·소수인종 작가의 작품들을 편파적으로 발굴해왔다. 콘블럼의 지향은 문학을 통한 차이와 다양성의 구현이었다. "나는 우리가 출판하는 작가들의 차이를 적극적으로 드러내고 지역과 국가 안에서 작은 공동체들이 지닌 다양성을 부각하는 데 힘을 쏟아왔다." 2010년 미국 내셔널북어워드 최종심에 오르면서 일약 유명 작가가 된 무명의 일본계 미국인 작가 캐런 테이 야마시타Karen Tei Yamashita, 1951~의 데뷔 사연을 소개한 뒤 콘블럼은 "캐런의 조부모와 외조부모는 모두 일본에서 이민 온 이들이다. 나는 그가 지닌 작가적 재능과 국제적 감각이 우리에게 줄 수 있는 특별한 무엇이 있다고 생각했고, 그 기회를 그에게 줄 수 있었던 것을 다행스럽게 생각한다"라고 말했다.

한 해 15~20권의 책을 내는 커피하우스에는 기성작가의 원고와 그들의 추천 원고뿐 아니라 약 3000여 건의 공모 원고가 매년 접수된다. 그것들을 읽고 선별하는 게 콘블럼과 피시바흐Chris Fischbach 수석 에디터(현 발행인), 편집장 버드Anitra Budd의 역할이었다. 커피하우스의 정체성을 공유하는 이들이어도 서로의 판단이 엇갈릴 때도 많다. 그럴 때 신뢰가 빛을 발한다. 각자 1년에 한 권씩은, 나머지가 마뜩잖아 하더라도 출간할 수 있다는 원칙. 그 또한 다양한 관점과 미학을 수용하겠다는 의지다. 콘블럼은 "만약 우리의 모든 작가들이 하나의 미학을 대변한다면 그들끼리 모여 무슨 얘기를 나눌 수 있겠는가. 우리 테이블에는 끝없이 다양한 작가와 작품 스타일이 놓일 수 있어야 한다. 끝없이 리필되는 신선한 프렌치로스트 커피와 함께 말이다." 콘블럼은 문학만큼 커피를 즐겼고, 그래서 출판사 이름도 '커피하우스'로 지었다고 한다.

원고를 놓을 땐 책을 들었다. 특히 역사를 좋아했던 그는 정치인과 종교인 들이 미국의 정체성과 역사, 헌법의 의미를 마치 독점이라도 한 듯 천편일률적으로 선전해대는 것을 비판하며 "그들은 우리의 이야기를 마치 초등학교의 추수감사절 퍼레이드처럼 뻔하게 만들고 있다"라고 꼬집었다. "미국인의 성격은 호레이쇼 앨저Horatio Alger, 1834~1899, 동화작가의 등장인물보다는 한없이 다양하고 복잡하고 모순적인 도스토옙스키의 소설 속 캐릭터들에 더 가깝다. (…) 독립출판을 비롯한 소규모 출판의 원칙과 역할 가운데 하나도 소수자의 불리함을 유리함으로 바꾸는 데에 있다. 만일 우리가 우리의 다양한 역사를 보다 잘 이해한다면 우리의 국가적 약점도 강점으로 만들 수 있을 것이다."

비영리 기업인 커피하우스는 미국 내 독립출판사로는 '빅 5'에 든다. 2011년 매출은 약 100만 달러. 그 절반이 스테디셀러, 이른바 '백리스트backlist, 기출간 도서'에서 나온다. 미국의 시집 가운데 약 99퍼센트는 독립출판사들이 낸다. 대형 출판 그룹들이 외면하기 때문이다. 그래서 의미 있는 문학적 실험과 혁신이 대부분 독립출판을 통해 이루어지고 또 그래서 정부가 보조금을 지급하고 시민들이 기부한다. 하지만 그 규모가 점차 줄고 있고, 미국의 독립출판업계 사정도 점점 어려워지고 있다. 악화하는 시장 환경 속에서 2011년 바통을 이어받은 커피하우스의 인턴 출신 신임 발행인 크리스 피시바흐는 전자출판과 해외 시장 공략에 보다 공격적으로 나서겠다고 밝혔다. 하지만 피시바흐는 "(언제나 그랬듯) 미국 독서 시장의 미래는 독자와 작가에게 달려 있다. 아마존이나 반스앤드노블, 애플, 구글이 아니라는 얘기고, 미국도서전BEA, Book Expo America이나 프랑크푸르트도서전의 패널리스트가 아니라는 얘기다"라고 말했다. 저 말을 할 때 그는 자신의 친구이자 스승이고 또 아버지 같았던 콘블럼의 말, "나는 독자들이 책(문학)을 읽지 않는 것을 원망하지 않습니다. 그들에게 다가가는 것이 우리의 역할이기 때문입니다"라는 말을 염두에 두고 있었을 것이다.

콘블럼은 2006년 백혈병 진단을 받은 뒤로도 매일 출근했고, 발행인직을 물려준 뒤에도 선임 에디터로 일했다. 2014년 11월 23일

미니애폴리스 자택에서 숨을 거둘 때, 그의 아내 신디는 존 콜트레인의 음악 〈A Love Supreme〉을 틀어놓고 콘블럼이 사랑했던 윌리엄 카를로스 윌리엄스의 시 「내리막The Descent」을 낭송했다고 한다.

1920 — 2014
P. D. 제임스

추 리 소 설 의 첫 장

마흔 넘어 데뷔한 '추리의 여제'

P. D. 제임스는 코넌 도일에서 비롯한 영국 탐정 문학 전통의 마지막 작가이자 추리소설의 첫 장을 연 작가다. 그의 문학적 탯줄은 양차 대전 사이 애거사 크리스티, 도로시 세이어스의 황금기 탐정들의 자궁에 이어져 있었지만 그의 혈관은 '범인 찾기'의 퍼즐을 넘어 인간과 20세기 중·후반 변화하는 사회 속으로 뻗어나갔다.

그것은 그의 이후 허다한 범죄스릴러 작가들의 공통된 미덕이지만, 제임스는 오래된 황금기의 탯줄을 달고 무거운 전통을 온전히 껴안은 채 그 길을 열었다. 그것은 30년대 이미 만개한 미국 하드보일드 문학의 탐정소설에 대한 조롱과 순문학 진영의 관습적 비아냥거림에 맞서며 독자적인 대답을 묵묵히 찾아가는 과정이기도 했다. 그는 '누가 범인인가Who-done-it?'라는 궁극의 빈칸 위에 존재론적이고 가치론적인 다양한 질문과 응답들을 쌓아 올렸다. 만약 오늘의 추리 문학이 그 이름으로 누리는 진지한 문학적 영광이 있다면 그에게 빚진 바 크다.

필리스 도로시 제임스Phyllis Dorothy James가 2014년 11월 27일 숨

졌다. 향년 94세.

다시 읽어 더 좋아지는 추리소설은 사실 그리 많지 않다. 추리소
설은 어쨌건 사건과 추리, 단서와 암시가 해답으로 이어지는 서사와
플롯의 장르, 이성의 장르이기 때문이다. 하지만 칡뿌리처럼 씹을수
록 단맛이 나는 작품도 있다. 추리 연역의 과정들, 예컨대 독자를
현혹한 설정들이 얼마나 세심하고 또 정직했는지, 사소해 보였던 묘
사와 에피소드가 얼마나 정밀하게 서사 전체와 맞물려 있는지 등
거듭 읽어야 온전히 볼 수 있는 미덕들이 있다. 제임스의 작품들이
그러했다.

그는 공간과 인물에 대한 집요한 묘사로 대개의 작품을 시작했
다. 성미 급한 독자라면 장황하다 느낄 수도 있을 그 설명들은 하지
만 작품 전체의 플롯을 밀고 끌고 떠받치는 은밀하고도 성실한 장
치이기도 했다. 정교함은 추리소설의 기본이기도 하지만 자칫 서사
의 핏기를 잃게도 한다. 제임스는 저 이성의 건축물 안에 숨소리와
체온을 싣고, 자신의 문학적 탯줄과 혈관의 지향까지 영리하게 담
아내곤 했다. 가령 『나이팅게일의 비밀』 첫 장에는 이런 구절이 나
온다.

쟁반 보 위에는 꽃무늬가 새겨진 컵들이 손잡이를 가지런히 한 채
놓여 있었으며, 두 종류의 비스킷 네 개가 각각 어울리는 접시에 정
갈하게 담겨 있었다. 또 찻주전자에서는 금방 끓인 인디언차의 은은
한 향이 풍겨 나왔다. 두 여자는 정돈과 질서가 주는 안정감을 무척
좋아해서 그것에 대해 강한 애착을 느꼈다.

'정돈과 질서의 안정감'은 제임스 자신과 그의 문학이 지향한 가치였고, 탐정 문학의 유구한 전통이 지켜온 가치였다. 하지만 불과 몇 페이지 뒤에서, 작품의 공간 배경인 간호사 양성 학교 '나이팅게일하우스'를 묘사하며 제임스는 이렇게 썼다. "앞으로 불쑥 나와 있는 창문들은 햇빛을 막고 있었다. (⋯) 전문직에 있는 사람들이 낡은 태도와 방법들의 장애물을 헤치며 20세기로 기어오르고 있는 때에 이런 빅토리아식 대형 건축물 안에 어린 학생들을 수용하는 것은 정말 가혹한 일이었다." 제임스는 자신이 살아온 시대와 자신의 작품이 읽힐 시대 사이의 간극 혹은 어긋날 수밖에 없는 흐름의 단층을 의식하며 저 묘사들을 대비시켰을 것이다. 그는 정돈과 질서의 언어로 시대의 변화와 새로운 가치를 담고자 했다.

추리 문학 계보에서 제임스의 자리를 확인하는 데는 현재로선 줄리언 시먼스의 『블러디 머더』만 한 게 없다. "고전 추리소설은 이성이 인간사를 지배한다고 가정했다. 범죄는 개인이 저지르는 것이었고, 사회라는 직물에 뚫린 작은 구멍이었다. 탐정은 추론을 통해 그 일을 수행했다."

전후 유럽의 추리 작가들은 이성의 폐허 위에서 그 이성의 가치를 복원해야 했다. 그들은 하드보일드의 거장 대실 해밋이 엘러리 퀸의 작품들을 두고 "퀸 씨, 당신의 유명한 주인공의 성생활에 대해 부디 설명해주시겠습니까? 그런 게 있다면?"이라며 삶이 탈색된 신화적 탐정상을 조롱 한 데 대해서도 대답해야 했고, 레이먼드 챈들러가 애거사 크리스티의 『오리엔트 특급 살인』을 두고 "초등학교 수준의 직역 프랑스어로 이야기하는 그(푸아로 경감)는, '작은 회색 세포'를 조금 굴린 후 열차 침대칸의 그 누구도 혼자 살인을 저지를 수 없었으므로 모두가 함께 저질렀다고 결론을 내리고, 마치 달걀 거품기를 조립하듯 일련의 간단한 작업들로 살인 과정을 분석한다"라는 식으로 퍼부은 독설에도 맞서야 했다. 근엄한 순문학 비평가 에드먼드 윌슨Edmund Wilson, 1895~1972이 일련의 〈뉴욕타임스〉 칼럼으로 탐정 문학 일반에 대해 퍼부은 악담은 그러려니 하더라도 말이다.

조롱이니 비아냥이니 했지만, 저 비판들이 터무니없다고 말하긴 사실 힘들다. 빅토리아시대의 영광은 이미 옛이야기였고, 명민한 아마추어 탐정이 범인의 범행 수법을 밝히던 탐정소설의 고전적 플롯은 더 이상 답습할 수 없는 시대였다.

시먼스는 저 책에서 50년대의 몇몇 작가들의 공과를 소개한 뒤 "60년대를 통틀어 영국에서 등장한 범죄소설가들 중 가장 흥미로운 작가는 의심의 여지없이 P. D. 제임스와 루스 렌들" 이라고 썼다. 제임스가 데뷔한 게 42세이던 1962년이었고, 10년 연하인 루스 렌들은 1964년 첫 작품을 발표했다.

P. D. 제임스는 1920년 8월 3일 영국 옥스퍼드에서 태어났다. 그의 유년은 불우했다고 한다. 아버지는 가난한(정직한) 세무조사원이었고 어머니는 정신병을 앓던 환자였다. 제임스는 열여섯 살에 고등학교를 중퇴, 아버지 직장에 취직한다. 제2차 세계대전이 발발한 뒤 그는 런던으로 이주, 스물한 살에 웨스트민스터병원 수련의던 어니스트 화이트를 만나 결혼한다. 화이트는 군의관으로 복무 중 정신분열증을 얻어 내내 병원에서 지내다 1964년 숨진다. 제임스에게는

부양해야 할 3남매와 시댁 식구가 있었다. 그는 1949년부터 만 20년간 런던의 한 의료 기관 사무원으로 일했고, 1968년 공무원 시험을 치러 내무부 공무원이 된다.

작가가 되는 게 꿈이었던 그는 40세 되던 해부터 매일 새벽 5시에 일어나 출근 전까지 습작을 썼다고 한다. 첫 작품 『그녀의 가려진 얼굴Cover Her Face』이 파버Faber 출판사 편집장의 눈에 들어 출간됐고, 그 인연은 이후 제임스의 삶과 문학적 평판처럼 숨질 때까지 안정적으로 이어졌다. 추리 작가로 꽤 명성을 쌓은 뒤인 1972년 그는 내무부 범죄정책국에 발탁돼 1979년까지 근무한다. 1980년 발표한 『순결한 피Innocent Blood』의 문학적·상업적 성공으로 그는 비로소 직장을 그만두고 전업 작가가 된다. 제임스는 "『순결한 피』의 인세와 해외 판권 수입이 10년간 내무부에서 받은 급여보다 많았다"라고 말했다.

그는 데뷔 이후 50여 년 동안 열아홉 편의 소설을 썼고, 그중 열여섯 편이 추리소설이었다. 한 입양 소녀가 친부모를 찾아 나서면서 빚어지는 비극적인 이야기를 소재로 한 『순결한 피』, 서기 2021년을 배경으로 생식능력이 사라진 인류의 미래를 그린 디스토피아 소설 『콰이어터스』(원제는 '인간의 아이들The Children of Men') 등은 추리소설이 아니다. 그 외 자서전과 에세이 등 세 권의 논픽션이 있지만 거의 매년(어떤 해엔 두 편) 작품을 발표한 그의 친구이자 라이벌 루스 렌들에 비하자면, 또 대다수 추리 작가의 다산성과 비교해서도 그는 많이 쓴 작가는 아니었다. 그 소수의 작품으로 그는 애거사 크리스티의 왕권을 계승한 '추리의 여제'라 불렸다.

추리소설 중 열네 편의 주인공이 런던경시청 형사 '애덤 델글리시'다. 케임브리지고교 시절 영어 교사의 이미지를 밑그림 삼아 창조했다는 델글리시는 190센티미터 키에 과묵하고 품위 있는, 시를 짓는 남자다. 그는 사고로 아내와 아이를 잃고 독신으로 지내지만 정갈한 사생활을 유지한다.(그는 2009년 에세이 「탐정소설을 말하다」에서 감상의 여지를 없애기 위해 그에게서 아내와 아이를 빼앗아야 했다고 쓰기도 했다.) 자기 연민도 냉소도 없다. 그러니 하드보일드의 주인공들처럼 술이나 마약에 취하는 일도 없다. 공적 업무와 사적 감정을 철저히 구분하면서도 시체 앞에서 예의 없이 구는 검시관을 속으로 경멸한다. 참고인 조사 뒤 빈정대듯 보고하는 후배 형사에게 그는 이렇게 말한다. "형사가 돼서 항상 친절하다는 게 가능하다고는 생각하지 않네. 하지만 자네가 잔인함을 즐기고 있다는 사실을 깨달을 때면 아마 그때가 형사를 그만두어야 할 때일 걸세." 2001년 인터뷰에서 제임스는 "내가 남자에게 바라는 자질들을 그(델글리시)에게 부여했다. (…) 용감하되 무모하지 않고, 연민은 품되 감상적이지 않은"이라고 말했다. 범죄의 모든 동기는 네 개의 'L', 즉 욕정lust, 돈lucre, 증오loathing, 사랑love 으로 대부분 설명되고, 그 가운데 가장 위험한 것이 사랑이라고 믿는 그에게는 크리스티의 푸아로 경감이나 세이어스의 윔지 경에게서는 느끼기 힘든 인간미가 있고, 필립 말로나 샘 스페이드의 건조하고 거친 멋과는 다른 단정하고 안정적인 멋이 있다.

제임스가 학교를 못 다닌 건 가난 때문이기도 했지만 그가 여자인 탓도 있었다. 전후 그의 시대는 페미니즘적 요구가 막 분출하던 때였으나 그는 그 혜택을 누리지 못했다. 1968년 그가 받은 공무원 시험 합격 통지서 첫 줄이 'Dear Sir'로 쓰였다가 펜으로 'Sir'를 북북 지우고 'Madam'이라 고쳤더라는 일화를 소개하기도 했다.

1972년 발표한 『여탐정은 환영받지 못한다』에서 제임스는 '코델리아 그레이'라는 여성 사립탐정을 데뷔시킨다. 노동계급 출신의 사실상 첫 여성 탐정으로, 이후 세라 파레츠키Sara Paretsky, 1947~의 '워쇼스키' 형사나 토머스 해리스의 '클러리스 스털링' 등의 여성 탐정 시대를 연 그는 하지만 1982년의 후속작 『살갗 아래 두개골The Skull Beneath the Skin』을 끝으로 그레이 시리즈를 중단한다. 1982년 『여탐정은 환영받지 못한다』가 드라마로 각색되면서 그레이가 미국인 남자와 연애 끝에 아이를 가진 미혼모로 설정된 데 대한 불만 때문이었다. 주인공의 변형된 이미지가 당시 페미니즘적 분위기 속에서 진취적이고 도전적인 여성상을 돋우는 데 도움이 됐을지 모르지만 제임스는 그게 자신의 주인공일 수는 없다고 말했다. 그는 "코델리아는 연애를 하다 임신을 할 여자가 아니고, 아이를 가졌다면 아이 아버지에게 당연히 알렸을 여자다. 그리고 아이에게는 아버지를 가질 권리가 있다. 나는 내 주인공이 사라져버렸음을 깨달았다"라고 말했다.

그는 에드거상을 비롯한 숱한 추리문학상을 받았고, 영국 BBC 이사, 런던과 미들섹스의 치안판사, 영국 예술위원회 문학 분과 의장 등을 역임했다. 1991년 대영제국훈장(4급 훈장인 OBE)과 함께 남작 작위를 받아 귀족원(영국 상원) 의원으로도 활동했다. 그의 자리는 초기 얼마간을 빼면 내내 보수당 쪽이었다.

『여탐정은 환영받지 못한다』에는 이런 구절이 나온다. "자신의 목

숨을 끊는 데는 분명 두 가지 이유밖에 없어요. 무언가로부터 아니면 무언가를 향해 탈출하는 거지요. 첫 번째 이유는 합리적이죠. 누군가 참을 수 없는 고통과 절망과 고뇌를 겪고 있고 그것을 치유할 적당한 기회가 없다면 차라리 소멸을 택하는 편이 말이 되죠. 하지만 더 나은 존재가 되겠다는 희망이나 죽음의 경험을 통해 자신의 감수성을 채우기 위해 자살한다는 건 어불성설이에요. 죽음을 경험하는 건 불가능하니까요. 임사 체험이 가능하다는 것조차 나는 확신할 수가 없어요. 죽음의 준비 과정만 경험할 수 있을 뿐이고, 그것조차 죽고 나서 그 경험을 활용할 수가 없기 때문에 무의미한 일이에요. 죽음 이후에 어떤 종류건 존재가 있다면 우리 모두는 곧 알게 되겠죠. 죽음 이후에 존재라는 것이 없다면 속았다고 불평할 존재조차 없을 거고요. 죽음 이후의 삶을 믿는 사람은 누구보다 합리적이에요. 그 사람들이야말로 궁극적인 환멸을 피해 갈 수 있는 유일한 이들이죠."

시인 형사를 비롯해 그의 등장인물들이 심심찮게 과시하는 인문학적 교양 때문에, 또 그의 범죄자가 대부분 중산층이라는 까닭에 제임스에게는 엘리트주의자라는 비판이 따라다니곤 했다. 1995년 방송 인터뷰에서 "범죄와 살인이 일상적인 도심 우범 지역에서는 도덕적 선택의 여지가 없다"라고 말해 차별주의자라는 항의에 시달리기도 했다. 시먼스가 『블러디 머더』에서 도로시 세이어스를 폄하하며 그의 지적 허세를 조롱한 데 대해 제임스가 『탐정소설을 말하다』에서 세이어스를 한사코 감싼 데는 어쩌면 그에게 씌워진 엘리티시즘에 대한 자격지심이 작용했을지 모른다. 하지만 그와 세이어스는 달랐다. 그의 교양은 싸움 장면에서 야비한 욕설이 불가피하듯, 대립하는 가치들이 갈등을 심화하거나 극복하는 과정에 끼어드는 정제된 교양이었다.

1923 —— 2015
폴 베이컨

닳지 않는 표지

작품의 경지로 끌어올린 표지

스티븐 스필버그 영화 〈죠스〉의 포스터를 기억하는가. 한가롭게 유영하는 한 여성을 향해 아가리를 벌리고 솟구쳐 오르는 거대한 상어. 포스터를 가득 채운 짙푸른 물과 아가리 속의 캄캄한 어둠, 그 위로 간당간당 걸려 있는 순백의 하늘. 그 일촉즉발 속수무책의 포스터 이미지는 영화보다 먼저 관객을 압도했다. 존 윌리엄스의 음악과 더불어 일약 유명해진 그 포스터 제작자는 그래픽디자이너 칩 키드Chip Kidd, 1964~였다.

키드의 포스터는 하지만 피터 벤츨리Peter Benchley, 1940~2006의 원작 소설 『죠스Jaws』의 표지 설정과 모티브를 영화적으로 변형한 거였다. 어두운 무채색의 표지 바닥을 뚫고 치솟는 회백색 유선형 대가리, 수영하는 여자, 그리고 작가 이름과 제목. 표지는 바다도 하늘도 파도도 지운 채 오직 포식과 피식의 관계만 담았다. 그 책의 표지를 디자인한 폴 베이컨Paul Bacon이 2015년 6월 8일 별세했다. 향년 91세.

주급 30달러를 받으며 뉴욕의 작은 디자인 회사(잠보니어소시에이츠Zamboni Associates)에 다니던 베이컨은 스물일곱 살이던 1950년 한 친구 아버지의 부탁을 받는다. 책의 삽화를 그려줄 수 있겠느냐는 거였다. 윌리엄 웨슬리의 아프리카 원숭이와 유인원 탐험기『어깨 위의 침팬지Chimp on My Shoulder』라는 책이었다. 그림이 인상적이었던지 출판사 E. P. 더턴E. P. Dutton. 1986년 펭귄북스에 합병 측은 아예 표지까지 만들어보라고 권했고, 베이컨은 사진과 활자로 디자인한 표지를 만든다. "무슨 명예의 전당에 들 만한 작품은 아니었어요. 하지만 어쨌건 그 일로 제 밥벌이가 시작됐죠." 그는 약병 상표 등을 그리는 인하우스 디자이너 겸 프리랜서 북디자이너로 한동안 살게 된다.

출세작은 1956년 마이어 레빈Meyer Levin, 1905~1981의 실화를 바탕으로 한 스릴러 소설『강박Compulsion』이었다. 시카고대학교를 졸업한 부유한 두 유대 청년이 한 소년을 '이유 없이' 납치해 잔인하게 살해한 1924년 사건을 소재로 한 범죄심리 소설. 출판사 사이먼앤드슈스터Simon & Schuster 측의 주문은 "선정적이지 않게 암시적이면서, 클리셰 없이 미스터리의 감각을 부각시켜달라"는 거였다고 한다. 베이컨은 표지 상단에 손으로 직접 그린 '엉성한' 서체의 커다란 제목을, 맨 아래엔 작은 활자의 저자 이름을 두고 중앙을 텅 빈 여백으로 채운다. 그리고 여백의 상단 모퉁이에 쫓고 쫓기며 여백을 넘어서려는 자그마한 두 인간 형상을 빨갛게 그려 넣었다.

레빈의 책은 출간 즉시 베스트셀러가 됐고, 미국 전역의 서점 쇼윈도와 진열대 전면에 깔렸다. 책의 상업적 성공에 베이컨의 공이 얼마나 되는지는 모를 일이지만, 독자보다 먼저 출판인들이 그의 작품에 충격을 받은 것은 분명했다. 사진과 일러스트, 뻔한 타이포그래프의 조합으로 덕지덕지했던 책(더구나 장르 소설의) 표지로서는, 듣도 보도 못한 파격과 기품이 거기 있었다. 베이컨에게 디자인 주문이 쇄도했고, 그는 다니던 회사에 사표를 내고 전업 표지 디자이너가 된다.

『강박』의 표지는 '빅북룩Big Book Look' 스타일의 효시로 꼽힌다. 대담한 활자의 제목과 작가명, 넓은 여백과 작고 개념적인 이미지. 베이컨의 60년 전 표지 디자인이 지금도 전혀 낡아 보이지 않는 까닭은 이후의 책들이 오랫동안, 아마 지금도, 조금씩 변형되면서 그의 디자인 철학과 스타일을 활용하고 있기 때문이다. 그리고 베이컨 자신이 내로라하는 작가들의 생명력 있는 책 표지를 숱하게 디자인했기 때문에 지속적으로 독자들의 감각에 노출돼온 까닭도 있을 것이다. 크노프, 랜덤하우스, 펭귄 할 것 없이 거의 모든 대형 출판사들이 그에게 디자인을 의뢰했고, 아주 작은 출판사들도 특별한 책을 출간할 때면 그를 찾곤 했다.

켄 키지의 『뻐꾸기 둥지 위로 날아간 새』, 제임스 클래블James Clavell, 1924~1994의 『장군Shogun』, 필립 로스의 『포트노이의 불평』, 조지프 헬러의 『캐치-22』, 커트 보네거트의 『제5도살장』, 아이라 레빈의 『로즈메리의 아들』, E. L. 닥터로의 『래그타임』…… 마지막 작품인 린지 힐의 『갈고리의 바다Sea of Hooks』(2013)까지 그는 6500여 점의 표지 디자인을 남겼다.

폴 베이컨은 1923년 12월 25일 미국 뉴욕에서 태어났다. 지독하게 가난했던 듯하다. 재즈 전문 블로그 〈재즈왁스JazzWax〉와의 2010년 인터뷰에서 그는 "1929년 블랙먼데이 이후 우리 가족은 파산했다. 1939년 뉴저지 뉴어크에 정착할 때까지, 당시에는 흔한 일이었는데, 숱하게 이사를 다니곤 했다"라고 말했다.

1939년이면 열여섯 살 때다. 열두 살 무렵 라디오에서 베니 굿맨의 연주를 들은 뒤부터 재즈에 매료됐다는 그는 뉴어크의 10대 재즈 팬 모임인 '핫클럽'에 든다. "대부분 나보다 나이가 많고 훨씬 재즈의 흐름에 밝은, 〈매직마운틴〉 같은 전문 잡지를 읽는 이들이었다"라고 그는 회고했다.

그는 명문 고교인 뉴욕음악예술학교 대신 뉴어크예술고등학교Newark Arts High School에 진학한다. 하지만 그가 택한 전공은 음악이 아닌 그림이었다. 그는 그림에 재능이 있었고, 그 재능을 가장 먼저 활용한 곳은 재즈 판이었다. 핫클럽의 소식지 디자인·제작이었다.

고교 졸업 후인 1941년 그는 대학을 포기하고 작은 광고 회사(셰크애드버타이징Scheck Advertising)에 취직했고, 거기서 그림과 글 디자인을 했다. 광고에든 포스터에든 글을 쓰려면 모두 손으로 그려야 하는 시절이었다. 2년 뒤인 1943년 그에게 징집영장이 나왔고, 그는 집안 전통에 따라 해병대에 자원 입대한다. 태평양전쟁이 살벌하던 때였고, 앞서 입대해 남태평양 전선에 배치됐던 그의 형은 이미 총상을 입고 군 병원에 실려 온 뒤였다.

하지만 베이컨은, 아마 그의 그림 솜씨 덕일 텐데, 1944년까지 노스캐롤라이나 캠프에 붙잡혀 있었다. 그가 저 악명 높은 과달카날에 배치됐을 때는 미군이 점령한 뒤였고, "총소리 한 번 듣지 않고" 1946년 4월 제대한다. 제대군인에게 정부가 대학 등록금 등을 보조해주는 제대군인원호법이 있었지만 그는 대학 대신 다시 취직을 택한다. 좋은 디자이너가 되려면 먼저 기술, 특히 타이포그래피와 레터링 기술을 익혀야 한다고 생각했고, 그래서 택한 게 바우하우스 스타일의 디자인 회사였던 잠보니어소시에이츠였다.

회사를 다니면서도 재즈인들과 만나고 듣고 연주하는 일상은 이어졌다. 40년대 말 〈레코드체인저Record Changer〉라는 잡지를 창간한 빌 그로더를 알게 된 뒤 그 잡지에 재즈 비평을 썼고, 1949년 잡지에 쓴 그의 비평 「비밥의 지도자The High Priest of Be-Bob」란 글을 비롯한 몇 차례 인연으로 재즈 피아노의 거장 텔로니어스 멍크와 형제처럼 지내게 됐고, 그를 통해 당대의 재즈 거장들과 안면을 트고 여러 음반 디자인을 하게 된다. 블루노트에서 취입한 멍크의 《The Amazing Bud Powell》, 패츠 나바로의 《James Moody and His Modernists》, 밀트 잭슨의 《Wizard of the Vibes》, 리버사이드에서 낸 랜디 웨스턴의 《Cole Porter in a Modern Mood》, 멍크의 《Brilliant Corners》, 쳇 베이커…… "심상에 분위기가 그려질 때까지 음반을 반복해서 들었고, 연주자의 음악과 라이프스타일이 떠오르면 그걸 커버에 담곤 했어요. (…) 연주자는 제각각 다르고 또 저마다 특별하죠. 커버도 그 경지까지 도달해야 합니다." 그로더가 리버사이드를 막 시작했던 1954년 베이컨에게 처음 맡긴 앨범이 랜디 웨스턴의 《Cole Porter in a Modern Mood》였다. 그의 연주를 듣는 동안 베이컨은 심야 마천루의 스카이라인이 떠올랐다고 한다. 그는 한 인터뷰에서 랜디의 음악을 들으며 그의 도시와 랜디의 세런니를 느끼게 하고 싶었다고 말했다. "이 위대한 음악을 들어야겠다는 생각이 들게끔 해야 한다는 마음으로 작업을 하곤 했어요. 내 작업의 메시지를 한마디로 말하자면 '당신이 알고 있고 또 생각하는 모든 것을 잊어라. 그리고 일단 들어라'라는 거였죠."

그가 펜과 레터링 펜만 들고 객석과 작업장을 오가던 딜레탕트나 디자이너만은 아니었다. 그는 직접 재즈를 하고 싶어 했고, 실제로 보컬리스트로 연주자로 여러 무대에 섰다. 그가 즐겨 들었던 악기는 '빗comb'이었다. 빗에 비닐을 떨림판처럼 덮어 하모니카나 피리처럼 부는 것으로 '스탠리스 워시보드 킹스Stanley's Washboard Kings' '핫 댐 저그 밴드Hot Damn Jug Band' 등에서 정기적으로 연주했고 일본과 호주, 뉴잉글랜드 등지로 순회공연을 다니기도 했다. 재즈 뮤지션으로서 그의 절정은 아마 1976년 밥 그린Bob Greene, 1922~2013과 함께 카네기홀에 섰던 '젤리 롤 모턴의 세계World of Jelly Roll Morton' 쇼였을 것이다. 그는 1996년과 2002년 두 장의 앨범도 냈다.

책 표지 디자인에서 그가 고수했던 원칙 역시 음반 커버 디자인 때와 다르지 않았다. 그는 저자가 책 디자인에 깊이 개입하는 것을 경계했지만, 디자이너로서의 미적 자의식이 작품의 의도와 가치를 벗어나는 것을 더 경계했다. "스스로에게 늘 말하곤 합니다. '넌 이 쇼의 주인공이 아냐. 작가는 이 작품에 3년 6개월을 매달렸고 출판사는 큰돈을 걸었어. 그러니 넌 물러서'라고요."

조지프 헬러의 『캐치—22』 표지 시안이 열 차례 퇴짜 맞고 열한 번째 채택된 이야기, 헬러가 이후 자신의 거의 모든 책 표지 디자인을 베이컨에게 의뢰했다는 일화는 유명하다.

필립 로스의 『포트노이의 불평』 표지는 노란색 바탕에 제목과 작가 이름밖에 없다. 그의 아이콘이라 할 만한 작은 그림조차 없다. 윌리엄 스타이런의 『소피의 선택』도 마찬가지다. 그는 "(워낙 깊고 복잡해서) 작품의 가장 도드라진 이미지를 끝내 추출할 수 없었다. 다만 가장 단순한 (욕망의) 색깔만으로 작품 모티브인 자위masturbation의 느낌을, 중요한 책이니 읽어보라는 메시지를 전하고 싶었다. (…) 겁먹은 방식이고 바보 같은 소리라는 걸 안다. 하지만 진심이었다"라고 말했다. 『래그타임』의 표지도 그의 '겁먹은' 디자인 가운데 하나였다. 그 표지 디자인에 대해 작가 닥터로는 "아주 고전적이다. 단순하면서도 엄청난 영감을 불러일으킨다"라고, 진심인지 어떤지는 모르겠지만 그렇게 평했다고 출판 잡지 〈LVI〉는 2002년 3월 호에 썼다. 『밤의 군대들』의 작가 노먼 메일러의 『아메리카의 꿈』 표지 디자인을 할 때 메일러가 굽실거리며 자신의 여자 친구 사진을 표지 귀퉁이에라도 넣어줄 수 없겠느냐고 부탁했고, 베이컨이 그 청을 흔쾌히 들어준 일도 있었다.

그는 2000년 은퇴한 뒤로도 의뢰가 들어오면 가끔 작품을 내놓곤 했다. 2002년 인터뷰에서 베이컨은 "이제 빅북룩은 한물간 디자인 코드고, 요즘 독자들은 변칙적인 스타일에 추상적이고 파편적인 그림들로 치장된 표지를 선호하는 것 같다"라면서도 독자가 책을 읽고도 표지의 디테일을 이해하지 못한다면 성공한 표지가 아니라고 말했다.

하지만 그는 자신의 디자인 작품들만큼 멋있는 이런 말도 남겼다. "예술도 트랙 경주와 닮아서 내가 100미터를 10초에 뛰더라도 누군가 9.8초에 달리면 내 시대는 끝난 것이다. (…) 내 말년의 작품들이, 물론 내 마음에는 들지만, 요즘처럼 다채로운 방식으로 만들어지는 표지들과 경쟁하기에는 역부족일 것이다. 그리고 (내 작품들처럼) 나 역시 너무 늙었다. (…) 나와 나의 출판 시대가 더불어 빛이 바래 참 다행이다."

1933 — 2015
데이비드 맬컴 라우프

데 이 터 는 알 고 있 다

굳은 지층을 깨고 나온 고생물학자

찰스 다윈의 『종의 기원』은 무지, 특히 종교적 무지에 맞설 수 있게 한 가장 강력한 무기 가운데 하나다. 그의 진화론은 유전학을 비롯해 분자생물학과 신경생물학, 사회생물학 등 다양한 학문을 잉태한 거대한 수원지였고 심리학, 사회학, 윤리학, 의학 등 거의 모든 학문에 깊은 영향을 미쳤다.

고생물학을 오늘의 학문으로 이끈 동력도 진화론이었다. 다만 진화의 속도가 상대적으로 더뎌 지난 세기 중반까지만 해도 지질학에 종속된 더부살이 학문이었다고 한다. 고생물학이 화석을 발굴하고 어떤 동물 뼈인지 확인하고 관찰한 바를 기록하는 일에서 탈피한 건 1960년대 말 무렵부터였다. 진화론의 관점, 즉 고대의 생물과 현대의 생물을 잇는 화석의 변화를 연구하고 생물 세계의 거시적 작동 원리와 비밀을 캐기 시작한 거다. 그 선두 그룹에 데이비드 맬컴 라우프David Malcolm Raup가 있었다. 2015년 7월 9일 작고. 향년 82세.

영화 〈쥬라기 공원〉의 그랜트 박사가 백악기 지층의 흙먼지를 마서가며 벨로시랩터 화석을 발굴할 때, 데이비드 라우프는 축적된 화석 데이터베이스를 발굴했다. 그는 "누구도 분석하지 않은 방대한 데이터가 거기 있어 고생물학자가 되었다"라고 말하곤 했다. 그랜트가 죽은 공룡의 흔적으로 산 공룡의 비밀을 탐구했다면 라우프는 죽음 자체, 개체의 사인死因이 아닌 종의 진화와 멸종의 비밀을 탐구했다. 비밀의 열쇠는 개별 학문 속에서 찾을 수 있는 게 아니었다. 근친 학문은 물론 기상학, 환경학, 천체물리학 등과의 학제적 연구도 불가피했다. 그 과정에서 긴장을 야기한 적도 많았다. 하지만 과학의 미덕 중 하나는 어설픈 화해나 타협으로 퇴행하지 않는다는 점이다. 그는 자신의 가설이 '과학'인 한, 권위도 불화도 두려워하지 않았다.

라우프는 지구에서 생명의 행진이 시작된 이래 사라져간 수많은 종들이 모두 고전 진화론이 가르치듯 적자생존에 실패했기 때문만은 아니라고, 오히려 진화와 직접 관련 없는 외생적 돌발 변수가 주원인이라고 주장했다. 생물 종 다양성이 최근 5억 년 동안 폭발적으로 증가했다는 통설에도 맞섰다. 공룡 멸종이 소행성 충돌 때문이라고 주장한 루이스와 월터 앨버레즈 부자의 1980년 가설로 학계가 술렁이던 1983년, 그는 한 걸음 더 나아가 지구 최악의 소행성 충돌이 2600만 년 주기로 일어났고 그 결과 다섯 차례에 걸친 '대멸종'이 빚어졌다는 '소행성 충돌 주기설'을 발표해 파문을 일으키기도 했다. 그럼으로써 라우프는, 개별 가설의 입증 여부와 별개로, 고생물학(과 과학 일반)에 새로운 활력과 영감을 불어넣었다. 단속평형이론장기 안정적 진화와 더불어 환경 압박에 의한 급격한 진화와 종 분화를 주장한 학설의 학자로 그의 동료이자 친구였던 스티븐 제이 굴드는 그를 "세계에서 가장 해박한 고생물학자"라고 평했다.

1991년 저서 『멸종—불량 유전자 탓인가, 불운 때문인가?』의 1 장에서 라우프는 이렇게 물었다. "지구 상에는 수백만(약 4000만 종 이상) 종의 서로 다른 동식물이 존재하지만, 과거로부터 현재까지 50억에서 150억 종에 이르는 생물들이 지구를 거쳐 갔다. 그러니까 약 1000분의 1에 해당하는 종만 지금까지 살아남은 셈이다. 99.9퍼 센트가 실패라니, 참으로 형편없는 생존 기록이다. 이 책은 두 가지 주요한 질문에 대답하고자 한다. 왜 그렇게 많은 종이 사라졌을까? 그리고 어떻게 사라졌을까?"(표현 일부 수정)

대답은 책의 부제처럼 크게 둘로 나뉜다. '불량 유전자'(전염병이나 감각 지각 부족, 부실한 번식능력 등) 탓이거나 '불운'(기후 급변, 해수면 상승, 화산 폭발, 소행성 충돌 등) 탓이거나. 데이터 분석과 개별 원인 들을 대조한 뒤 그가 내린 결론은 이랬다. "분명히 멸종은 불량 유 전자와 불운의 조합으로 일어난다. 어떤 종은 그들의 서식지에서 잘 대처하지 못해서 또는 우세한 경쟁자나 포식자에게 밀려서 소멸 한다. 그러나 이 책에서 명백하게 드러났듯이, 나는 대부분의 종이 불운해서 소멸했다고 생각한다. 그들은 이전의 진화에서 예상치 못 했던 생물학적이거나 물리적인 압박에 직면했거나 자연선택으로 적응할 만큼의 시간이 충분하지 않았기 때문에 죽어버린 것이다."

공룡이 새가 되고 땅이 풍화해 퇴적되듯 자연선택과 적자생존의 생명 진화가 오래 천천히 진행돼 이 생명 세계의 풍경을 이루었다 는 관점에 그는 저렇게 어깃장을 놓았다. 다만 오해를 의식한 듯 그 는 이렇게 덧붙였다. "그렇다면 불운에 의해 일어나는 멸종은 다윈 의 자연선택에 대한 도전인가? 그렇지 않다. 자연선택은 눈이나 날

개처럼 정교한 적응에 대한 유일하게 가능한 자연주의적 설명이다. 자연선택이 없었다면 우리는 존재하지 않았을 것이다. (…) 다윈주의는 살아 있고 건재하다. 그러나 다윈주의가 단독으로 작용하여 현재의 다양한 생명체의 모습을 생성한 것은 아니다."

저렇듯 겸손한 한 자락에도 불구하고 '교조적' 일부 다윈주의자는 그의 가설을 못마땅해했다. 그는 "지금 우리에겐 약 25만 종의 화석 종이 있지만 다윈의 시대에 비해 상황은 별로 달라진 게 없다. 우리는 다윈의 시대보다 진화적 전이evolutionary transition의 예를 오히려 덜 가지게 됐다"라고 반박도 하고, "새로운 이론은 결백을 입증할 때까지 유죄고, 기존 이론은 유죄가 입증될 때까지 결백한 법이다. (…) 대륙이동설도 결백이 입증될 때까지 유죄였다"라고 푸념도 하면서 자신의 학문적 신념을 지켰다. 그는 "다윈은 성경과 같다. 당신이 뭘 원하든 거기서 찾을 수 있을 것이다"라며 과학의 몽매주의와 진화론의 도그마티즘을 성토하기도 했다. 그는 "다윈은 물론 옳다. 하지만 그는 진화의 전체 그림의 일부를 보여주었을 뿐이다. 그가 빠뜨린 부분들이 바로 (우리가 겨냥해야 할) 기회들이다"라고 말했다. 창조론자나 지적설계론자들이 그의 이론을 왜곡해 '고생물학과 다위니즘의 불화'라는 식으로 진화론을 공격하는 데 동원하는 성가신 일도 물론 있었다.

라우프는 지난 5억 년 사이 생물 종이 급격히 늘어나 오늘날과 같은 종 다양성을 유지하게 됐다는 학계의 통념에도 맞섰다. 그는 최근종일수록 얕은 지층 화석으로 남아 발굴 가능성이 높다는 점 등을 들어, 화석에 근거해 종 다양성을 평가하는 것은 신뢰하기 힘들다고 주장했다. 그의 제자인 시카고대학교 마이클 푸트 교수는

"라우프의 주장처럼 종 다양성이 획기적으로 증가한 게 아니라면 다양성을 통제하는 어떤 요인들—종간 경쟁이나 생태계에 대한 물리적 간섭physical perturbations이 있다는 가정을 가능하게 한다"라고 말했다.

라우프의 가설 가운데 가장 논쟁적인 것은 동료학자인 존 세프코스키J. John Sepkoski Jr., 1948~1999와 함께 발표한 '대멸종 주기설'일 것이다. 2억 5000년 동안의 해양 생물 멸종 과정과 시기를 공동 연구한 그들은 1983년 오직 통계에 근거해 대멸종 2600만 년 주기설을 발표했다. 네메시스Nemesis 가설, 즉 태양의 가상假想 쌍성인 네메시스가 일정한 주기로 공전하면서 지구에 혜성 소나기를 퍼부어 대멸종을 초래했을지 모른다는 거였다. 네메시스의 존재도, 대형 운석의 지구 충돌 근거도 과학적으로 확인된 바 없다.

앨버레즈의 혜성 충돌 가설은, 과연 혜성이 공룡 멸종의 원인인지와 별개로, 지구의 안전을 위협할 가능성이 입증돼 미국 등 여러 국가의 우주과학 기구들이 공동 연구 중인 이론이다. 그가 위 책에도 썼듯이 1908년 퉁쿠스카에 떨어진, 히로시마 원폭의 1000배 위력을 가진 혜성이 "여섯 시간만 늦게(지구의 4분의 1회전) 지구에 부딪쳤다면 페테르스부르크가 날아가버렸을지 모른다". 1997년 한 인터뷰에서 라우프는 "증명할 수는 없지만 대멸종이 주기적으로 일어났다고 (지금도) 믿고 있다"라고 말했다.

라우프는 1933년 4월 24일 미국 보스턴에서 태어났다. 그의 아버지 휴 라우프는 하버드대 식물학 교수였고, 어머니도 지의류를 연구하는 식물학자였다. 그는 두 살 무렵서부터 북극 등지로 부모의 채집 여행을 따라다녔다고 한다. 메인 주 콜비대학에서 지질학을 전공했고 수학과 회계학을 부전공했다. 시카고대학교에서 고생물학 석사를 받고 하버드대학교에서 박사 학위를 딴 뒤 캘리포니아공대와 존스홉킨스대학교, 로체스터공대 등에서 강의했다. 그는 빼어난 젊은 고고학 및 고생물학 학자에게 수여하는 찰스스커처트상Charles Schuchert Award의 첫 수상자(1973)였다. 1977년 시카고대학교로 복귀해 여러 연구소와 박물관 운영 책임을 맡았고, 1995년 은퇴해 명예교수가 됐다. 그는 여러 권의 책을 썼는데 국내에 번역된 건 위에서 언급한 책 한 권이다.

그의 컴퓨터 데이터 분석 연구는 초창기부터 시작됐는데, 멕시코만에서부터 알래스카에 이르는 태평양 해안을 따라 연잎성게류sand dollars의 생체 샘플과 화석 표본 1만 개를 수집·연구하면서 컴퓨터와 친해지기 시작했다고 한다. 조개류의 껍데기 형태를 데이터베이스화한 뒤 진화의 변수와 형태의 상관관계를 컴퓨터로 시뮬레이팅하기도 했다.

티라노사우루스가 포식 공룡인지 청소 공룡인지, 벨로시랩터가 실제로 어떻게 생겼는지 아직 가설로 존재하는 까닭은, 고생물학이 실험이나 계산으로 온전히 검증될 수 없는, 오직 새로운 발견으로 확인하며 더듬듯 나아가야 하는 영역이기 때문이다. 라우프의 여러 주장과 추론도 그래서 대부분 가설 영역에 머물러 있다.

과학을 움직이는 것은 의견이 아니라 아이디어라는 말이 있다. 고생물학자인 신시내티대학교 아널드 밀러 교수는 "학자의 커리어를 통틀어, 동료 학자들로부터 학계의 연구 어젠다를 바꿀 만한 통찰력 있는 아이디어로 평가받는 이론을 하나만 발표해도 과학자들은 큰 행운이라 여긴다. 데이비드 라우프는 연구자로 산 40여 년 사이 줄잡아 다섯 차례 정도 그런 행운을 누렸다"라고 평가했다. 그의 제자로 UC버클리 통합생물학과 교수 겸 캘리포니아대학교 고생물학박물관장인 찰스 마셜은 "데이브 전까지 고생물학 훈련이 '이게 뭐냐'에 집중됐다면 그는 그것이 어떻게 과거로부터 비롯해 여기까지 이어져왔는지를 생각하게 했다"라고 말했다.

스티븐 제이 굴드의 라우프에 대한 헌사는 위 책 『멸종』의 추천사에 나온다. "데이비드에게 좌우명이 있다면 다음과 같은 것만이 가능할 것이다. 생각할 수 없는 것을 생각하라! 엉뚱하되 적어도 타당하다고 여겨지는 이론을 생각하고, 그것이 모든 것을 설명할 정도로 확장될 수 있는지 점검하라! 이 책은 타당한 우상 타파가 무엇인지를 훌륭하게 보여준다. (…) 데이비드 라우프는 최고 중 최고다."

라우프는 낙상으로 인한 경막하혈종 수술 후유증으로 숨졌다. 1987년 결혼한 두 번째 아내 주디스 야마모토가 그를 임종했다.

1939 — 2016
해리 크로토

나노미터에서 우주까지

세상을 넓힌 탄소화합물의 발견자

이과생이라면 모르는 이가 드물다는 '풀러렌fullerene'이란 게 있다. 순수 탄소화합물로는 흑연과 다이아몬드 다음으로 약 30년 전에야 인류에게 제 존재를 드러낸 동소체. 탄소 원자 60개가 결합해 화학기호도 'C_{60}'이다. 풀러렌이 그렇게 유명해진 건 다이아몬드만큼 강하면서 더 가볍고 안정적인 데다 열·전기 전도성도 뛰어나 물리, 화학, 천문학, 항공우주학, 의·약학 등 분야의 다양한 활용 가능성 때문이다. 풀러렌의 발견과 더불어 나노 과학(기술)이 시작됐다고 하는 이들도 있다.

풀러렌 하면 이과생은 거의 본능적으로 축구공을 떠올린다고 한다. 풀러렌의 탄소 원자가 결합한 방식이 영락없는 축구공 형태, 즉 오각형 가죽 열두 개와 육각형 스무 개가 맞붙은 60개 꼭짓점마다 탄소 원자가 하나씩 놓여 서로를 붙잡고 있는 형태이기 때문이다. 그래서 풀러렌이란 말조차 낯선 문과생이 축구공을 보며 마라도나의 멋진 드리블이나 베컴의 환상적 프리킥을 떠올릴 때 이과생은 풀러렌에서 비롯한 거대한 과학적·문명사적 진전과 가능성에까지 생각이 미칠지 모른다. 문·이과생의 차이를 논(?)하는 수많은 우스개들이 은근히, 때로는 노골적으로 문과생에 대한 이과생의 '과학적' 우월감을 내장하는 것은, (자연)과학적 사고로 훈련된 이과생의 눈에 멋모르고 젠체하는 세상 꼴이 조금은 같잖기도 해서일 것이다.

하지만 서울대 자연대 화학과 학부 밴드 '풀러렌'의 기타리스트조차 1985년 풀러렌을 처음 발견하고 1996년 노벨화학상을 탄 세 과학자—해리 크로토, 릭 스몰리Richard Errett Smalley, 1943~2005, 로버트 컬Robert Floyd Curl Jr., 1933~의 이름까지 기억하지는 않는다. 풀러렌 이후, 그 실험을 주도한 해리 크로토가 과학 자체의 살을 찌우고 과학이 세상으로부터 온당한 대접을 받도록 하는 데 헌신했던 것을 기억하는 이는 더 적을 듯하다. 영국의 화학자 해럴드 월터 크로토Harold Walter Kroto, Harry Kroto가 2016년 4월 30일 별세했다. 향년 76세.

크로토의 아버지는 1900년 폴란드에 태어나 베를린으로 이주한 유대인이었다. 그는 1937년 나치가 집권하자 영국으로 피신했다. 2년 뒤 제2차 세계대전이 터지면서 영국 정부는 적성국가 출신인 아버지를 맨 섬Isle of Man에 억류했고, 만삭의 어머니는 케임브리지셔의 작은 마을 위스벡Wisbech으로 강제 이주시켰다. 전쟁 발발 한 달 뒤인 1939년 10월 7일, 위스벡에서 크로토가 태어났다. 1945년 전쟁이 끝난 뒤 풀려난 아버지는 영국 면방직 산업의 중심지였다가 쇠락해가던 잉글랜드 볼턴 시로 솔가했다. 무일푼이던 아버지는 공구 제조 기술자로 돈을 모아 1955년 작은 풍선 공장을 차렸다. 베를린 시절 하던 일이었다. 크로토는 볼턴서 성장했다.

노벨재단 홈페이지에 올린 자서自敍에서 크로토는 '우스꽝스러운' 이름의 사연과 거기 얽힌 유년의 기억을 소개했다. 원래 그의 이름은 부계의 기원인 폴란드 실레지아의 흔적을 담은 '크로토시너Krotoschiner'였는데 1955년 아버지가 개명해 '크로토'가 됐고, 그 뒤로는 일본계로 오인받곤 했다는 이야기. 또래의 전형적인 랭커셔 이름들 사이에서 이상한 이름 탓에 외계인 취급을 받았고 자신도 위축되곤 했다는 이야기. "다른 아이들과 최대한 다르게 보이지 않기 위해, 그 환경 속에 최대한 스며들기 위해 지속적으로, 무의식적으로 노력했다는 걸 이제 깨닫는다." 10대에 제1차 세계대전을 겪고 이어 대공황과 히틀러의 파시즘을 겪으며 두 차례나 나라를 옮겨다닌 뒤 낯선 곳에서 빈손으로 다시 시작해야 했던 부모의 체험과 더불어, 저 유년의 기억은 그의 도저한 평화주의와 반차별 의식, 집단 이데올로기의 구심력에 대한 저항감의 뿌리였다. 종교와 종교의 정치적 세력화에 대해 비판하며 그는 이렇게 자서에 썼다. "인종주의적 설교나 그와 관련된 이데올로기와 민족주의, 애국주의 그리고 종교적 맹신의 차이를 나는 알지 못한다."

아이들의 장난감인 풍선이 그에게는 일거리였다. 작은 공장엔 늘 일손이 부족했고, 풍선 재료인 라텍스를 반죽하거나 염색하는 일, 기계를 고치고 옮기는 일 등에 그는 수시로 동원됐고, 1년에 두 차례씩 재고 조사도 도맡아야 했다고 한다. 그는 성가시고 힘들었던 그 경험이 훗날 과학자로서 문제를 발견하고 생각을 전개해 해법을 찾아가는 기술을 익히는 데 큰 도움이 됐노라고 말했다. 더 어려서는 조립 완구인 '메카노Meccano. 소형 볼트·너트로 모형을 만드는 완구' 세트가 그의 유일한 장난감이었는데, 거기에 대면 레고 블록은 그야말로 시시한 장난감일 뿐이라고 말했다. "메카노는 진정한 엔지니어링 키트여서, 다른 어떤 것으로부터도 얻을 수 없는 (과학자에게 필요한) 중요한 기술들—섬세한 터치 감각까지—을 가르쳐주었다"라고 말했다.

청소년기 그는 화학, 물리, 수학 외에도 미술(그래픽디자인)과 체육(테니스)에 관심이 많았지만, 교육열이 남달랐던 아버지의 숙제 감시 탓에 모두를 병행하기 힘들었다고 한다. 그는 고교 졸업반 화학 교사(해리 히니 전 러프버러대학교 교수)의 영향으로 당시 화학과로는 영국 대학 중 최고였다는 셰필드대학교로 진학한다. 그의 예체능 재능은 남달랐던 듯하다. 학교 테니스 대표로 영국 대학체육협회 주최 대회 결승전까지 두 차례 올랐고(자기 때문에 우승은 못했다고 어쨌든 그는 말했다), 교내 (학생)체육위원회 회장도 지냈다. 그래픽디자인 재능과 열정으로 교지 〈화살Arrows〉의 편집과 표지 디자인, 홍보 포스터 디자인을 도맡았고, 서식스대학교 대학원 시절 〈선데이타임스〉 디자인 경진 대회에서 상을 타기도 했다. 훗날 서식스대학교 화학과 교수·연구 브로셔 〈Chemistry at Sussex〉 표지 디자인은 최고의 전문 그래픽디자인 국제 연감인 『모던 퍼블리시티 Modern Publicity』에 수록됐다. 그는 2001년 노벨화학상 기념우표 디자인을 하기도 했다. 이름이야 어떻든 잘생기고 기타 연주에도 능해 학생 포크 클럽 멤버로도 활약했던 그는 1963년 동창이던 마거릿 헨리에타 헌터Margaret Henrietta Hunter와 결혼했고, 1964년 서식스대학교에서 분광학Spectroscopy. 빛을 쏴서 물질이 방출하거나 흡수하는 스펙트럼으로 물질의 성질을 분석하는 학문으로, 물리와 분석화학, 천문학 분야에서 중요하게 이용된다고 한다 관련 논문으로 박사 학위를 땄다. 당시 분광학 분야의 메카였던 캐나다 오타와 국립연구회의NRC, National Research Council Canada에서 박사후과정 연구원으로 일했고, 1966년 서식스대학교로 돌아와 이듬해부터 강의를 시작했다.

주기율표 6번인 탄소는 아주 가볍고 사교적인 원소로 우주와 뭇 생명의 근원이라고도 하지만, 풀러렌이 등장하기 전까지 인류는 순수한 탄소의 기본 형태로 흑연과 다이아몬드 외에 알지 못했다. 탄소의 진가가 더욱 빛을 발한 것도 풀러렌이 발견된 뒤부터였다. 성간 대기(먼지)의 성분, 특히 탄소 골격에 대한 연구를 진행하던 1984년 그는 미국 텍사스 휴스턴의 라이스대학을 찾아갔다. 레이저 초음파 집적 광선기를 그곳 스몰리·컬 연구 팀이 고안해 실리콘, 게르마늄 등 원소로 반도체 실험을 진행 중이라는 걸 안 직후였다. 1985년 9월, 크로토의 제안으로 공동 연구를 시작한 그들은 흑연에 레이저빔을 쏴서 기화시킨 뒤 남는 잔여물(숯)의 화학 성분을 분석, 그 속에서 탄소 원자 60개로 구성된 완전히 새로운 물질을 발견한다.

훗날 크로토는 "과학자의 삶에서 대담해져야 할 때가 있다는 걸 아는 건 중요하다"라고 말했다. 그 대담성의 결과가 새로운 탄소 동소체의 구조를 축구공과 흡사하리라 가정하는 거였다. 그가 아는 한, 60개의 원자가 가장 안정적으로 또 가장 아름답게 배열된 형태가 축구공이었다. 그는 C_{60}에 '버크민스터풀러렌'('렌'은 복수형. 줄여서 풀러렌 혹은 버키볼이라 불린다)이라는 이름을 붙여 그해 말 〈네이처〉지에 발표했다. 버크민스터 풀러Buckminster Fuller, 1895~1983는 최소 자원을 소비해 최대의 공간을 최대한 아름답게 구현하자는 건축미학으로 1967년 몬트리올엑스포의 미국관 돔(측지학 돔geodesic dom)을 건설해 세계를 놀라게 한 미국 건축가였다. 새로운 탄소 동소체의 탄생에 과학계는 당연히 열광했지만 결합 구조가 축구공 형태라는 가설에까지 선뜻 동조하지는 않았다. 크로토는 훗날 "나는 그게 너무 아름다운 가정이어서 옳을 수밖에 없다는 강한 직감gut을 갖고 있었다"라고 말했다. 1991년 물리학자 크레치머와 허프만이 엑스선 회절법 등을 통해 크로토의 '축구공' 가설을 입증했다. 후속 연구를 통해 C_{70}, C_{84} 등 구체나 튜브 모양의 탄소화합물이 더 있다는 것도 확인됐다.

풀러렌은 강철보다 100배나 강하면서 무게는 6분의 1에 불과해 재료 혁명의 무한한 가능성을 품은 소재로 알려져 있다. 그 자체로 지름 1나노미터 미만의 최소 베어링이자 윤활제이고, 기억소자 등에 활용될 수 있는 초전도체다. 비어 있는 속에 다른 원소나 물질을 삽입해 에이즈나 항암 표적 치료제 등의 캡슐 대체제로 활용될 가능성도 주목받는다. 반도체의 집적 정도를 최대 1만 배까지 향상시킬 수도 있고, 수지에 첨가해 내구성, 내열성을 높이거나 정전기·잡음 차단 활용 연구도 진행 중이라고 한다. 풀러렌의 양끝을 열어 길게 이은 게 저 유명한 탄소 나노 튜브다. 스웨덴 과학한림원은 "풀러렌의 발견은 화학과 물리학에 대한 기존의 지식과 생각을 확장했고 (…) 우주의 탄소 발생에 대한 새로운 가설을 제공했다"라고 평가했다.

우주의 성간 대기 속에 풀러렌이 무수히 존재하리라는 그의 또 하나의 가설은 2015년 스위스 바젤대학교 존 메이어John Maier 연구팀에 의해 입증됐다. 그는 "생전에 그게 증명되리라곤 기대도 안 했다. 저 은하에 온통 축구공이 떠다니고 있으리라고 누가 생각했겠느냐"라며 〈케미스트리월드Chemistry World〉 비디오를 통해 기뻐했다고 한다.

친구인 진화생물학자 리처드 도킨스는 "크로토는 우주 어딘가에 만일 외계인이 있다면 그 생명체도 틀림없이 탄소화합물일 것이리고, 다른 어떤 원자도 탄소를 대신하진 못할 것이라고 말했다"라고 전했다. 도킨스는 "전복적 영혼과 아이의 호기심으로 충만한 학자"였다고 그를 추모했다.

크로토는 『만들어진 신』 같은 책을 쓰지는 않았지만 도킨스 못지않은 견결한 이신론자였다. 어린 시절 유대교 신자였던 아버지와 함께 금식하던 어느 날, 어머니(비유대인)가 먹던 따듯한 크루아상의 유혹을 못 이겨 하나를 훔쳐 먹곤 천벌을 각오하고 기다렸는데 아무 일도 없더라는 얘기를 하며 "(그때부터) 아무것도 없다는 논리적 결론을 내렸다"라고 노벨재단 자서에 썼다. "나는 개인이나 조직이나 정권regime이 개인의 근원적 권리인 스스로 말하고 생각하고 쓰고 또 안전할 수 있는 자유를 막아설 때마다 심한 반감을 느낀다. 나는 개인의 선 앞에 공동체의 선을 내세우는 그 어떤 주장에도 반대해야 한다고 생각한다"라고도 했다. 그는 "내 종교는 국제사면위원회, 유머, 무신론밖에 없다"라고 말했다.

크로토는 2003년 2월 15일 미·영의 이라크 침공에 앞서 영국의 노벨상 수상자 10여 명이 발표한 〈타임스〉 전쟁 반대 공동성명을 주도했고, 2010년 9월 베네딕트 16세 교황의 영국 국빈 방문에 반대하며 〈가디언〉에 기고한 공개서한의 서명(54명)에도 앞장섰다. 그들은 가톨릭교회가 콘돔을 반대함으로써 가난한 나라의 입을 늘리고 에이즈 확산을 야기하고, 분리·차별 교육을 옹호하고, 낙태를 부정하고, 성 소수자의 평등한 권리를 부인하는 점 등을 비판했다.

1996년 노벨상 수상 소식을 듣기 불과 두 시간 전, 영국 정부는 그의 후속 연구 예산 10만 파운드의 지원을 거부하는 결정을 내려 망신당한 일이 있었다. 수상 이후 그의 연구비 조달 여건은 개선됐지만, 영국 교육·과학 당국과 대학의 기초과학 푸대접은 여전했다고 한다. 2004년 엑서터대학교가 화학과를 폐지하자 크로토는 앞서 받은 명예 학위를 반납하며 비판했다. 2007년 5월 〈가디언〉 기고에서는 그즈음 5년 사이 영국 대학 물리학과의 30퍼센트가 폐과되거나 통폐합되고, 2006년 자신이 37년간 머물고 왕립학회 열두 명의 회원과 세 명의 노벨상 수상자를 배출한 서식스대학교 화학과마저 폐과하려 한 일 등을 상기하며 "만일 세상의 미래가 과학자의 손에 달려 있다면, 지난 10년 영국 정치의 안일함이 바뀌지 않는 한 그 해답이 영국에서 나오기는 어려울 것"이라 쓰기도 했다.

노벨상 수상 이후 그는 자신의 연구 못지않게 과학에 대한 대중적 이해와 과학교육 환경 개선에 열정을 쏟았다. 1995년 BBC와 함께 베가사이언스신탁Vega Science Trust을 설립, 중요한 과학적 연구와 발견, 주요 원리와 개념 등을 설명하는 영상 자료를 제작했다. '신탁'은 280여 편을 제작·방영하고 2012년 해산했다. 2009년에는 위키피디아 등을 모델로 한 국제 과학·공학 기술 교육자료 제공 사이트 'GEOSETGlobal Educational Outreach for Science, Engineering and Technology' 를 설립, 누구나 자료를 올리고 내려받을 수 있게 했다. 2014년에는 아내 마거릿과 함께 전 세계 11~18세 청소년들이 제작한 과학·공학·수학 교육 영상 자료를 심사해 시상하는 '과학기술의 창의적 활용 교육상'을 제정하기도 했다. 말년의 그는 전 세계를 돌며 한 해 평균 70~80회가량 강연하며 '자연과학적' 사고와 인식의 중요성을 전도했다. "진실의 최대의 적은 부정한 의도로 만들어진 거짓이 아니라 비현실적이면서도 집요하고 설득력 있는 신화"라는 케네디의 말, 또 중세 철학자 아벨라르Peter Abelard, 1079~1142이 "의심에서 시작해 탐구로, 탐구를 통해 진리로 나아가야 한다"라는 것 등이 그의 강연 요지였다고 한다. 그리고 또 하나, 과학은 호기심과 재미로 해야지 상을 목적으로 경쟁적으로 해선 안 된다는 것, "노벨상 수상자라고 예외적으로 지적인 사람은 결코 아니라는 것"을 알리고자 했다. 그는 자기가 그런 사람이라고 했다.

그는 근육이 경직·마비·약화하는 유전성 질환인 근위축성 측색 경화증으로 별세했다.

1933 — 2016
로버트 '밥' 페인

장 난 처 럼 즐 겁 게

생태계에 뛰어든 현장의 생태학사

어떤 모임에나 거멀못 같은 존재가 있기 마련이다. 특별히 유능하거나 유머 감각이 탁월하거나 사람들을 잘 챙기거나 돈을 잘 내거나…… 그건 리더나 총무의 덕목이지만 그런 이가 늘 리더나 총무인 건 또 아니다. 생태계에도 그런 종이 있다. 크든 작든 모든 생태계는 생산자(식물)에서부터 초식동물—포식 동물—최상위 포식자—분해자에 이르는 영양 단계별 개별 종들의 균형과 조화를 통해 유지되지만, 생태계 안정에 기여하는 바가 균등하지는 않다. 잔인한 말이지만, 멸종을 해도 영향이 제한적인 종이 있고 전체 생태계에 치명적인 영향을 끼치는 종도 있다. 그런 종을 생태학에서는 '핵심종Keystone Species, 혹은 쐐기종'이라고 부른다.

해양생태학자 로버트 페인Robert Treat "Bob" Paine III은 1963년 7월, 미국 워싱턴 주 올림픽 반도의 마카 만Makah Bay, 머코(Mukkaw) 만이라고도 한다이라는 인적 없는 바다의 한 무인도에서 혼자 긴 쇠막대기를 들고 별난 실험을 시작했다. 조간대潮間帶 만조기에 물에 잠기고 간조기에 드러나는 구역 바위에 붙은 불가사리(오크리불가사리Pisaster ochraceus)를 일

삼아 뜯어내 바다 깊은 곳으로 집어 던지는 거였다. 불가사리는 홍합, 따개비, 말미잘, 삿갓조개 등 바위에 붙어 사는 무척추동물들을 닥치는 대로 먹어 치우는 포식자. 조개류처럼 몸의 건조를 막아줄 껍데기가 없기 때문에 조간대에서는 주로 깊은 구역에서 먹이 활동을 한다.

페인은 주기적으로 섬에 들어가 집요하게 그 실험을 하며 생태계의 변화를 관찰했고, 3년 뒤인 1966년 충격적인 논문을 발표했다. 불가사리 한 종을 없앴더니 실험 지역 내 15종이던 생물 종이 8종으로 줄었고, 그나마도 홍합(캘리포니아홍합Mytilus californianus)의 독무대가 되더라는 거였다. 언뜻 봐선 개구쟁이 장난 같아 보이는 저 실험이 관찰·분석 중심의 생태학을 "실험과학이 되게" 했고(프린스턴대학교 사이먼 레빈 교수), 지금은 상식적으로 보이는 그 논문이 생태계 이해와 관리·보존의 획기적 전기가 됐다. 60년대 생태학의 혁신을 주도한 로버트 트리트 '밥' 페인이 2016년 6월 13일 별세했다. 향년 83세.

페인은 1933년 4월 13일 매사추세츠 케임브리지에서 태어났다. 아버지는 보스턴미술관 큐레이터였고 어머니는 작가 겸 사진가였다. 〈뉴욕타임스〉에 따르면 미국독립선언서 서명자의 한 명인 로버트 페인1731~1814이 그의 할아버지다. 2013년 워싱턴대학교 학회지 인터뷰에서 그는 "두 살 반 무렵 지저분한 찻길에 앉아 개미들을 관찰하던 기억이 난다. 아주 어렸을 때부터 나는 자연에 완전히 매료되곤 했다"라고 말했다. 그는 '소년 탐조가boy birder'이기도 했다. 또래들과 함께 뉴잉글랜드의 숲을 누비며 새와 나비, 도롱뇽 등을 관찰하고 자신이 본 모든 걸 기록하는 게 일상이었다고, 그 모든 게 생태학자에겐 멋진 훈련이었다고 그는 말했다.

1954년 하버드대학교(동물학)를 나와 군 복무를 마친 뒤 미시간 대학교 대학원에서 택한 전공은 고생물학이었다. 화석 연구를 하다 지질학에 마음을 줄까 말까 하던 무렵, 생태학자 프레드 스미스의 담수 무척추동물 수업을 들었고 그의 적극적인 권유로 유년의 로망이던 생태학으로 관심이 급선회한다. 바위에 갇힌 데본기의 화석동물보다는 살아 있는 생명과 그들의 위태로운 생태에 구미가 당긴 거였다. 그는 활동적인 학자였다. 완족류(조개)를 연구하던 스미스의 샘플 채취 작업을 돕던 50년대 말, 그는 자신의 폭스바겐 밴을 몰고 플로리다 해안을 누비고 다니는 게 일이었다고 말했다. 스크립스 Scripps 해양연구소에서 박사후과정을 밟은 후 1962년 워싱턴대학교에 자리를 잡았다.

생태학에서 'HSS 가설'이라고 부르는, 헤어스턴·스미스·슬로보드킨의 공동 논문 「군집의 구조와 개체군의 제어와 경쟁Community Structure, Population Control, and Competition」이 발표된 게 1960년이었다. 그들은 논문에서, 한 생태계에서 특정 종의 개체군이 폭발적으로 늘어나지 못하는 까닭은 먹이 제약 때문이라는 가설을 제기했다. 생산자 즉 식물과 달리 포식 동물은 종간·종내 먹이 경쟁을 벌일 수밖에 없고, 초식동물의 개체군 크기는 먹이인 생산자가 아니라 포식동물의 개체군 크기에 영향을 받는다는 거였다.

저 가설을 검증하는 게 당시 생태학계의 과제였고, 젊은 생태학자 페인이 워싱턴 주 바닷가에서 애먼 불가사리와 씨름을 시작한 것도 그 때문이었다. 검증이 필요하다면 직접 실험을 해보자는 것.

관찰-가설-검증이 아니라 생태계에 직접 개입해 실험을 한다는 건 당시로선 '혁명적인 발상'이었다.

마카 만의 타투시Tatoosh 섬은 올림픽 반도 해안에서 1킬로미터가량 떨어진, 마카 인디언 보호구역 내 무인도였다. 우연히 연어 낚시를 갔다가 그 섬의 생태계와 절묘한 통제 환경에 착안한 그는 곧장 원주민 족장을 찾아가 협조를 청했다. 마카족이 내건 조건은 '무덤들은 훼손하지 말라'는 것 단 하나였다고 한다. 그는 봄여름엔 월 2회, 겨울에는 월 1회 섬에 들어갔다. 처음엔 혼자, 나중엔 동료, 제자 들과 동행했다. 종과 개체 수를 세고, 서식 밀도를 계산하고, 추이를 기록하고 예측했다. 그가 포식 패턴을 조사하기 위해 해부한 불가사리가 1000마리가 넘었고, 관찰기록만 가죽 장정 노트 20권이 넘었다. 약 석 달이 지난 첫해 9월, 이미 변화가 감지되기 시작했다. 홍합과 따개비가 늘어나기 시작한 거였다. 하지만 1년 뒤인 이듬해 6월, 따개비도 줄기 시작했고 네 종의 바닷말이 거의 사라졌고 삿갓조개류와 딱지조개류, 말미잘, 해면체 들도 자취를 감춰갔다. 반면에 작은 포식 달팽이Thais emarginata는 무려 스무 배나 증가했다. 가장 눈에 띄는 변화는 홍합의 약진이었다. 홍합은 폭 8미터 조간대 거의 전역을 독점하게 됐다. 포식자(불가사리)가 사라짐으로써 이동성과 공간 경쟁력에서 가장 탁월한 홍합이 다른 무척추동물의 서식 공간을 잠식한 거였다. 최상위 포식자의 생태적 가치를 소개한 데이비드 쾀멘의 저서 『신의 괴물』 추천사에서 최재천 교수는 불가사리와 같은 알파 포식자의 역할을 "시장을 독점하려는 몇몇 대기업들의 횡포를 감시하고 규제하는 정부의 기능"에 비유했다.

페인은 〈미국자연주의자저널Journal of American Naturalist〉에 발표한

우리는 정치인을 교육시킬 필요가 있다.
나는 그게 과학자들의 책임이라고 생각한다.
우리는 밖으로 나가
청중들을 찾아야 한다.

1966년 논문에 저 실험 결과를 발표했고, 이후 논문들에서 '핵심종' 과 '영양 폭포Trophic Cascade'라는 개념으로 그 메커니즘을 설명했다. '영양 폭포'란 불가사리 즉 핵심종이 사라진 뒤 이어지는 생태계 2 차 붕괴를 지칭하는 용어다.

반응은 가히 폭발적이었다. 당시 생태학계를 이끌던 프린스턴의 천재 학자 로버트 맥아더Robert MacArthur, 1930~1972는 그에게 "당신의 논문이 모든 걸 바꿀 것"이라고 극찬하는 편지를 썼고, 그는 논문 을 청하는 이가 너무 많아 1200부를 추가로 찍어 〈미국자연주의자 저널〉에 전달해야 했다. 의기양양해진 그가 집에 가서 자랑을 했더 니 당시 〈뉴욕타임스〉에 과학 칼럼을 쓰던 어머니가 "내 얘기도 들 어볼래? 수질 보존에 관한 내 칼럼을 본 위스콘신 상원 의원이 유 권자들에게 배포하겠다며 20만 부를 보내달라고 했다지 뭐니"라고 응수하는 바람에 머쓱해졌다는 얘기를 2013년 〈바이오디버스 퍼스 펙티브BioDiverse Perspective〉와의 인터뷰에서 소개했다. 그 말끝에 그 는 "그 둘은 물론 아주 다른 청중이지만, 어머니의 청중이 아마 훨 씬 중요한 이들일 것"이라고 덧붙였다.

그는 1998년 퇴임할 때까지 워싱턴대학교에 재직했다. 명예교수 가 된 뒤에도 버켄스탁 샌들에 청바지 차림으로 거의 매일 대학 킨 케이드 홀 지하 연구실에 나가 글을 쓰거나 제자들과 토론하며 조 언했다. '마카 연구실'(그들은 마카 만을 그렇게 불렀다) 실험 당시에 도 저녁이면 다들 모닥불가에 둘러 앉아 토론하며 수업 아닌 수업 을 진행하곤 했다고 그의 제자 티모시 우턴(시카고대학교 교수)은 전 했다. 페인은 제자들을 동료로 대했기에 지시를 하는 일이 거의 없었고, 자신이 연구에 결정적인 기여를 하지 않은 한 제자의 논문에 자기 이름 넣기를 거부했다고 한다. 역시 제자인 UCLA 교수 피터 커레이버Peter kareiva는 "그가 거든 논문에 모두 이름을 넣었다면 그의 논문 수는 지금보다 열 배가 넘을 것"이라고, "만일 밥이 다시 태어나 지금 주니어 학자로 일했다면, 물론 탁월한 대학원생이었겠지만, 얼마나 큰 보상을 받았을지 미지수"라고 말했다.

페인은 2000년 현장실험생태학기금Experimental and Field Ecology Fund을 설립, 지금까지 30여 명의 석·박사 과정 학생에게 연구 자금을 제공해왔다. 그가 80세 되던 2010년 제자들은 기금에 그의 이름을 붙였다. 2013년 워싱턴대학교 학회지 인터뷰에서 그는 "나도 국립과학재단의 지원을 받아 연구했고 늘 학생들의 도움을 받아왔다. 그들은 내 성공의 일부고 나는 그들에게 고마운 마음을 늘 품고 있다. 기금은 그들이 자유롭게 독립적으로 연구하는 데 도움을 줄 것"이라고 말했다. 그해 〈애틀랜틱저널〉은 그가 "내 학생들은, 단지 아는 게 나보다 적을 뿐 모두 나보다 영리하다"라고 말했다고 전했다. 앞서 언급한 〈네이처〉의 2013년 기사는 '페인 학파'의 우람한 계보도와 함께 그 배경을 소개한 글이었다. 〈네이처〉는 '과학의 왕조scientific dynasties'는 아무나 이룰 수 있는 게 아니라고, 그의 왕조는 (자리나 챙겨주는 학맥이 아니라) 연구 방식과 철학의 멘토십으로 묶인 패밀리라고 썼다.

페인은 현장field work을 중시했고, 과학자 개개인의 창의적 헌신을 높이 평가했다. 그게 '페인 스타일'이었다. 연구소들이 팀을 짜서 진행하는 거대 프로젝트, 이른바 '빅 사이언스'를 그는 불신하고 못마땅해했다. 알래스카에서 멕시코에 이르는 1900킬로미터 해양생태계와 수질, 수온 등을 조사하기 위해 13개 연구소가 뭉친 1999년의 '대양 연안 학제 간 연구 파트너십PISCO, The Partnership for Interdisciplinary Studies of Coastal Oceans' 프로젝트를 두고도 그는 "구체적인 통찰보다는 방대하고 불분명한 경향만 보여줄 것"이고 "젊은 연구자들의 창의적인 역량을 소진시킬 것"이라고 비판했다. 그의 워싱턴대학교 제자로 1997년 미국과학진흥회AAAS, American Association for the Advancement of Science 회장을 지낸 해양생태학자 제인 루브첸코Jane Lubchenco, 1947~ 등이 거기 가담했다. 루브첸코는 "지구온난화부터 해양 산성화 등 새로운 생태학적 도전들은 단독 실험의 리듬으로 쫓아가기엔 한계가 있다"라고, "(스승에 대한 반역은 무척 고통스럽지만) 인류는 그들의 부모 세대를 거스르며 성장해야 한다"라고 말했다.

그것과는 무관한 얘기일지 모르지만, 〈바이오디버스 퍼스펙티브〉 인터뷰에서 페인은 자연생태와 관련해 중요하다고 생각하는 몇 가지—인구 증가와 기후변화 등—를 언급한 뒤 이렇게 말했다. "우리는 정치인을 교육시킬 필요가 있다. 나는 그게 과학자들의 책임이라고 생각한다. 우리는 밖으로 나가 청중들을 찾아야 한다. (…) 예를 들면 국립연구회의NRC, National Research Council 같은 곳과도 일할 수 있어야 하는데, 나도 꽤 했다."

1995년 페인은 25년간 추방시켰던 불가사리들을 섬 조간대에 되돌려놓기 시작했다. 그는 숨을 거두기 몇 년 전까지 타투시 섬을, 약해진 시력과 둔한 발걸음에도 불구하고 정기적으로 들르곤 했다. 2013년 그는 "(딸과 제자들의 부축이 시원찮긴 하지만) 아직은 내 장기 실험의 추이를 추적할 수 있다"라고, "내가 영원히 살 수 없다는 건 알지만 그래도 불가사리가 돌아오면 어떤 일이 벌어지는지 (볼 수 있는 데까지) 지켜보자"라고 말했다. 그 연구는 우턴과 시카고대학교 동료인 우턴의 아내 캐시 피스터^{Cathy Pfister} 교수기 맡고 있다. 〈네이처〉는 "불가사리들이 늘어나면서 홍합들이 다시 영토를 잃고 있고 해안은 페인이 개입하기 이전 상태로 복원되고 있다. 하지만 생태적으로 똑같아졌다고 말할 순 없다. '페인 이후'가 결코 같을 수는 없을 것이다"라고 썼다.

1961 — 2014
제이 에덤스

도 그 타 운 의 제 왕

삶을 즐기고 간 100퍼센트 스케이트보더

지난 200년간 미국의 테크놀러지는 무한한 잠재력을 지닌 거대한 시멘트 바닥을 아무 생각 없이 창조했다. 그 공간의 잠재력을 발견한 것은 열한 살 소년들의 영혼이었다.

스테이시 페랄타Stacy Peralta, 1957~는 2001년 선댄스영화제에서 감독상과 관객상을 탄 자신의 다큐멘터리 영화 〈도그타운과 Z-보이스Dogtown and Z-boys〉의 첫 장면을 그가 1975년 한 잡지에 썼던 저 문장으로 열었다. 영화는 1970년대 미국 캘리포니아 샌타모니카 남쪽 베니스의 해변 슬럼 '도그타운'과 'Z-보이스'라 불린 소년들, 또 그들이 스케이트보드로 이룬 도전과 성취를 그리고 있다. 그 다이내믹하고도 저릿한 이야기의 중심을 거침없이 가로지르며, 도그타운이라는 토포스와 Z-보이스의 에토스를 보드 위에 얹어 세상 밖으로 이끌고 나온 존재가 있었다. 모던 스케이트보드의 전설이자 전 세계 보더들의 우상 제이 애덤스Jay J. Adams. 그가 2014년 8월 14일 숨졌다. 향년 53세.

1975년 반캐딜락Bahne-Cadillac이라는 한 보드 회사가 스케이트보드 전국 대회 '델마내셔널스Del Mar Nationals'를 연다. 딱딱한 클레이 바퀴를 대체할 우레탄 재질의 바퀴가 막 등장해서 보드의 인기가 달아오르던 때였다. 50년대 말 등장한 스케이트보드는 60년대 서핑의 보조 레포츠로 10대들 사이에서 반짝 주목을 끌었지만, 갓 등장한 요요나 훌라후프 또 롤러스케이트의 인기에 밀려 외면당하던 시절이었다. 파도의 거친 동력이 없는 시멘트 바닥에서 널빤지 위에 두 다리를 가둔 채 오직 중력과 몸의 동력으로만 나아가야 하는 스케이트보드의 제약이 떨떠름했을 것이다. 요컨대 그때까지 사람들은 보드의 가능성을 알지 못했다.

델마내셔널스 대회 프리스타일 부문. 운동복 차림의 선수들은 보드 위에 물구나무를 서거나 한자리에서 두세 바퀴씩 회전하는, 아이스 스케이팅이나 초보 애크러배틱 수준의 기량들을 선뵀다. 거의 막판에 출전한 Z-보이스의 열네 살 막내 애덤스는 당시로선 듣도 보도 못한 자세와 테크닉으로 관객들의 시선을 사로잡는다. 치렁치렁한 금발에 반항기 어린 시선, 허름한 청바지. 그는 마치 파도 위에라도 선 듯 무릎을 굽혀 몸을 낮추고 몸을 흔들어 아스팔트 위에 너울을 만들며 나아갔다. 그러다 답답해지면 양손으로 보드를 잡고 메뚜기처럼 콩콩 뛰고, 한 손으로 바닥을 짚고는 컴퍼스처럼 보드와 몸을 360도 회전시키면서 그 관성으로 돌진했다. 룰도 평가도 관심에 없다는 듯, 가로세로 10미터의 경기장을 뛰어넘어 바깥으로 내닫기도 했다. 그건 연기가 아니라 창조였다. 당혹스러워하던 심판진은 그에게 동상을 수여했지만, 세상은 그를 기억했다. 당시 보드 잡지 〈스케이트보더〉의 한 기자는 "그들(Z-보이스)은 스케이트보드 팀이 아니라 거리의 갱에 가까우리만치 공격적인 연기를 펼쳤다"라고 썼고, 편집장 워런 볼스터는 "(…) 세상은 Z—보이스를 만날 준비가 돼 있지 않았다"라고 썼다. 그 대회에서 Z—보이스의 유일한 여성 멤버 페기 오키는 여성 부문 1등을 차지했고, 1977년 스케이트보드 전미 챔프 토니 알바는 4위였다.

저 1975년 전설의 에토스를 이해하기 위해서는 먼저 도그타운을 알아야 한다. 60년대 초까지만 하더라도 미국 서부의 코니아일랜드라 불릴 만큼 뜨거운 바다였던 베니스는 남쪽 샌타모니카가 개발되면서 급격히 쇠락했다. 해안을 따라 내닫는 롤러코스터가 자랑이던 베니스오션파크는 1967년 문을 닫았고, 마을은 마약과 알코올 중독자, 방화광, 소수의 예술인들이 머무는 슬럼이 됐다. 그렇게 죽어가던 원더랜드를 떠나지 못하는 사람들 중에 서퍼들이 있었다. 도그타운 앞바다의 거친 파도와 그 파도를 타고 잔교의 좁은 교각 사이를 곡예하듯 누비는 거친 서핑을 사랑하는 이들이었다. 서핑도 반사회적 스포츠의 대명사로 꼽히던 시절이었다.

거기 제프 호Jeff Ho, 1949~와 스킵 앵블럼Skip Engblom, 1948~이 있었다. 보드 디자이너 겸 광적인 보더였던 둘은 1972년 '제퍼프로덕션Zephyr Productions'이란 이름의 보드 매장을 연다. 그들의 모토는 '유니크Unique'였다. 보드도 달라야 했고 보딩도 그냥 잘 타는 게 아니라 각자의 스타일이 있어야 했다. 그들의 지향이 훗날 '도그타운 스타일'의 바탕이 된다.

파도가 없는 날이면 도그타운의 아이들은 스케이트보드를 탔다. 버려진 경사로의 슬랄롬slalom쯤은 이미 시시해진 그들이었다. 그들은 인근 학교와 저택들의 수영장에 주목했다. 마침 70년대 캘리포니아 대가뭄이 닥쳤고, 주 당국은 제한 급수와 함께 모든 수영장의 사용을 금지했다. 매끄러운 바닥과 '개 밥그릇dog bowl'처럼 오목한 곡면, 중심에서 림rim으로 갈수록 수직에 가깝게 휘어져 오르는 벽면이 그들에게는 야수 같은 파도를 연상시켰을 것이다. 거기서 그들은 전대미문의 기술들을 연마했다. 보드에서 떨어지지 않고 수영장 벽을 타고 오르고, 벽을 넘어 허공에서 방향을 바꿔 반대편으로 내닫고, 파동을 그리며 벽을 따라 돌기도 하고……. 휴가 떠난 빈집을 찾아다니며 때로는 수영장 쓰레기 더미를 치우고 물을 퍼내기도 하면서, 또 신고를 받고 출동한 경찰에 쫓기기도 하면서 그들은 다양한 형태와 곡면의 수영장들을 각자의 스타일대로 개척하고 정복했다.

1975년 대회 전에 이미 그들은 세상 누구도 알지 못하던 보드의 세계를 몸으로 구현한 괴물들이었다. 대회 직전 제퍼프로덕션은 그들 중 최고의 열두 명으로 '제퍼 스케이트보드 팀'을 꾸린다. Z-보이스는 그렇게 탄생했고 제이는 그 팀의 막내였다. 제프 호는 2001년 〈LA위클리〉 인터뷰에서 이렇게 회고했다. "제이는 누구도 또 스스로도 이해할 수 없는 것들조차 너무나 천연덕스럽게 시도하곤 했다. (보드 위에서) 그는 한마디로 물처럼 흘렀다fucking flow."

제이 애덤스는 1961년 2월 3일 캘리포니아 샌타모니카에서 태어났다. 마약중독자였던 아버지는 그가 태어난 직후 가족을 버렸고, 한 살의 그는 공장 직공이던 어머니와 서퍼였던 양부 켄 셔우드와 도그타운으로 이사했다. 1975년 두 사람이 이혼할 때까지 켄은 제이를 보살폈고, 제이가 네 살일 때부터 보드를 가르쳤다고 훗날 한 인터뷰에서 말했다. 제프 호가 제이를 처음 만난 것도 그가 채 열 살이 안 됐을 때였다. 그는 〈LA타임스〉 인터뷰에서 "60년대 말, 제 이는 내가 본 최연소 서퍼였어요. 서핑을 하던 중인데 한 꼬마가 보 드를 들고 내게 오더니 '당신이 제프 맞죠? 당신의 서핑 스타일이 정말 마음에 들어요'라고 하더군요. 깜짝 놀랐어요." 훗날 그는 스케 이트보드 위의 제이를 보고 또 한 번 놀라게 된다.

1975년 대회는 스케이트보드의 붐으로 이어졌다. 60년대의 핫 매 거진 〈스케이트보더〉가 복간돼 패러 포세트Farrah Fawcett, 1947~2009 같은 할리우드 스타들의 보딩 장면이 표지를 장식했고, Z-보이스 멤버들은 10대들의 우상이 돼 CF에 출연하고 영국 등 해외 무대에 초청되기도 했다. 유명 스포츠 브랜드의 보드 시장 진출도 본격화 했다. 자본이 가장 먼저 한 것은 스케이트보드 팀 창설이었고, 10대 말 20대 초반의 토니 알바, 스테이시 페랄타 등 Z-보이스들을 스카 우트하기 시작했다. 대회 1년 뒤 제퍼 스케이트보드 팀은 해체됐다. 하지만 제이 애덤스는 도그타운에 남았다. 2001년 〈LA타임스〉와의 서면 인터뷰(당시 그는 수감 중이었다)에서 그는 이렇게 회고했다. "어 떤 옷을 입고 어떻게 행동하고 어떻게 보드를 타야 하고…… 그런 간섭이 바보 같아 보였다. 잡지 인터뷰며 광고 들을 감당할 수 없었 고, 그래서 물러나 있기로 했던 거다. 늘 그랬듯이 나는 보드를 그 냥 즐기며 타고 싶었다." 스케이트보딩 월드컵의 공동 창설자인 대 니얼 보스틱은 한 인터뷰에서 "제이의 멋진 점 가운데 하나는 그가 상업적 관계에 단 한 번도 흔들리거나 연루된 적이 없었다는 점"이 라며 "그 점에서 그는 정말 지독했다pretty hard-core"라고 말했다.

나는 지금도 스케이트보딩을 사랑하고,
그 마음은 일곱 살 무렵의
그 시절과 조금도 다르지 않다.
100% SKATEBOARDER 4 LIFE.

대회에 출전해서도 그는 경쟁보다 그 공간을, 시간을 즐겼다. 스킵 앵블럼은 그런 그를 2002년 〈호놀룰루 스타 불레틴〉 기자에게 "스케이트보드의 지미 헨드릭스"라고 했고, Z-보이스 멤버 앨런 살로Allen Sarlo, 1958~는 그를 제임스 딘에 비유했다. 그는 평가에도 대결에도 무심한 듯 보였고 시합에서든 연습에서든 한 무대에서 같은 동작과 기술을 반복하는 법이 없었다. 복싱에 비유하자면 그는 상대의 약한 부분을 집중 가격하는 영리한 복서가 아니라 모든 부위를 다양하게 공략해 총체적으로 허물어뜨려야 직성이 풀리는 기이하고 광적인 복서였다. 사진작가이자 그의 친구인 글렌 프리드먼이 〈엑스게임스XGames.com〉에 소개한 제이의 에세이 「나의 원칙My Rules」에는 이런 문장이 나온다. "나는 늘 스케이트가 좋아서 스케이트를 탄다. 그건 별게 아니다. (…) 나는 그냥 하고 싶은 대로 한다. 어떻게 될지, 다칠지 말지는 이후의 일이다. 나는 생각하지 않는다. (…) 가끔 스타일을 생각할 때도 있지만 솔직히 말하자면 내게 그건 자연스럽게 나오는 거다. 언제나 즐거움이 관건이다." 옥중 촬영한 페랄타의 다큐멘터리에서 그는 "스케이트보딩이 직업이 되면서 너무 심각해졌다. (…) 그러면서 재미가 사라졌다"라고 말했다. 제이와 함께 70년대 스케이트보드의 제왕으로 군림했던 토니 알바는 "아이들이 크래커와 우유를 먹고 자랄 때 제이는 서핑과 스케이트보딩으로 자랐다"라고 말했다.

어쩌면 제이의 불행한 삶이 그의 신화를 강화하기도 했을 것이다. 토니 알바가 스타의 삶을 살다가 유명한 보드 메이커로 일찌감치 성공하고, 페랄타가 영화제작자이자 토니 호크Tony hawk, 1968~ 같은 2세대 스케이트 챔프 겸 영화배우를 길러내는 매니저가 되는 사이, 또 Z-보이스의 모든 멤버들이 적당히 행복하고 적당히 평온한 삶을 영위한 80년대 이후의 20여 년 동안 제이는 술과 마약, 살인으로 이어진 주먹질 등으로 감옥을 전전했다. 1982년 그는 할리우드에서 한 게이 커플과 싸움을 벌였고 그게 패싸움으로 번져 한 남자를 숨지게 했다. 그는 6개월 형을 선고받았고, 2001년에는 마약 범죄로 2년 6개월 형을 살았다. 출옥 직후인 2005년, 마약을 끊고 갓 결혼한 두 번째 아내 트레이시(2011년 4월 결혼)와 새 출발을 꿈꾸던 그는 과거의 헤로인 중개 혐의가 들통 나 다시 감옥에 간다. 2002년의 영화로 그와 Z-보이스가 세상의 주목을 받을 때에도 그는 하와이의 감옥에 갇혀 있었다.

하지만 그의 보드가 멈춘 적은 없었던 듯하다. 〈앤젤파이어〉라는 매체와의 2002년 서면 인터뷰에서, 언제 마지막으로 스케이트를 탔냐는 질문에 그는 "여기 갇히기 며칠 전이었다. 여기서 몇 년 있어야겠지만 나는 스케이트보드를 포기한 적 없고 포기하지도 않을 것"이라고 밝혔고, 〈LA위클리〉와의 인터뷰에서는 "나는 지금도 스케이트보딩을 사랑하고, 그 마음은 일곱 살 무렵의 그 시절과 조금도 다르지 않다. 100% SKATEBOARDER 4 LIFE." '100퍼센트 스케이트보더의 삶'이란 저 마지막 구절을 그는 자신의 목 뒤에 문신으로 새겼다.

출옥 후 한 실내스케이트장 관리인으로 취직한 그는 새벽 5시면 일어나 버스로 90분 거리의 직장에 출근, 오전 8시부터 일한 뒤 퇴근 후 밤 9시면 잠자리에 드는 규칙적인 생활을 이어갔다. 만년의 그는 헐리Hurley 등 몇몇 스포츠 브랜드의 후원을 받았고, 지플렉스 Z-FLEX라는 브랜드를 만들어 보드를 디자인하기도 했다.

휴가를 얻어 아내와 함께 친구들과 멕시코 푸에르토에스콘디도 해안에서 서핑을 즐기던 그는 이날 새벽 심장마비로 숨졌다. 수많은 팬들은 페이스북과 트위터로 그의 죽음을 애도했고, 한 네티즌은 "아버지가 내게 첫 보드를 사주게 해준 사람"이라며 그를 기렸다.

페랄타는 〈앤젤파이어〉 기고문에서 "제이는 역사상 최고의 스케이트보더가 아닐지 모른다. 하지만 확신하건대 그는 모던 스케이트보딩의 기원이다. (…) 그는 기원의 씨앗original seed이었고, 우리 모두를 감염시킨 바이러스였다"라고 말했다. 숨지기 몇 달 전 애덤스는 알바와 페랄타 등 원년 멤버들과 베니스비치 인근의 한 식당에서 모여 Z-보이스 재결성을 논의하기도 했다.

페랄타의 다큐멘터리와 2005년의 극영화(〈도그타운의 제왕들〉) 이전에, Z-보이스의 신화를 미국 전역으로 전파한 가장 큰 공로자는 도그타운 출신의 포토저널리스트 크레이그 스테식Craig Stecyk, 1951~이었다. 그는 1975년 복간된 잡지 〈스케이트보더〉에 Z-보이스의 멋진 연습 장면 사진과 빼어난 글로 도그타운의 그들을 세상에 알렸다. Z-보이스 멤버들의 친구로, 스테식과 함께 사진을 찍은 사진작가 글렌 프리드먼도 있다. 그는 제이를 추모하며 자신의 블로그에 "누구라도 제이를 안다면, 크레이그 스테식과 나의 글과 사진에 담긴 도그타운의 모든 이야기가 바로 제이의 이야기임을 알게 될 것"이라며 "우리의 모든 노력은 사실 제이 애덤스의 정수를 포착하기 위한 것이었다"라고 적었다.

그는 전처와 딸 베니스를, 전 여자 친구와 아들 세븐을 낳았고, 아내 트레이시와 캘리포니아 샌클레멘테에서 살았다. 그는 2012년, 아주 늦게야 미국 스케이트보드 명예의 전당에 이름을 올렸다.

1959 ___ 2015
이와타 사토루

상 상 력 의 여 백

닌텐도를 이끈 게임광

일본 게임업체 닌텐도사가 야심작 '닌텐도DS'와 'Wii(위)'를 잇달아 출시하며 세계 게임기 시장을 거의 석권하다시피 하던 2000년대 중반, 게이머들 사이에선 이런 농담이 유행했다. "소니는 게임기가 아닌 걸 게이머들에게 팔려 하고, 닌텐도는 게이머가 아닌 이들에게 게임기를 팔려고 한다."

근 100만 원을 호가하는 소니의, 컴퓨터를 넘보는 고사양 게임기 플레이스테이션 3PS3에 대한 실망, 또 게임에 아무 관심 없는 이들—심지어 게임 그만하고 공부 좀 하라는 말을 입에 달고 사는 부모들까지—을 고객층으로 포섭하려는 닌텐도 게임기의 직관적 접근에 대한 찬사였다.

그 무렵 닌텐도 게임 왕국을 이끌던 젊은 사장 이와타 사토루岩田聰는 게이머라면 감동하지 않을 수 없는 강렬한 한마디를 남긴다. "내 명함에 적힌 직함은 사장이지만 머릿속에서 나는 게임 개발자다. 하지만 마음만은 언제나 게이머의 마음이다."

그래픽보다는 아이디어, 하드웨어 기술력보다는 게임 자체의 재미로, 다시 말해 '본질'로 승부하려던 닌텐도의 저 전략은, 하지만 결과적으로 순진하고 낭만적이었다. 고화질 영화를 방불케 하는 그래픽과 블록버스터 컴퓨터 네트워크 게임들의 등장으로, 무엇보다 더 값싸고 더 단순하고 더 중독적인 게임들이 널려 있는 스마트폰의 등장으로 닌텐도의 저 전성기는 채 5년을 넘기지 못했다. 소니와 마이크로소프트의 추격으로 매출은 급락했다. 고전적 비디오게임 인구 자체도 감소했다.

물론 비디오게임이 끝난 건 아니다. 소니나 마이크로소프트와는 다른, 닌텐도만의 게임도 아직 진행 중이다. 그 와중에 닌텐도 최고의 게이머 이와타 사토루가 2015년 7월 11일 퇴장했다. "게임기를 팔아 돈을 벌고 경쟁 업체를 물리치는 것보다 비디오게임에 대한 사회적 인식과 지위를 개선하기 위해 일한다"라던 그를 주저앉힌 것은 아이폰 앱스토어가 아니라 지병인 담관암이었다. 향년 57세.

닌텐도는 수공예 장인 야마우치 후사지로山□房治1859~1940가 1889년 창업한 회사다. 당시 이름은 '닌텐도 곳파이任天堂骨牌', 일본 전통 화투 '하나후다花札'를 손으로 그려 만들던 1인 기업이었다. 회사는 하나후다의 인기와 함께 조금씩 몸집을 불려갔고, 1953년 무렵에는 플라스틱 화투를 대량생산하는 회사가 됐다. 창업주 후사지로의 증손자인 야마우치 히로시山□溥1927~2013가 3대 회장에 갓 취임한 때였다. 히로시는 월트디즈니와 계약을 맺고 1959년 디즈니 캐릭터 카드를 출시해 회사 매출을 크게 신장시켰고, 1962년 닌텐도를 오사카 증권거래소에 상장한다. 주식공개 이후 히로시는 일본 소비경제의 확장세에 편승해 운수, 식품, 숙박업 등으로 사업 영역을 확장하다가 1964년 도쿄올림픽 이후 거품이 빠지면서 호된 실패를 경험하게 된다. "시장조사 믿지 마라"라는 공격적인 경영 방침과 더불어 "오락 산업 한 우물만 파라"라는 지침을 내리는 데는 승부사로서의 히로시의 기질과 실패의 경험이 크게 작용했을 것이다.

히로시의 닌텐도가 재기의 돌파구를 연 것도 넓게 보자면 엔터테인먼트 산업이었다. 이제는 추억의 완구가 된 1966년의 '울트라핸드'(요코이 군페이⊠井軍平 작품)가 주역이었다. 지그재그로 엮인 플라스틱 막대기를 가위처럼 생긴 손잡이로 접었다 폈다 하면서 끄트머리 집게발로 물건을 집을 수 있도록 고안된 울트라핸드는 불티나게 팔렸고, 이후 잠망경 버전인 '울트라스코프', 야구 피칭 오락기 '울트라머신' 등으로 응용되기도 했다. 훗날 울트라핸드는, 닌텐도의 히트 게임《슈퍼마리오》의 '파워 테니스', Wii의《울트라핸드》등 게임 소프트웨어에도 등장하게 된다.

닌텐도가 전자오락 시장에 진입한 것은 1974년 오일쇼크 직후였다. 유가 상승으로 완구 원료비가 치솟고 판매는 부진하던 때였다. 미국의 선구적 게임업체 아타리Atari사의 TV 게임《퐁Pong》이 큰 인기를 끌던 무렵이기도 했다. 1977년, 닌텐도는 첫 가정용 게임기 '컬러TV게임 15'를 출시한다. 대성공이었다. 막대기 두 개로 공을 주고받는 테니스, 블록 깨기 등 후속 버전을 잇달아 출시하면서 '닌텐도=전자오락'의 신화가 만들어지기 시작했다. 1980년, 최초의 휴대용 게임기 '게임워치'를 만든 것도 닌텐도였고, 게임 카트리지를 교환해가며 하나의 게임기로 다양한 게임을 즐길 수 있게 한 '패밀리 컴퓨터'(줄여서 '패미컴')를 처음 만든 것도 닌텐도였다. 패미컴의 인기는 1985년 첫 선을 보인 패미컴용 게임《슈퍼마리오 브러더스》와 잇달

305

아 등장한 《제비우스》《로드러너》 등과 함께 그야말로 하늘을 찔렀다. 5년 뒤 16비트 게임기 '슈퍼패미컴'을 출시하기도 했다. 《테트리스》라는 킬러 콘텐츠를 내장한 2세대 휴대용 게임기 '게임보이' 시리즈도 마땅히 기억돼야 한다.

하지만 1995년 3D 입체 영상을 구현한 '버추얼보이'와 슈퍼패미컴 후속 기종으로 1996년 출시한 '닌텐도64'로 닌텐도는 참담한 실패를 경험하게 된다. 1994년 시장에 진출한 소니의 플레이스테이션이 급속히 시장을 잠식해가던 때였고, 유력 게임 개발사들도 거대 전자 기업 소니의 의욕적인 게임 산업 투자에 매료돼 있던 때였다. 소니는 롬팩을 고집하던 닌텐도와 달리 단가나 용량 면에서 훨씬 유리한 CD 베이스로 전환한 상태였다. 닌텐도는 플레이스테이션 2의 대항마로 출시한 '게임큐브'에서 롬팩 대신 DVD 기초의 광학디스크를 채용해 용량과 로딩 속도를 개선했지만, 소니 열풍과 마이크로소프트의 '엑스박스'에 맞서기에는 역부족이었다.

사토루가 닌텐도 4대 사장에 취임한 게 2002년, 90년대 중반 이래의 힘겨운 싸움으로 닌텐도가 기진맥진해 있던 때였다. 사토루는 승부사 히로시가 120년 세습 경영의 전통을 깨고 꺼내 든 조커 카드였다.

둘의 인연은 1980년대 사토루의 HAL연구소 연구원 시절로 거슬러 올라간다. 직원 다섯 명의 이름 없는 벤처 회사 직원이던 20대 게임 개발자가 세계 최강 기업 경영인의 마음을 사로잡은 결정적 계기는 알려져 있지 않다. 명문 도쿄공대를 나와 내로라하는 기업들을 마다하고 영세 벤처 회사에 취직한, 컴퓨터와 게임에 미친 한 청년의 실력과 겁 없는 열정이 닌텐도 제국의 늙은 기업인에게 신선했을지 모른다. 당시로선 성장일로에 있던 휴대용·콘솔 게임기 시장의 우위를 지키기 위해서는 게임기 못지않게 새로운 게임 소프트웨어 개발이 절실하던 때였다. 특히 가정용 오락기 패미컴의 소프트웨어 개발이 급선무였다. 1인 기업의 전통 위에 선 보수적 회사답게 서드파티third party. 사외 협력사 관리에 유난히 까다롭던 닌텐도 경영진이 80년대 중반 HAL연구소를 사실상 협력 파트너로 인정하고 프로그램 자문과 게임 외주 제작까지 의뢰하게 된 데는 사토루의 공이 컸다고 한다. 오락실용 게임이던 《벌룬 파이터Balloon Fighter》를 패미컴용으로 변환하는 과정에서 닌텐도 개발진의 버전보다 사토루 버전이 훨씬 뛰어났다는 일화도 있다.

80년대 말 일본 경제의 침체와 부동산 투자 실패로 파산하려던 HAL연구소를 닌텐도가 인수한 건 1992년이었다. 히로시는 사토루에게 연구소 운영 전권을 맡기고 게임 소프트웨어 개발에 전념케 했고, 2000년 그를 본사로 불러들여 경영기획실장을 맡긴다. 그리고 2년 뒤, 자신의 사위인 아라카와 미노루 미국 지사장과 《슈퍼마리오》의 개발자로 '게임의 신'이라 불리는 미야모토 시게루를 제치고 사토루에게 자신의 자리를 넘긴다.

2004년 2년 차 CEO 사토루는 휴대용 게임기 닌텐도DS로 소니의 'PSP플레이스테이션 포터블'를 거의 박살내다시피 한다. 강력한 스펙과 멀티미디어 기능까지 갖춘 PSP와 달리, 터치펜에 전자수첩처럼 생긴 닌텐도DS의 킬러 콘텐츠는 어이없게도 간단한 연산과 단어 게임 등으로 구성된 《두뇌 트레이닝》 시리즈였다. 컴퓨터게임의 이미지와 개념 자체를 혁신한 거였다. 노인들의 치매 예방 효과가 알려지면서 전자오락과 가장 인연이 없을 것 같았던 노인들의 소비 시장(자녀들의 선물용 소비)도 열렸다. 닌텐도DS는 무려 1억 5000만여 개가 팔렸다. 당시 한국의 10대들 사이에선 '닌따'(닌텐도 없으면 왕따)라는 말이 유행했다. 게임만 해대는 아이가 미워 게임기를 빼앗아 부수려다 또 그게 너무 단단해서 더 화가 나버린 엄마도 있긴 있었다.

사토루의 닌텐도가 가정용 오락기로 내놓은 게 2006년의 'Wii'였다. '위모컨'이라 불리는 모션센서를 내장한 무선 컨트롤러로 TV 모니터 앞에서 테니스도 치고 복싱도 할 수 있는 체험형 오락기였다. 공을 때리면 진동도 느껴지고 스피커에서 효과음도 났다. 닌텐도DS가 노령화 사회의 정신 건강을 겨냥했다면 Wii는 모니터 앞에서 죽치고 앉아 있는 현대인의 건강·피트니스를 겨냥한 거였다. Wii에 먼저 열광한 것은 전통적인 오락 소비층보다 주부와 직장인이었다. 그렇게 엄마도 닌텐도 패밀리가 됐다.

2006년 11월 〈워싱턴포스트〉의 한 기자는 Wii와 소니의 대응 모델 PS3를 구비해두고 친구 여덟 명을 자신의 집에 초대해 두 제품에 대한 반응을 비교한 기사를 썼다. 그는 "600달러짜리 소니 시스템을 테스트하기 위해 4500달러짜리 50인치 파이어니어 플라스마 TV 세트를 갖춘 반면, 250달러짜리 닌텐도 Wii를 위해서는 플라스마 TV 화면의 절반 크기인 오래된 브라운관 TV를 설치했다"라고 한다. 결과는 닌텐도의 압승이었다. 심지어 비디오게임을 싫어하던 한 친구도 "내가 얼마나 게임을 좋아하는지 알게 돼 놀랍다"라고 말했다고 썼다.

경쟁사들이 화려하고 리얼한 그래픽과 복잡한 기능으로 첨단 게임을 지향할 때 사토루는 거꾸로 '단순하고 쉬운 게임'을 지향했다. 그 이유도 단순했다. 게임 프로그램이 고도화할수록 새로운 게이머에겐 기술적 진입 장벽이 높아질 수밖에 없고, 기존 게이머들로서도 더 새롭고 복잡한 게임을 추구하게 됨으로써 기존 프로그램에 금방 싫증을 내게 될 거라는 거였다. 그리고 무엇보다, 컴퓨터게임이 골방에서 (잠재적) 문제아들이나 즐기는 저급한 '오타쿠 문화'가 아니라 남녀노소 온 가족이 거실에서 함께 즐길 수 있는 문화여야 한다는 게 그의 철학이었다. "다들 니치마켓을 말하는데, 나는 정반대로 생각한다. 경쟁사들처럼 하이테크에 심취한 코어 게이머들을 겨냥하게 되면 결코 게임 인구를 확장할 수 없다. 우리는 현재의 게임층 그 너머를 겨냥하고 있다." 그는 '틈새'가 아니라 '신대륙'을 노렸다. 그 지향은 소니나 마이크로소프트가 컴퓨터와 가전제품에서 시작해 게임으로 진입한 것과 달리 닌텐도가 화투와 완구에서 출발해 아케이드게임으로 확장해나간 경로와도 무관하지 않을 것이다.

게이머들이 지닌 닌텐도 게임의 '유치한' 이미지에 대해, 실제로 경쟁사에 비해 유·청소년과 노년 지지층이 더 많은 닌텐도의 현실에 대해 사토루는 "아이들이 닌텐도를 지지하는 게 나는 자랑스럽다. 그들은 본능적으로 재미난 게임을 선택하기 때문이다"라고 말했다. "기술이 중요하지 않다는 게 아니다. 나도 안다. 하지만 만일 우리가 점점 고도의 구동 프로세서 칩을 적용하고 기술과 첨단 IT 장비에 초점을 맞춰 게임 개발에 나선다면, 소비자들은 점점 더 많은 전력을 소비하게 되고 점점 더 비싼 게임을 하게 될 것이다." 얻는 것과 잃는 것 사이의 균형 위에서 닌텐도 게임은 진화할 것이라는 게 그의 주장이었다.

2006년 4월 이래 1년 사이 닌텐도 매출은 전년 대비 90퍼센트가 늘었고, 영업이익은 2.5배, 순이익은 77퍼센트 증가했다. 2007년 6월 26일 게임기 단일 업종의 닌텐도는 일본 전자 산업의 상징인 소니를 제치고 일본 주식시장에서 장중 한때 시가총액 2위(1위 캐논)에 오르기도 했다. 당시 닌텐도 직원 1401명의 1인당 매출은 52억 원이었고, 전 세계 19만여 명의 직원을 거느린 소니의 직원 1인당 매출은 3억여 원이었다. 이명박 당시 대통령이 과천 청사를 방문해 '현장비상경제대책회의'라는 걸 주재하면서 "왜 우리는 닌텐도 게임기 같은 걸 못 만드느냐"라고 질타했던 건 2009년 2월이었다.

하지만 사토루가 저 말을 들었다면 쓴웃음을 지었을지 모른다. 그 무렵 그의 닌텐도는 전대미문의 새로운 도전, 즉 애플 스마트폰과 모바일 혁명에 거의 패닉 상태에 빠져 있었다. 별도 게임기도 필요 없고 대부분 공짜에다 단돈 몇 달러만 지급하면 전 세계의 신예 프로그래머들이 만든 새로운 게임 애플리케이션을 다운받을 수 있는 시대가 열린 거였다. 엔화 강세도 닌텐도 경영에 치명적이었다. 2011년 닌텐도는 1981년 이래 30년 만에 첫 적자를 기록했고, 잇달아 출시한 '닌텐도3DS'와 'Wii-U'도 죽을 쑨다.

2014년 3월 사토루가 소셜네트워크 게임업체인 디엔에이DeNA사와 자본 제휴를 선언했을 때, 닌텐도의 오랜 팬들 중에는 어쩔 수 없다는 걸 알면서도 배신감에 가까운 묘한 상실감을 느낀 이들이 적지 않았을 것이다. 하지만 그는 독자적인 게임기 시장도 포기하지 않았다. 그는 2014년 6월 담관암 수술을 받고 투병 중에도 2016년 출시할 신개념 게임기 'NX' 개발 작업을 진두지휘했다고 한다.

　와카키 타미키의 만화 『신만이 아는 세계』의 고교생 주인공 카츠라기는 "완벽하고 논리적이고 아름다운" 게임의 세계에 빠져 "(부조리한) 현실 같은 건 쓰레기"라 말하는 천재 게이머다. 그는 인터넷에선 미소녀 공략 게임의 신으로 통하지만, 현실에선 '오타쿠 안경'이란 별명으로 불리는 외톨이. "미소녀 게임의 역사…… 그것은 3D와 2D의 계급투쟁의 역사였다. 입체감이 없는 2D 캐릭터가 현실의 3D를 당해낼 리 없다." 하지만 카츠라기는 2D의 가능성을 믿었다. "모자라는 D는 'Dream'으로 초월할 수 있어!" 만화 속 그는 자신의 꿈으로 세상의 텅 빈 영혼들을 구원한다.

　1959년 일본 홋카이도 삿포로 시에서 태어난 사토루도 게임광이었고, 천재 게임 프로그래머였고, 세계 최강 게임 제국을 이끈 CEO였다. 그 역시 꿈의 가능성을 믿었다. 닌텐도 게임의 성근 영상을 그는 기술적 결핍이 아니라 상상력의 여백이라 여겼다. 하지만 '부조리한' 현실은 그의 기대를 저버렸다. 적어도, 닌텐도와 사토루의 오랜 팬들은 그리 여길 것이다.

1949 — 2015
패트릭 화이트필드

땅과 말하는 자

지연에 의한, 자연을 위한, 자연과의 농업

퍼머컬처Permaculture는 '영속하다'의 'permanent'와 '농사'의 'agri-culture'를 합친 단어다. '영구농업' '영속농업'쯤으로 번역되는 저 용어는 1970년대 말 호주 태즈메이니아대학교의 빌 몰리슨Bill Mollison, 1928~과 데이비드 홈그렌David Holmgren, 1955~ 교수가 쓰기 시작한 이래 환경과 농사에 관심이 있는 이들에게는 꽤 친숙한 낱말이 됐다. 퍼머컬처는 생태농업의 한 갈래로, 생태계를 모델로 농사 공간을 디자인함으로써 자연 에너지와 유기체의 상호작용을 통해 농작물과 가축 등이 저절로 생장하게 하자는 농법이자 운동이다.

퍼머컬처 농부는 봄마다 땅을 일궈 이랑을 만들지 않고 씨앗이나 모종을 심지도 않는다. 화학비료는 물론 부엽토나 유기 거름으로 지력을 돋우지도 않고, 약초 효소를 만들어 농약 대신 뿌리지도 않는다. 나무와 관엽식물, 초본식물이 어우러진 자연의 숲이 인간의 개입 없이도(아니, 개입하지 않아야) 해마다 싹을 틔워 열매를 맺듯이, 먹을 수 있는 식물들이 그런 숲(혹은 정원, 혹은 과수원)을 이루게 디자인해 농사를 짓는 방식.

자연력을 최대한 활용한다는 점에서 퍼머컬처는 가장 근본적인 생태농업의 한 형태다. 농사뿐 아니라 집 건축에서부터 마을 배치에 이르는 전체를 자급자족이 가능한 단위 공동체로 상정한다는 점에서 총체적인 생태 대안 운동이기도 하다.

생태농업에 대한 관심은 1960년대부터 점진적으로 커져왔다. 농업의 산업화와 함께 전통 기술과 가치가 전복된 데 대한 반작용이기도 했다. 수질·대기·토양 오염이 사회적 이슈로 부각하고, 영국과 프랑스 등 유럽 일부 국가에 환경부가 설립되고, 생태 정당이 등장하는 것은 70년대부터다. 물론 땅과 유기농업에 대한 관심은 20세기 초부터 이어져왔지만 환경이나 생태보다는 종교나 사상, 정치적 신념에서 비롯한 측면이 강했다.

퍼머컬처 농법은 호주와 유럽을 시작으로 80, 90년대 이후 한국을 비롯한 아시아 일부 국가로도 전파돼 국내에도 충남 홍성 풀무학교와 정농회 등 단체들이 앞장서 도입, 소개해왔다. 다만 몰리슨의 연구가 개념적 성격이 강한 데다 호주의 환경적 특성에 특화한 한계가 있었다. 퍼머컬처는 해당 지역의 기후와 지형, 토양, 주요 작물 특성 등 여러 변수들에 대한 지식과 실험 등 결코 간단치 않은 난관들을 돌파해야 했다. 퍼머컬처가 상정하는 소규모 영농이 인류 식량 수급의 대안 모델일 수 있느냐는 근본적인 의문도 확산의 장애였다.

영국인 패트릭 화이트필드Patrick Whitefield는 몰리슨 등의 저 개념을 가장 모범적이고 창조적으로 구현한 농부이자 유럽 퍼머컬처 지도자 가운데 한 명이었다. 그는 1983년 구입한 잉글랜드 남서부 서머싯 주의 너른 건초밭을 10여 년 만에 근사한 '에덴동산'으로 탈바

꿈시켰고, BBC 등 방송에 출연해 사철 먹거리로 풍성하고 아름답기까지 한 자신의 정원을 일삼아 자랑하곤 했다. 여러 권의 책과 활발한 강연으로 자신의 경험과 지식을 유럽과 대륙 바깥으로 전파했고, 그럼으로써 인류가 미래를 위해 택할 수 있는 길 한 갈래를 닦는 데 기여했다.

화이트필드는 확신에 찬 생태농업의 투사라기보다 온건한 낙관주의자였다. 그는 스스로 이룩한바 높은 기대와 기준으로 인류의 농업이 재편되리라 여기지 않았고, 마땅히 그래야 한다고 주장하지도 않았다. 퍼머컬처 농부로서 그는 자신이 추구한 삶의 양식이 '문제'의 일부가 아니라 '해법'의 일부이기를 희망했다. 평생 일군 자신의 낙원을 2008년 자연 보존 기구인 서머싯야생신탁Somerset Wildlife Trust에 기탁한 뒤 패트릭화이트필드협회Patrick Whitefield Associates라는 단체를 설립해 퍼머컬처 교육 및 디자인 컨설팅에 헌신했다. 2015년 2월 27일 그가 별세했다. 향년 66세.

패트릭 화이트필드본명은 패트릭 R. 비커스(Patrick R. Vickers)는 1949년 2월 11일 영국 윌트셔 주 한 작은 농가에서 태어났다. 밭에서 자라며 자연스레 농사를 익혔고, 베드퍼드셔의 셔틀워스대학에서 농학을 전공했다. 그는 좋은 농부가 되는 게 꿈이었지만, 뻔한 농사꾼이 되기는 싫었다고 한다. 대학 졸업 후 중동과 아프리카의 여러 나라를 돌아다니며 다양한 농사를 체험한 것도 그 때문이었을 것이다. 그 시절 얻은 그루셀라병 후유증으로 그는 평생 건강 문제를 안고 살았지만 병 때문에 위축되지는 않았다.

귀국 후 서머싯에 정착한 그는 버틀리Butleigh 인근의 목초지 '화이트필드'를 구입, 무려 8년 동안 인디언 텐트 티피에서 기거하는데, 처음에는 농사를 지은 게 아니라 짚풀을 엮어 공예품을 만들거나 티피를 만들어 팔아 생계를 이었다고 한다. 그의 유별난 청장년기 생활은 물론 건강 탓도 있었겠지만 기질적인 영향도 컸을 것이다. 밭이 아니라 풀밭을 구입한 건 그 모습 그대로 보존하겠다는 거였다고 한다.

그는 영국 생태당Ecology Party. 녹색당의 전신의 원년 당원이자 활동가였으나 떠들썩한 자연주의자는 아니었다. 정치나 이념에 앞서 다만 자연이 좋아서 그 속에 머물렀고, 봄여름 철 따라 바뀌는 화이트필드의 풍광과 들꽃들을 즐겼다. 당시의 체험을 그는 1987년 '티피살이Tipi Living'라는 제목을 달아 책으로 펴냈다. 자신의 성을 '화이트필드'로 바꾼 것도 그 무렵이었다.

그는 혼자 집 짓고 자급하며 익힌 경험과 기술들이 훗날 퍼머컬처 농부로 사는 데 큰 거름이 됐다고 말했다. 하지만 가장 기름진 거름은, 화이트필드의 땅과 풀과 변덕스러운 날씨를 익혔다는 점일 것이다. 그는 물이 어디서 흘러와 어디로 솟고 또 어디로 흘러가는지, 어느 땅이 찰지고 어디가 거친지 제 손바닥처럼 알고 있었다고 한다.

퍼머컬처 관련 서적과 강좌를 들으며 직접 그 세계를 구현하고자 나선 것은 티피살이 8년의 후반기부터였다. 그는 시행착오를 겪으며 혼자 자신의 화이트필드를 디자인했고, 1990년 결혼한 뒤로는 아내(캐시 로언스타인Cathy Lowenstein)와 함께 그 일을 했다. 그리고 모든 과정을 책으로 펴냈다. 퍼머컬처 개론서이자 가장 모범적인 적용 사례집 가운데 하나로 알려진 『쉬운 퍼머컬처Permaculture in a Nutshell』

『숲 정원 만들기How to Make a Forest Garden』는 유럽 퍼머컬처의 바이블로 꼽힌다.

방송과 유튜브 등 동영상에 소개된 그의 정원은 언뜻 봐서는 게으른 농부의 텃밭이나 산만한 잠목림과 별로 다를 게 없다. 하지만 바닥에는 허브와 케일 등 다양한 일년생·다년생 채소들이 돌들과 어울려 자라고, 관목 더미 사이에는 베리류 같은 작은 열매들이 푸지게 숨어 있고, 나무에서는 당연히 과일이 열렸다.

그의 정원은 땅의 미생물에서부터 가금류까지, 토질과 지형부터 물과 바람과 햇빛까지 모든 요소의 연계와 상호작용을 중시하는 퍼머컬처의 기획에 따라 정교하게 배치된 결과였다. 어떤 작물을 이웃해 심으면 병해충에 강한지 배려하고, 각각의 선호에 따라 마른땅, 진땅을 골라 씨를 뿌려둔 게 그가 들인 노동의 큰 부분이었다. 나머지는 저들 스스로 피고 지고 씨앗을 뿌려가며 점차 우거져갔을 것이다.

자연이 일구는 퍼머컬처는 산업화한 대규모 기업농의 대척점에 있는 농사법이다. 한 줌 두 줌 손으로 수확해야 하는 만큼 단위 노동생산성은 기업농에 댈 수 없고 당연히 경제성도 떨어진다. 하지만 단위면적당 생산성은 월등히 앞선다고 한다. 가장 중요한 장점은 기업농이 안고 있는 치명적인 문제들, 즉 지력 저하를 비롯한 토지·수질 오염이 없고 청정한 먹거리를 생산할 수 있다는 점이다. 화석에너지 소비도 최소화할 수 있다.

생태농업의 다양한 농법들은 저마다의 개성과 장점을 지니고 있다. 또 각각의 방식들은 서로의 장점들을 채택하고 응용하면서 더불어 진화해왔다. 하지만 개중에는 신비주의와 반문명의 이념이 결합한 생태 원리주의적 방식도 있고, 일면적인 가치를 지나치게 강조한 농법도 있다.(음악을 들려주며 재배한 농작물 운운이 그 예인데, 전력 소비에 대한 해명은 없다.) 『창세기』나 『요한계시록』, 동학의 어느 구절을 절대 선처럼 앞세우며 배타적 우월성으로 무장한, 컬트적 생태 운동도 없지는 않다.

보다 근본적으로는 화학비료와 농약이 자연에 끼친 여러 해악에도 불구하고 가난한 인류를 기아로부터 벗어나게 해준 측면까지 부정하는 것은 옳지 않다는, 다분히 가치론적인 의문도 제기될 수 있다. 종자를 독점한 다국적기업이 생산·유통 채널까지 통제하는 현실과 별개로, 지구의 남과 북에 기아와 잉여농산물이 혼재하는 현상 등 국제정치와 세계 자본주의의 문제들까지 생태와 환경의 문제로 치환해서 해법을 구하려는 발상을 비판하는 이들도 있다.

패트릭 화이트필드는 〈랜드매거진〉 인터뷰에서 "궁극의 대답은 없다"라고 말했다. 그는 "세계 농업의 문제는 거대하지만 해법은 의외로 작고 소박하다. 우리 각자가 최선이라 생각하는 바를 행하는 것이다. 나는 퍼머컬처가 기업농을 포함한 현재의 모든 농법을 극복하고 아우르는 압도적인 농법이 되리라 생각하지 않는다. 농업은 미래에도 지금처럼 좋은 것과 나쁜 것이 혼재된 채 이뤄질 것이다. 다만 나는 우리의 기여가 개인으로든 퍼머컬처로든 선한 자리에 놓이기를 바랄 뿐이다"라고 말했다.

『지구 돌보기 매뉴얼The Earth Care Manual』이란 책에 그는 이렇게 썼다. "만일 우리가 최선을 다한다면 병든 지구를 치유하고 지속 가능한 공간으로 거듭나게 할 수 있을까? 아니면 헛된 희망일까? 저 거대한 질문에 우리가 정말 정직하고 냉정하게 답한다면 우울한 결론을 내려야 할지 모른다. 하지만 내 생각에 저 질문은 틀렸다. 미래는 누구도 모르는 것 아닌가. 나라면 '지금 내 삶이 어떠하기를 원하는 가?'라고 묻겠다. (…) 내 대답은 '내 삶이 문제의 일부가 아니라 해법의 일부이기를 원한다'는 것이다." 2011년 〈트랜지션글래스턴베리 Transition Glastonbury〉 인터뷰에서 '해법의 일부'가 되는 삶이 어떤 거냐는 질문에 그는 이렇게 답했다. "각자 다를 것이다. 다만 핵심은 각자가 식량 생산의 기적을 체험해보는 데 있다고 생각한다. 스스로 생산한 게 한 줌에 불과하더라도 전혀 생산해보지 않은 것과는 정서적·물리적으로 엄청난 차이를 지닌다."

퍼머컬처가 소규모 자급자족 모델이라는 점을 들어 그 농법이 영국을(혹은 세계를) 먹여 살릴 수 있느냐는 질문도 필요할 것이다. 생전의 그는 "현재의 농법이 영국을 영원히 먹여 살릴 수 있느냐"라는 반문으로 대답을 대신했다. "화석 에너지에 전적으로 의존하고 있는 현재의 농법으로는 불가능하다. 그렇다면 뭔가 다른 방법을 시도해보는 수밖에 없지 않은가?" 그의 화이트필드는 변화의 필요성은 늘 인정하면서 변화의 시도들에 저항할 근거를 찾는 데 더 열성인 이들의 위선에 대한 아름답고 격조 있는 대답이기도 했다.

1930 ─ 2015
한스 몸젠

진실이 중요하다

의노주의보다는 사실을 추구한 역사학자

한스 몸젠Hans Mommsen은 히틀러를 '나약한 독재자weak dictator'라 규정한 독일의 역사학자다. 그는 홀로코스트가 히틀러와 나치 소수 권력자들이 장기적으로 기획한 결과가 아니라, 제2차 세계대전 말기 전시 상황에서 하위 관료와 군부가 우발적으로, 하지만 경쟁적이고도 효율적으로 자행한 만행이며 히틀러는 사후 승인 혹은 묵인했을 뿐이라고 주장했다. 그는 나치 제3제국이 히틀러 개인이나 국가노동자당의 지배하에 일사불란하게 조직화된 국가가 아니라고, 스탈린의 소비에트 전체주의 국가와는 다르다고 주장했다.

몸젠은 80년대 독일 '역사가 논쟁'을 비롯한 숱한 논쟁의 선봉에 섰다. 그는 당시의 주류적 견해, 즉 제3제국의 탄생과 전개를 독재자의 이데올로기와 핵심 하수인들의 의도를 중심으로 설명하는 의도주의intentionalism적 관점이 사실을 왜곡하고 제3제국의 모든 책임을 히틀러와 극소수 전범들에게 떠넘김으로써 나치즘을 떠받친 독일의 엘리트 관료들과 보수 군부, 법원 등등 하위 사회조직과 구성원들에게 면죄부를 주는 타협적 해석이며, 그럼으로써 나치즘의 책임으로부터 자유로워진 현대 독일과 독일인들이 제3제국 이전 바이마르공화국 시절부터 간직해온 민족주의, 이른바 대독일주의가 부활할 수 있는 정서적·이념적 터전을 마련해주고 있다고 비판했다. 그는 기능주의functionalism, 정치인의 의도보다는 환경과 상황, 구조를 중심에 두는 관점 학자들과 더불어 우파 학계의 거물들, 예컨대 에른스트 놀테나 힐데브란트 등에 맞서 누구보다 전투적으로 싸웠다. 85세 생일이던 2015년 11월 5일 그가 별세했다.

한스 몸젠은 1930년 11월 5일 독일의 고명한 역사학자 가문에서 태어났다. 고전학자이자 역사학자로서, 『로마사』로 1902년 노벨문학상을 탄 테오도어 몸젠Christian Theodor Mommsen, 1817~1903이 그의 증조할아버지다. 아버지 빌헬름 몸젠Wilhelm Mommsen, 1892~1966도 비스마르크 연구로 저명한 사학자였고, 그의 쌍둥이 형 볼프강Wolfgang Mommsen, 1930~2004도 역사학자였다. 그가 역사학을 하게 된 데는 가풍의 영향이 큰 듯하지만 그는 "결코 원치 않은 선택이었다"라고, "(나도 형도) 마지못해 된 역사학자"라고 말했다. 2004년 미국 홀로코스트추모박물관 구술사학자 조앤 링겔하임과의 인터뷰에서 그는 "우리는 정말 역사학을 피하고 싶었다. 볼프강은 처음엔 물리학을 전공했고 철학에 관심을 갖더니 역사철학으로, 결국 역사학으로 가더라. 나 역시 첫 전공은 언어학(독일어)이었다. (피하려 했던 건) 당신도 알다시피 가족(아버지) 때문이었다"라고 말했다.

나치에 부역한 아버지 빌헬름은 1945년 교직에서 쫓겨났다. 훗날 명예교수로 복직해 강의를 했지만 한동안 그의 형제들은 역사의 죄인이 된 듯한 삶을 살아야 했다. 칩거한 채 저술 작업에 몰두했던 아버지를 돕다 보니 어쩔 수 없이 책과 사료史料들을 읽게 됐고……뭐 그런 얘기였다. 그는 하이델베르크대학교와 튀빙겐대학교, 마르부르크대학교에서 독일어와 철학, 역사를 공부하고 1959년 역사학으로 박사 학위를 받았다. 19세기 연구, 독일 노동운동사 연구를 거쳐 그가 도달한 곳도 결국 국가사회주의, 곧 나치 연구였다. "우리 세대에게는 일종의 증상 같은 거였어요. '왜 내 아버지 세대는 히틀러를 수용하고 추종해야 했을까' 그건 피할 수 없는 문제였죠. 나치는 어떻게 권력을 잡았고 나치 권력은 어떻게 작동했나……. 그러고 다시 19세기를 보는 겁니다. 나치 이전, 독일 정치가 기형화한 근본적인 이유를 탐색하는 거죠." 그는 튀빙겐과 하이델베르크대학교에서 강의했고, 1968년 보훔대학교로 옮겨 1996년 은퇴할 때까지 재직했다. 독일 국가사회주의 전공 사학자가 된 훗날의 그는 아버지에 대한 전후 당국의 처사가, 그보다 훨씬 죄질이 저열한 학자들의 경우에 비춰 가혹한 것이었다고 말했다.

몸젠은 나치가 국가권력을 장악하는 결정적 계기인 1933년 2월의 국회의사당 방화 사건이 나치가 기획한 사건이 아니라 한 공산주의자의 우발 범행이었으며, 다만 나치는 그 사건을 잽싸게 이용한 것일 뿐이라는 주장에 공개적으로 동조한 첫 역사가였다. 프리츠 토비아스Fritz Tobias, 1912~2011라는 저널리스트가 1961년 『의사당 화재Reichstag Fire』라는 책을 통해 처음 저 주장을 제기하기까지, 또 이후로도 학계는 방화 사건이 의회 권력을 장악하기 위해 나치가 주도한 뒤 공산당에 덮어씌운 사건이라 여겼다. '괴링 기획설' 등을 제기하는 이들이 지금도 있긴 하지만, 이제 저 사건은 네덜란드 출신의 한 실직 노동자가 충동적으로 저지른 것이란 게 정설이다. 몸젠은 나치가 정교한 시나리오에 의해 권력을 장악했고 대다수 독일 국민은 다만 '부주의한 방관자hapless bystanders'로서 나치의 시나리오에 순진하게 이용당한 것이 아니라, 나치는 다만 기회를 포착해 이용했고 독일의 반공산주의 보수 지배 엘리트와 기업인, 전통 귀족, 고위 관료, 법관, 무엇보다 군부 지도자들이 거기 열정적으로 동조함으로써 나치 권력의 등을 떠밀었다고 주장했다.

몸젠은 제3제국 권력 구조와 작동 방식도, 나치 전당대회장의 매스게임 같은 이미지와 달리, 히틀러와 나치당의 명령이 신경망처럼 퍼져 지방정부와 군 하부 조직을 일사불란하게 움직인 게 아니라고, 즉 전체주의가 아니라고 주장했다. 오히려 '믿기지 않을 정도로 분열적인 정권incredibly disorganized regime'이었다는 것, 관료 집단끼리 중소 권력자들끼리 중앙과 지방정부가 서로 권력을 두고 상시적으로 맞서고 경쟁하면서 역설적으로 역동성을 발휘한 권력이었다고 주장했다. 몸젠과 함께 60년대 초 뮌헨의 독일현대사연구소 연구원으로 일했고 평생 학문적 동지로 지낸 마르틴 브로샤트Martin Broszat, 1926~1989는『히틀러국가—나치 정치혁명의 이념과 현실』에서 제3제국 권력 구조와 지배 형태에 대한 몸젠의 저 입장에 적극적으로 동조한다.(몸젠은『제3제국의 공직자들Beamtentum im Dritten Reich』등 다수의 책을 썼지만 국내 번역된 건 없다.) "그동안 다양한 정치학자들이 전체주의라는 포괄적 개념을 이용하거나 '지배 기술'이라는 매우 기괴한 개념을 동원하여, 나치즘을 단일체적인 거대한 권력 시스템 혹은 마키아벨리즘적으로 체계화된 슈퍼 국가로 상정해왔다. 그와 달리 최근의 전문적인 연구들은 하나같이 나치 권력 행사의 무체계성·즉흥성·비통일성을 증명하고 있다."(머리말 발췌) 브로샤트는 하지만 나치의 "비합리적인 충동적 전복 의지와 아나키스트적 행동주의"를 지나치게 강조함으로써 "나치의 지배 형태를 하나의 공통분모로 축약하는 것이 (…) 불가능하다는 판단"으로 나아갈 가능성을 염려하며 '히틀러국가'라는 독자적인 입장을 내놨다. 그는 나치즘의 핵심을 '원민중적völkisch 민족주의', 즉 "역사에 앞서 존재하되 미래에 완성될 유토피아적인 기대"에 근거한 모호한 세계관적 이념이라 설명했고, 분권적 국가사회주의당이 지탱된 것은 히틀러에 대한 개인적 충성 관계(지도자 원칙) 덕이었다고 주장했다. 동아대 김학이 교수는 "그의 지배는 관료제적인 것이 아니라 개인적인 것이었"고 "나치당의 권력 배분 역시 히틀러의 개인적 지배권을 위임받느냐에 달려 있었다"라고 풀이했다.

몸젠은 히틀러가 홀로코스트의 '이데올로기적 정치적 기원'인 것은 사실이지만 그가 '최종 해법final solution'을 구두로나 문서로 판단하거나 지시한 적은 단 한 번도 없다고 주장했다. "유대인을 제거해야 한다는 공감대는 있었지만 그들을 말살하는 것과 나라 바깥으로 몰아내는 것은 본질적으로 다르다. (…) 1941년까지 유대인 말살 개념은 어디에도 없었다."

저 인터뷰에서 그는 "19세기 반유대주의와 21세기 초의 반유대주의 그리고 나치의 그것이 어떻게 근본적으로 다르고 달라졌는지가 근원적인 의문이다. 19세기 말의 그것과 별로 다르지 않았던 나치 반유대주의는 나치즘의 파시스트적 성격과 전쟁 상황과 결합하면서 악성으로 변질했다. 한나 아렌트가 적절히 지적했듯이, 학살이 일상적인 일이 되면서 (홀로코스트도) 더 이상 예외적인 일이 아니게 된 거였다." 전쟁이 난관에 봉착하면서 분권화한 하위 관료·군사 집단이 "자신들의 근면성과 조직적 효율성을 과시하고 정치적 긴요함을 입증하려는" 과정에서 홀로코스트가 시작됐고, 히틀러와 나치 지도부는 다만 사후적으로 승인했다는 게 몸젠을 비롯한 기능주의자들의 판단이었다. 그 과정을 몸젠은 '누진적 과격화cumulative radicalization'라는 개념으로 설명했고, 그것이 '상상할 수 없는 것들을 현실화realization of the unthinkable'(1983년 저서의 제목이기도 하다)했다고 주장했다.

"(히틀러는) 결정하는 걸 기피했고, 입장 역시 불분명했고, 오직 개인적 권위와 지도자로서의 특권을 유지하는 것에만 관심을 가진, 어떤 면에선 나약한 독재자였다." 그러므로 우파 역사학자들이 주장하듯 나치즘을 스탈린 전체주의와 대등하게 놓거나 에른스트 놀테처럼 '굴락 수용소'와 홀로코스트에서 모종의 인과성을 도출하려는 시도는 그로선 수긍할 수 없는 것이었다. "소비에트 국가는 철저히 소련 공산당의 지배하에 있었던 반면, 나치 치하에서 국가사회주의당과 국가는 권력(히틀러의 신임)을 두고 경쟁하는 관계였다." 영국의 현대사학자 이언 커쇼Ian Kershaw, 1943~는 『나치의 독재The Nazi Dictatorship』라는 책에서 몸젠의 관점을 집약하며, 제3제국 외교정책의 비일관성과 위기에 대응하는 임기응변식 국내 정책, 명령 계통의 비체계성 등을 근거로 "히틀러도, 나치 정권의 그 누구도 유토피아의 모호한 이상 외에 장기적이고도 정밀한 마스터플랜을 갖고 있지 않았다. 제3제국은 서로 난투하는 경쟁 기구들의 잡동사니일 뿐이었다simply a jumble of rival institutions feuding with one another"라고 썼

역사가의 임무는 과거와 현재의 대화에
끊임없이 개입함으로써
보다 긍정적인 국민적 정체성을
형성할 수 있는 터전을 마련하는 것이다.

다. 나치 시대 연구가 '히틀러 현상' 연구와 동일시되고 나치의 모든 사악한 결정과 에너지가 오직 히틀러에게서 비롯된 것처럼 과장함으로써, 홀로코스트를 가능하게 했던 독일 사회 내부의 광범위한 요소들을 과소평가하고 있다고 몸젠은 주장했다.

저 주장들은 '의도주의' 학자들과의 논쟁 속에서 더욱 정교해졌다. 히틀러의 인종 개념을 마르크스주의적 계급 개념에 대한 답변, 즉 "계급 살해(스탈린 체제의 굴락)로부터 인종 살해(홀로코스트)의 의도가 근원적으로 출현했다"라고 주장한 에른스트 놀테에 대해 몸젠은 나치 범죄를 스탈린 전체주의에 대비해 '상대화'하려는 시도라고 비판하며, 홀로코스트는 19세기 독일 보수 관료 집단의 이념과 사상 속에 내장돼 있던 반유대주의가 나치즘과 만나 폭력적으로 발현된 '특이한' 사건이라고 주장했다. 소비에트 전체주의와 나치 범죄를 포개려는 시도는, 냉전 체제하에서 공산주의와 나치 범죄를 버무려 함께 폐기하려는 시도일 뿐이며, 그럼으로써 '선량한' 독일 역사를 걸러내 민족주의의 부활에 힘을 실으려는 기획이라고 반박했다. 그는 "역사가의 임무는 독일 국민들의 자긍심을 고취하는 데 '쓸 만한 버전'을 제공하는 것이 아니라, 과거와 현재의 대화에 끊임없이 개입함으로써 보다 긍정적인 국민적 정체성을 형성할 수 있는 터전을 마련하는 것이다"라고 말했다.

행간에서 짙게 드러나듯 그의 나치즘 연구 배면에는 독일 민족주의에 대한 경계심이 놓여 있었다. 나치 치하 레지스탕스 운동의 다양성 연구도 그 일환이었다. 예컨대 전후 독일이 민족적 이성의 근거인 양 부각하는 '라슈텐부르크 암살 기도July Plot, 1944년 7월 반나치 군부의 히틀러 암살 미수 사건'는 몸젠에겐 과대평가된 사건이었다. 그는 7월 사건의 주역들 역시 보수 민족주의 군부 엘리트이며, 그들이 나치 전복에 성공했다고 하더리도 대독일주의 국가가 제3제국을 대체했을 것이라고 말했다.

영국 일간지 〈텔레그라프〉는 몸젠이 1986년 폭스바겐 경영위원회 의장이던 카를 한Carl Hahn, 1926~의 의뢰를 받아 제3제국 치하의 폭스바겐 역사를 연구한 적이 있다고 전했다. 히틀러는 독일 국민차를 원했고, 폭스바겐사는 전체 노동력의 70퍼센트를 나치 정권으로부터 공급받았다. 대부분 전쟁 포로와 노동 강제수용소 수감자, 동유럽에서 끌려온 여성들이었다. 몸젠은 SS 친위대가 공장에 상주하며 나치 인종 위계에 따라 노동조직과 작업 규율을 감독했고, 수많은 노동자들이 작업하다가 또 맞아서 숨졌고, 여성 노동자가 출산하면 아이를 의도적으로 굶겨 죽였다는 사실을 밝히기도 했다.

그와 브로샤트 등의 기능주의 역사관은 히틀러와 베를린 핵심 권력, 나치 이데올로기를 과소평가한다는 비판을 받았지만, 나치즘과 제3제국 뒤에 숨어 있던 대독일주의에 대한 이해의 폭을 넓혔다.

1922 — 2015
셸던 월린

학 문 을 넘 어 서
기술보다 가치를 지향하는 정치철학

    사회사상사 첫 수업 주제는 사회학의 아버지로 불리는 오귀스트 콩트의 실증주의였다. 교수는 'M2F'라는 낯선 원소기호를 칠판에 쓴 뒤 강의를 시작했다. 수소 분자 둘과 산소 분자 하나가 결합해 물(H_2O)이 되듯이, 두 남자Male와 한 여자Female를 한 방에 두면 어떤 일이 벌어질지 '과학적으로' 설명하고 예측하고자 했던 인식론적 관점과 과학철학이 실증주의라고 교수는 '쉽게' 설명했다. 웃자고 한 말이었겠지만 무섭기도 한 말이었다. 19세기 계몽주의의 끝이 그렇게 오만하고 자신만만했다.

    실증주의는 절대성이나 초월성 같은 종교와 형이상학의 오랜 미몽에서 학문을 깨우는 데 기여했다. 심오한 사상의 자리에 경험적 관찰로 '입증'된 해석과 지침이 들어섰고, 논리적 분석을 통한 검증·반증이 원론적으로 가능해졌다. 수학·언어 기호가 중시됐고, 무엇보다 사회조사와 통계 등 방법론이 비약적으로 발전했다. 20세기의 실증주의는 과학적 경험주의와 논리실증주의, 기호논리학, 분석철학 등으로 분화하며 진화했다.

1950년대 중반 이후 영미학계의 주류로 자리 잡은 행태주의Behavioralism도 그 한 갈래였다. 행태주의는 국가보다 개인과 소집단을 연구 중심에 두고, 사상 같은 선험적 가치value 대신 자극―반응 등 관찰하고 계량화할 수 있는 사실fact을 분석해 인간 사회를 설명하고 예측하는 개념틀과 분석법을 마련하는 데 치중했다. 영미 학계, 특히 실용주의 전통의 미국 학계가 행태주의에 반색한 건 자연스러웠다. 계량·분석 중심의 정치과학의 시대에 가치적 명제를 다루는 전통의 정치철학은 점점 설 자리를 잃어갔다.

버클리대학교의 젊은 정치학자 셸던 월린Sheldon S. Wolin이 역작 『정치와 비전』을 출간한 게 '행태주의 혁명'의 기대로 정치학계가 뜨겁던 1960년이었다. 1000페이지가 넘는 방대한 저술의 짧은 서문 첫 단락에 그는 이렇게 썼다. "오늘날 많은 지식인 집단 사이에는 전통적인 형태의 정치철학에 관해 강한 적대감, 심지어 경멸감마저 존재하고 있다. 내 희망은 이 책이 비록 정치철학 전통에 그나마 남아있는 것을 기꺼이 내던지고자 하는 자들을 제지하지는 못할지라도 적어도 우리가 내버리려고 하는 것이 과연 무엇인지를 분명히 보여주는 것이다." 그는 행동, 동기, 양상, 계량 같은 낱말들의 쓰나미 속에서 권력, 체제, 지배, 저항…… 무엇보다 민주주의라는 말의 의미를 지키고자 했고, 강단과 거리에서 지금 우리가 일상에서 저 말을 생동감 있게 쓰고 고민하게 하는 데 매달렸다. 셸던 월린이 2015년 10월 21일 별세했다. 향년 93세.

『정치와 비전』은 플라톤에서부터 고대 로마와 중세, 근대 계몽주의와 사회주의, 자유주의에 이르는 정치사상의 역사를 비평적으로

서술한 책이다. 1권 역자 후기에 실린 프린스턴대학교 출판부의 2004년 증보판 소개문 일부다. "(월린은) 정치시 상가군 (현실의 객관적 관찰과 동시에) 창조적인 비전에도 의존해야 한다고 주장한다. 월린은 위대한 사상가들이 기존의 정치 질서 바깥에 존재하는 선(또는 좋음)에 대한 모종의 비전에 따라 정치를 조형하고자 하는 동기에 의해 추동되어왔다는 점을 보여준다. 그가 말하는 것처럼 사상사란 선에 대한 가정假定들이 어떻게 변화해왔는지를 보여주는 궤적이라고 할 수 있다."

월린이 겨눈 비평의 과녁은 그러므로 정치사상에서 '가치'가 소거돼온 궤적, 창조적 비전을 제시하지 못하는 정치의 자리를 경제학과 사회학, 심리학이 잠식해가는 맥락이었다. 예컨대 그에게 자유주의는, 권위의 자리에 국가 대신 사회를 앉힘으로써 자유를 사회의 통제에 맡겨버린 사상이었다. "19세기 정치사상의 출발점은 고전적 자유주의가 마련했던 국가와 사회의 대립, 즉 제도 권위 및 사람들이 정치적인 것이라고 믿었던 관계와 사회적·경제적·문화적 유형의 관계 사이의 대립"이었고, "거의 모든 중요한 사상가들은 정치적인 것의 폐지를 천명" 했다. "공상적 사회주의자들은 국가주의에 대한 그들의 해결책을 소규모 자급자족적인 공동체에서 발견"했고, "토크빌은 다양한 지역 자치 정부 체계를 유지하고 자발적 결사체들의 성장을 고무" 함으로써 과잉 중앙집중화된 국가로부터 개인의 피난처를 마련할 수 있다고 믿었다.

셸던은 자유주의가 국가, 즉 '정치적인 것the political'의 핵심을 외면함으로써 오히려 국가권력을 강화하는 데 일조했고 시민권과 의무, 일반적 권위와 같은 관념과 실천 전반을 포기했다고 비판했다.

국가권력에 대한 불신 사회로 퇴각했지만, 거긴 정치 질서에 대한 사회의 조직적 질서들이 장악한 공간이었다. 조직적 질서란 "아무런 유기체적 관계도 없이 점점이 산재해 있는 사회, 단지 새로운 조직의 정치가들이 외교와 협상을 벌이는 장일 뿐인 사회"다. 셸던은 조직화·관료화한 기업과 학교(대학) 등 작은 사회들이 (또 개인들이) 저마다의 이해를 위해 각축하는 섬들의 세상 너머 민주주의적 공동체가 합의한 집단적 가치, 보편의 가치를 추구하는 통합 정치의 장을 지키고자 했다. 그에게 '정치적인 것'은 공동체적인 것이었고, 그 말은 역자인 강정인 서강대 정치외교학과 교수의 해석에 따르자면 민주주의와 사실상 동의어였다. '정치'와 '비전'은 결코 분리될 수 없는 개념이었고, '슈퍼파워' 같은 말과 민주주의는 병립할 수 없는 개념이었다.

셸던 월린은 1922년 8월 4일 일리노이 주 시카고의 한 유대인 가정에서 태어나 뉴욕 주 버펄로 시에서 성장했다. 80년대 초 정치학자 니콜라스 제노스와의 인터뷰에서 그는 20, 30년대 청소년기에 겪은 반유대주의와 청년기 홀로코스트의 악몽을 언급한 적이 있다고 한다. 그는 오벌린대학Oberlin College을 거쳐 1950년 하버드대학교에서 박사 학위를 받았다. 로빈은 "학부 시절 그의 교수 중 상당수가 나치를 피해 헝가리나 체코슬로바키아에서 피난 왔거나 이민 온 이들이었고, 월린의 ('정치적인 것'에 대한) 감수성은 그들에게서 큰 영향을 받았을 것"이라고 썼다.

학부 재학 중 그는 미 공군에 입대, B-24 폭격수·조종사로 제2차 세계대전 남태평양 전선에서 51차례 작전을 벌였다. 2014년 크리스 헤지스와의 인터뷰에서 월린은 "과달카날전투 때부터 작전에 투입됐는데, 우리 임무는 해병대 상륙 전 일본군 기지에 폭격을 가하는 거였다. 일본 해군 함대를 상대하는 작전이 특히 악몽이었는데 저공비행을 해야 했기 때문에 우리는 참혹한 피해를 입곤 했다"라고 말했다. 그 경험이 훗날의 슈퍼파워 미국을 분석하는 데 어떤 영향을 주었느냐는 질문에 그는 "당시 나는 열아홉 살이었고 전우들도 많아야 스물세네 살이었다. 우리는 미숙했고 분위기에 취약했다. 아주 힘겨운 시기였지만 너무 어려서 무슨 일이 일어나고 있는지 몰랐다는 게 우리에겐 구원이었다고 생각한다. (…) 그 경험이 큰 도움이 된 것 같지는 않지만 억압된 기억들이 두고두고 어떤 의미로 떠오르고 내면적 성찰의 시기를 겪게 한 것은 맞다"라고 말했다.

제대 후 복학해서 졸업하느라 바빴던 일, 학위를 따고 교수 자리를 얻기 위해 안간힘 쓰던 일, 특히 뭔가를 출판하는 일이 교수 자리를 얻는 데 유리해서 끊임없이 쓰고 쓰고 또 썼던 일……. 하지만 가장 힘든 건 그 시절 자체였다. 그가 박사 학위를 받던 50년대, 이른바 매카시즘의 시대는 미국 대학들의 교수 사상 검열이 극렬했던 시기였다. 역사학자 스터튼 린드Robert Staughton Lynd, 1892~1970. 평화·인권 운동가가 예일대에서 쫓겨나는 등 숱한 교수들이 그 무렵 줄줄이 해직당했다.

그는 1954년 캘리포니아 버클리대학교 교수가 됐다. 그의 자리 역시 한 교수가 충성 서약을 거부해서 쫓겨나는 바람에 생긴 거였고, 그는 임용된 뒤 그 사실을 알고 죄의식에 시달려야 했다고 말했다. "내게는 충성 서약 요구가 없었다. 왜냐하면 나는 그 맹세를 군대에서 아주아주 많이 했기 때문이다." 당시의 억압에 대해 그는

"최악인 것은, 일단 그런 기운에 젖어 들게 되면 무의식적으로 그게 정상인 것처럼 여기게 된다는 것"이라고 말했다. "정부 정책과 지배적인 가치에 대해 어디까지 의문을 제기할 수 있고, 무슨 말을 할 수 있는지 알 수 없어진다. 교수 자리 자체가 너무 적어서 일을 삼키기 위해서는 말을 삼켜야 했다." 그는 1964년 버클리대 자유발언운동Free Speech Movement. 학내 표현의 자유를 위한 집회·시위로 캠퍼스 본관을 점거한 사건으로 700여 명이 연행돼 578명이 기소된, 60년대 미국 최초의 대규모 학생운동에 가담한 드문 교수 중 한 명이었다. 1971년 가을 버클리를 떠난 건 사실상 쫓겨난 거였다고 알려져 있다.

냉전 시기였다. 억압은 1973년 그가 프린스턴대로 옮긴 뒤로도 대학을 짓누르고 있었다. 그 무렵 프린스턴대 재단이 남아프리카공화국 인종차별을 지원하는 기업에 투자하는 것을 중단하도록 촉구하는 결의안에 서명한 이는 500여 명의 교수 중 윌린을 포함해 고작 네 명에 불과했다. "그 운동을 주도한 학부생 대표가 학교 재정 운영에 절대적인 영향력을 행사하던 동창위원회에 불려가면서 나더러 함께 가달라고 하더라. 거기서 내 생전 그렇게 지독한 조롱은 처음 겪었다. 그들은 나를 '쉰 살짜리 2학년생'이라고 부르더라."

그는 자본과 관료 집단이 교수 임용과 커리큘럼에까지 개입하는 상황들을 뼈저리게 겪었고, 『정치와 비전』을 낸 지 40여 년이 지난 2004년 증보판(전 3권)에서 근대 이후의 정치사상사와 더불어 슈퍼파워 미국의 자유민주주의 현실, 즉 사적 권력과 공적 권력의 결합 양상을 분석하는 데 활용했다. "자유민주주의가, 인간사에서 가장 고도로 권력이 집중된 것으로 널리 인정된 체제에 맞서, 거의 반세기 동안 준동원 상태에서 '총체적 전쟁(냉전)'을 수행하면서도 그 자체가 심대한 변화, 심지어 체제 변화를 겪지 않는다는 것이 대체 가능한 일인가?" 월린은 미국 사회를 나치즘과 대조되는 "그러나 반드시 대립적이지는 않은" 경향들의 조합, 곧 '전도된 전체주의inverted totalitarianism'라 규정했다.

"나치즘과 전도된 전체주의를 구분하는 결정적인 요소는, 나치즘이 시민들을 동원하는 체제라면 전도된 전체주의는 이전에 있었던 민주화의 경험에 겉치레 찬사를 보내면서 시민들을 탈정치화한다는 점이다. 나치가 대중에게 집합적인 힘에 대한 의식과 자신감 또는 '기쁨을 통해 느끼는 힘'을 부여하려고 노력했던 반면, 전도된 전체주의 체제는 나약함의 느낌 곧 민주적 신뢰의 부식, 정치적 무관심, 자아의 사사화私事化에서 정점에 이르는 집단적 무력감을 촉진한다. 나치가 불평불만 없이 지배자를 지지하고 잘 관리된 국민투표에서 열광적으로 '찬성표'를 던지는 지속적으로 동원되는 사회를 원했다면, 전도된 전체주의의 엘리트는 좀처럼 투표에 나서지 않는, 정치적으로 탈동원된 사회를 원한다. 그 형태는 2001년 9월 11일의 끔찍한 사건 직후 부시 대통령에 의해 윤곽이 드러났다."

인터뷰에서 그는 조직화·관료화를 통해 관리되는 민주주의, 기업·국가 권력이 결합한 전도된 전체주의의 기만성을 스노든의 폭로와 '스파이법Espionage Act'의 오용 사태에 빗대 말하기도 했다. "권력이 어떻게 작동하는지 대중이 감시하고 각성하는 게 엄청나게 힘들어진 시대다. 어떤 사안에 대해 발언하고 투표한다고 해서, 대중이 그들의 생각처럼 시민으로서의 정치적 행위를 한다고 말할 수 있을까?"

전도된 전체주의 체제를 균열시킬 수 있는 대안으로 그가 든 것은 '탈주적fugitive 민주주의'라는 거였다. 민중demos의 각성된 저항, 국가의 기획과 제도 바깥에서 일어나는 즉흥적이고 일회적이고 덧없기까지 한 역사의 계기들. 이를테면 60년대 미국 신좌파 사회운동이나 30년대 최저임금 보장 요구로 뜨거웠던 사회운동기, 2012년의 월스트리트 점거 운동…….

슈퍼파워의 손아귀에 질식해가는 민주주의를 저 소박한 대안으로 되살릴 수 있을까 싶지만, 민주주의가 정태적인 제도나 체제가 아니라 공동체의 의사를 확인하고 실현해가는 과정으로 구현되듯, 그는 '정치적인 것'을 되살리기 위한 작은 운동과 실천들 속에서 가녀린 희망을 보고자 했다. 80년대 초 5년간 아르노 메이어Arno J. Mayer, 1926~와 더불어 좌파 정치학술지 〈데모크러시Democracy〉를 출간하고 〈뉴욕타임스 북리뷰〉와 칼럼 등을 통해 미국 민주주의의 위기를 끊임없이 고발한 것도, 더 앞서 60년대 버클리의 젊은 대학생들과 어깨 겯고 70년대 프린스턴 관료주의의 모욕에 의연히 맞선 것도 그 희망의 불씨를 지피기 위해서였을 것이다. 『정치와 비전』 3권 마지막 장 마지막 단락을 그는 이렇게 맺었다. "이 시점에서 핵심적인 도전은 조화를 이루어가는 데 있는 것이 아니라 부조화를 조성하는 데 있다. 즉, 어떻게 민주주의가 총체성에 정당성을 제공할 것인가가 아니라 어떻게 하면 불협화음을 일으키는 민주주의를 육성할 수 있을 것인가에 있다. (…) 파시즘의 시대에 그람시는 핵심적인 과제가 '(이탈리아) 민족의 시민적 의식'을 불러일으키는 것이라고 여겼다. 슈퍼파워의 시대에 그 과제는 사회의 시민적 양심을 육성하는 것이다."

그의 독창성은, 시류에 맞서 정치(철)학의 본령을 우직하게 지켜

낸, 고전적인 문제의식에서 비롯한 독창성이었다. 그는 여러 좋은 글을 썼고 버클리학파라 불리는 좋은 학자들을 제사로 누었지만, 그가 지키고자 했던 정치철학의 자리, 민주주의의 지리가 썩 단탄해 보이지는 않는다.

1927 — 2015
가이 캐러원

의 지 의 조 동 사

'우리'와 '승리'의 쏘크송

　미국 36대 대통령 린든 존슨은 박하게 평가된 정치인이다. 존 F. 케네디 정부의 부통령이던 그는 1963년 케네디 암살로 직을 승계한 뒤 이듬해 선거에서 당선됐지만 임기 내내 전임자의 눈부신 잔광과 베트남전쟁 부채에서 자유롭지 못했다. 반전운동이 격해지면서 임기 말은 특히 모질었고, 그는 재선 출마를 포기해야 했다. 하지만 교육·주택·교통·환경·이민 정책 등 내정에서 보인 그의 역량과 비전은 꽤 근사했다. 남부 텍사스 출신이면서 1964년 흑인 참정권을 보장하는 민권 법안을 발의하고 의회를 설득한 것도 그였다.

　1965년 3월 15일 그는 법안 통과를 설득하는 의회 연설에서, 인종차별은 "흑인의 문제도 남부의 문제도 아닌 미국의 문제"이며 "지금 우리는 민주당원이나 공화당원이 아니라 미국 국민으로서 미국의 문제를 해결하기 위해 이 자리에 모였다"라고 말했다. 그는 "하지만 이 법안이 통과되더라도 우리의 싸움이 끝나지는 않을 것이다. 셀마의 일은 우리 사회 그리고 미합중국의 모든 지역에 미칠 거대한 운동의 일부였다. 그것은 미국의 흑인들이 미국 국민으로서 삶의 온전한 축복을 누리기 위한 노력이었다. 그들의 명분은 바로 우리의 명분이어야 한다. 모든 편견과 불의의 유산을 극복해야 할 주체는 흑인뿐 아니라 우리 모두이기 때문이다"라고 말한 뒤 이렇게 덧붙였다. "그리고 우리는 승리할 것이다.And we shall overcome."

'피의 일요일'로 불리는 셀마—몽고메리 행진은 일주일여 전인 1965년 3월 7일 시작됐다. 앨라배마 주 흑인 500여 명이 참정권을 요구하며 셀마 시에서 주 의회가 있던 몽고메리 시까지 평화 행진에 나섰고, 백인 경찰은 에드먼드페터스다리Edmund Pettus Bridge를 건너려던 시위대를 곤봉과 최루가스로 저지했다. 이틀 뒤 마틴 루터 킹 주도로 2500여 명이 벌인 2차 행진 역시 유혈 진압됐다. 당시 시위대가 부른 노래가 〈We Shall Overcome〉이었고, 존슨의 연설은 그 노래의 화답이었다.

60년이 흐른 지난 2015년 3월 7일 '피의 일요일' 기념행사에 참석한 버락 오바마 대통령은 시민들과 함께 에드먼드페터스다리를 건너며 저 노래를 합창했다. 그들의 노래는 역사를 기억하고 기념하는 데서 나아가, 존슨의 연설처럼, 아직 싸움이 끝나지 않았음을 환기하기 위한 노래였다.

편견과 불의에 맞선 싸움 현장에서 언제나 불리고 또 불릴 노래 〈We Shall Overcome〉을 지금의 리듬과 멜로디로 다듬어 널리 알린 포크 뮤지션 가이 휴스 캐러원Guy Hughes Carawan이 2015년 5월 2일 별세했다. 향년 87세.

대중음악에서 포크와 컨트리는 노래의 메시지가 사회적이냐 개인적이냐로도 나뉜다. 컨트리음악이 개인의 서정이나 풍경을 주로 노래한다면 포크 음악은 정치적·사회적 이슈와 서민의 보편적 삶을 천착한다. 40~60년대 미국 포크 음악 운동을 선도한 우디 거스리, 피터 시거 등은 가수이자 운동가였다. 그들은 전국을 떠돌며 구전 민속음악을 수집하고 자유와 저항의 노래를 만들어 전파하며 50, 60년대 민권운동의 정서적 토대를 닦는 데 기여했다. 그들 중에 가이 캐러원이 있었다.

캐러원은 1959년 포크 음악 운동사에서 빼놓을 수 없는 하이랜더포크스쿨Highlander Folk School. 현재는 하이랜더연구교육센터 음악 감독을 맡는다. 인권운동가와 교육자, 성직자 등이 1932년 테네시 주에 세운 하이랜더포크스쿨은 노동인권활동가 양성기관이자 문화적 거점이었다. 그가 취임할 즈음의 현안은 남부 흑백 분리 정책 및 관습에 대한 저항이었다. 1960년 2월 노스캐롤라이나 그린즈버러 시의 흑인 대학생 네 명이 주도한 백인 전용 식당(울워스Woolworth 식당) 좌석 점거 운동도 그중 하나였다.

하이랜더포크스쿨 청년 워크숍을 이끌던 캐러원은 4월 15일 노스캐롤라이나 쇼대학Shaw College에서 열린 학생비폭력조직위원회 SNCC, Student Nonviolent Coordinating Committee 출범식에 초대됐다. 그는 행사 막바지에 단상에 올라가 기타를 연주하며 노래 한 곡을 부른다. 낯익은 듯 새로운 가락. 쉽고 장중하면서도 가라앉지 않는 리듬과 박자. 좌절의 순간에도 승리를 예감하게 하는 기품 어린 노랫말. 〈We Shall Overcome〉이었다. 200여 명의 학생 대표단은 즉석에서 노래를 익혀 제창한다. 그렇게 익힌 그들의 노래는 미국 전역의 투쟁 현장으로 급속히 확산됐고, 3년 뒤인 1963년 8월에는 워싱턴 링컨기념관 광장의 군중 30만 명이 포크 가수 조앤 바에즈와 함께

현장에서 음악을 연주하고 노래하는 것은
단순한 엔터테인먼트의 한 형식이 아니라
힘든 시기를 관통해가는 이들에게
자양분을 공급하는 일이다.

저 노래를 합창했다. 당시 〈뉴욕타임스〉는 저 노래를 미국의 〈라 마르세예즈〉라고 썼다.

〈We Shall Overcome〉의 뿌리는 단정 짓기 힘들다. 〈뉴욕타임스〉는 멜로디의 원조를 18세기부터 불린 가톨릭 성가 〈O Sanctissima〉(영어로는 〈The Blessed Virgin Mary〉)라 썼다. 30년대 흑인 침례교 성가대 감독이던 루이스 셔럽셔Louise Shropshire, 1913~1993라는 이의 찬송가 〈If My Jesus Wills〉이라는 설도 있다. 가사는 흑인 감리교 목사 찰스 앨버트 틴들리의 1901년 찬송가 〈I Will Overcome Someday〉와 아주 유사하지만, 구약 「갈라디아서」 6장 9절("Let us not be weary in doing good, for in due season we shall reap, If we faint not")에서 연원을 찾는 이들도 있다.

두 노래의 멜로디와 가사가 어떤 연유로 결합했는지도 정설은 없다. 다만 40년대 즈음에는 〈I Will Overcome〉(또는 〈I'll Be All Right〉)이라는 제목으로 하나의 노래가 된 것은 분명하다. 1945년 가을 사우스캐롤라이나 찰스턴의 한 담배 회사(아메리칸토바코컴퍼니) 노동자들이 5개월여의 파업 기간 중 하루를 정리하는 자리에서 저 노래를 불렀고, 당시 미국 산업별노동조합회의CIO, Congress of Industrial Organizations 식품·담배 노조 간부였던 질피아 호턴Zilphia Horton, 1910~1956의 마음을 사로잡았다고 한다. 호턴은 남편 마일스 호턴과 함께 하이랜더포크스쿨을 열고 음악 감독을 맡았던 바로 그였다. 그가 친구였던 피터 시거에게 노래를 소개했고, 시거는 1945년 뉴욕서 만든 포크 운동 그룹 '민중의 노래People's Song'의 회보 〈포크송불레틴〉의 1948년 9월호에 악보를 싣는다. 시거는 호턴 버전에서 가사 일부를 바꾸고(I → We, will → shall) 또 일부 가사를 추가했다. 1956년 호턴이 사고로 숨지면서 공석이 된 하이랜더 포크스쿨 음악 감독 자리에 취임한 게 캐러원이었다. 그는 시거 버전의 박자를 또 한 번 수정해 가장 보편적으로 불리는 현재 버전을 완성했다. 〈We Shall Overcome〉은 그렇게 수많은 이들의 구전으로 진화했고 50, 60년대 포크 뮤지션들의 재능과 열정으로 거듭났다. 어쩌면 이후로도 조금씩 달라졌고, 지금도 진화하고 있을지 모른다.

캐러원은 노래에 자신이 기여한 바는 보잘것없다고 말했다. 1999년 NPR 인터뷰에서 "모든 걸 고려할 때, 그리고 어떤 점에서는 아카펠라 스타일에 능숙했던 학생비폭력조직위원회의 젊은 노래꾼들이 그 노래를 더 아름답게 꾸미고 널리 알린 일등공신이다"라고 말했다. "그들이 목소리로 변주했고 선율에 화음을 얹었기 때문에 가능한 일이었다." 하지만 피터 시거를 비롯한 당대의 포커 싱어들은 그 공을 모두 캐러원에게 돌렸다.

가이 캐러원은 1927년 7월28일 캘리포니아 샌타모니카에서 태어났다. 그의 아버지는 석면 도급업자(석면증으로 사망)였고 어머니는 무명 시인이었다. 로스앤젤레스 옥시덴탈대학에서 수학을 전공하고 UCLA에서 사회학으로 석사 학위를 받은 그는 음악과 사회, 특히 민속음악의 사회적 기능에 대해 관심이 컸다고 한다. 그는 노래를 잘했고, 클라리넷과 우쿨렐레, 밴조, 덜시머 연주에도 능했다.

UCLA의 지도 교수였던 민속학자 웨일런드 핸드Wayland Hand, 1907~1986는 포크 음악을 통해 사회변혁에 기여하고자 했던 캐러원의 시도를 께름칙해했다고 한다. 제2차 세계대전 직후였고, 나치의 편향적 민속·전통 탐구와 선민적·낭만주의적 문화 선전의 폐해가 문화 지식인들의 정서를 짓누르던 때였다. 나치 문화 징관 괴벨스가 1933년 「제국문화협회 창립문」에서 "독일 음악"은 "낭만적이고 비밀스러운 운명의 힘"을 과시하는 한편 "영적 영역에서 투쟁적 행동으로" 전환하는 역할을 해야 한다고 선언 한 이래 나치는 음악을 독일인의 감정을 사로잡고 선동하는 수단으로 철저히 활용했다. 하지만 캐러원은 음악의 '역설적 힘'을 더 신뢰했던 듯하다. 나치가 아리안의 우월적 상징으로 동원하곤 했던 베토벤, 특히 1936년 베를린 올림픽 개막식에서 6000여 명이 합창한 교향곡 9번(합창)의 〈환희의 송가〉가 프랑스 레지스탕스들에게는 '자유의 이상'을 상징하는 노래였다는 아이러니, 또 게토와 나치 수용소의 유대인들이 심지어 가스실 안에서도 그 축제의 노래를 불렀다는 사실. 캐러원은 그 노래의 힘을 믿었을 것이다.

졸업 후인 1950년 무렵 그는 포크 음악 운동의 거점이던 뉴욕 그리니치빌리지로 진출, 당대의 주역들—피터 시거, 프랭크 해밀턴, 잭 엘리엇 등—과 본격적인 활동을 시작한다. 미국 전역, 특히 남부 지역을 돌며 민담과 포크 음악을 수집하고, 새 노래를 만들어 부르고, 또 수집된 자유의 노래와 민담을 토대로 가사와 곡을 편곡하고 레코딩하고 프로듀싱하고 전파하는 일. 〈Follow the Drinking Gourd〉〈Keep Your Eyes on the Prize〉〈Hold On〉〈I'm Going to Sit at the Welcome Table〉 등이 그 일부였다. 하이랜더포크스쿨을 처음 방문한 것도 그 무렵인 1953년이었다. 영국 등 해외로도 다녔다. 1957년 구소련의 세계청년학생축전에도 참가했고, 중화인민공화국을 방문해 미국 여권이 취소되기도 했고 네 차례 구금도 당했다.

1959년 하이랜더포크스쿨 음악 감독이 된 뒤로도 그 작업은 이어갔다. 그는 30여 장의 앨범을 만들었고, 수많은 녹음 작업을 주도했다. 사우스캐롤라이나의 시아일랜드Sea Island에서 그와 작업한 열네 자녀의 어머니 재니 헌터(당시 71세)는 1984년 미 연방 정부 산하 연방예술기금NEA, The National Endowment for the Arts의 '내셔널 헤리티지 펠로십'을 받기도 했다.

두 번째 아내 캔디 앤더슨을 만난 것도 1960년 하이랜더에서였다. 캘리포니아 포모나대학Pomona College 재학생으로 그 무렵 내슈빌 피스크대학 교환학생으로 온 앤더슨은 좌석 점거 운동 원년 백인 학생 가운데 한 명이었다. 1961년 결혼한 둘은 두 아이를 두었고 교육자로 사회운동가로, 각자 또 함께 활동하며 해로했다.

그사이 〈We Shall Overcome〉은 미국을 넘어 전 세계에서 다양한 언어로 불렸다. 1968년 북아일랜드 시민권 운동의 주제가이자 슬로건이 〈We Shall Overcome〉이었고, 남아공 반反아파르트헤이트와 1989년 체코 벨벳혁명 현장, 중국 톈안먼과 무너진 베를린장벽 앞에서도 불렸다. 수많은 가수가 그 노래를 탐냈고, 그중에는 록의 본령이라 해야 할 로저 워터스와 브루스 스프링스틴도 있었다.

캐러원은 자신의 버전으로 그 노래를 처음 부른 지 30주년이던 1990년 1월 〈시카고트리뷴〉과의 인터뷰에서 1989년 프라하와 베이징, 베를린의 일들을 예로 들며 "그 현장에서 음악을 연주하고 노래하는 것은 단순한 엔터테인먼트의 한 형식이 아니라 힘든 시기를 관통해가는 이들에게 자양분을 공급하는 일이다"라고 말했다. 80년대 한국의 노동자·농민·학생 들도 김민기 버전의 〈우리 승리하리라〉로 적지 않은 힘을 얻었다. 1999년 NPR은 '20세기 가장 중요한 미국 노래 100곡'의 리스트 앞자리에 〈We Shall Overcome〉을 놓았다. 미국 저작권법에 따르면 저 노래의 저작권은 여러 음반사와 호턴, 캐러윈, 피트 시거 등 뮤지션에게 50퍼센트씩 있다. 뮤지션들의 저작권 수입은 현재 하이랜더포크스쿨이 운영하는 'We Shall Overcome' 펀드에 적립돼 미국 남부 지역 흑인 문화 사업에 쓰이고 있다.

2008년 11월 버락 오바마의 제44대 대통령 당선이 확정된 직후 한 지지자가 'We have overcome(우리는 승리했다)'이란 플래카드를 든 사진이 여러 언론에 보도됐다. 이후 수차례, 그리고 이듬해 1월 20일 마틴 루터 킹의 날(1월 셋째 월요일)에도 저 문구의 플래카드가 추모 행사장을 장식했다. 하지만 그들은 이후 여러 차례 린든 존슨의 1965년 연설, 곧 편견과 불의에 맞선 싸움이 끝나지 않았다는 메시지를 곱씹었을 것이다. 정의와 인권의 승리는 늘 의지의 조동사를 앞세울 수밖에 없기 때문이다.

레스 스토커

1 http://britainisnocountryforoldmen.blogspot.kr/2016/07/britain-is-no-longer-country-for-and_96.html

2 「Les Stocker, St Tiggywinkles founder - obituary」, 〈텔레그라프〉, 2016. 7. 19.

3 http://www.rolexawards.com/profiles/laureates/les_stocker/project

4 〈텔레그라프〉, 앞의 기사.

5 「Forum: A hospital for nonhumans – Gail Vines has been visiting a wildlife teaching hospital」, 〈뉴사이언티스트〉, 1992. 1. 4.

발레리 스토리

1 「Michael Sherrard - obituaries」, 〈텔레그라프〉, 2012. 12. 2.

2 「The A6 Murder」, BBC, 2002. 5. 16. http://www.bbc.co.uk/science/horizon/2001/a6murdertrans.shtml

3 「Hanratty victim is vindicated」, 〈데일리메일〉. http://www.dailymail.co.uk/news/article-113967/Hanratty-victim-vindicated.html

4 「Tributes pour in for Slough's brave Valerie Storie」, 〈슬러프옵저버 *Slough Observer*〉, 2016. 4. 16.

5 〈데일리메일〉, 앞의 기사.

6 http://www.thefreelibrary.com/Rape+victim+speaks+out+at+last+about+Hanratty%3B+CRIME%3A+Valerie+Storie...-a085163203

7 앞의 링크.

8 「My torment has lasted 40 years, says victim's son」, 〈텔레그라프〉, 2002. 5. 11.

피터 오언

1 http://www.thejc.com/print/56196

2 「Peter Owen obituary」, 〈가디언〉, 2016. 6. 1.

3 〈3:AM 매거진〉. http://www.3ammagazine.com/3am/blazing-the-trail-an-interview-with-peter-owen/

4 http://www.peterowenpublishers.com/peter-owen-1927-2016/

5　〈3:AM 매거진〉, 앞의 링크.

6　http://www.peterowenpublishers.com/peter-owen-1927-2016/

7　http://www.peterowenpublishers.com/about/

8　앞의 링크.

9　http://origin.anothermag.com/art-photography/1183/peter-owen-on-salvador-dali

10　「Novel Approach: Peter Owen」, 〈데이즈드 *Dazed*〉, 2011년 2월 호.
http://www.dazeddigital.com/artsandculture/article/21920/1/novel-approach-peter-owen

11　「Jesus Christ, the Nobel Prize and Shusaku Endo」, 〈저팬타임스〉, 2015. 9. 12.

12　「Peter Owen, publisher—obituary」, 〈텔레그라프〉, 2016. 5. 31.

13　http://www.mhpbooks.com/remembering-peter-owen-1927-2016/

14　http://www.peterowenpublishers.com/about/

15　「Peter Owen: Sixty years of innovation」, 〈가디언〉, 2011. 7. 4.

대니얼 베리건·필립 베리건

1　「Donald W. Duncan, 79, Ex-Green Beret and Early Critic of Vietnam War, Is Dead」, 〈뉴욕타임스〉, 2016. 5. 6.

2　http://www.democracynow.org/2006/6/8/holy_outlaw_lifelong_peace_activist_father

3　박현주, 『행동하는 양심』, 검둥소, 2009.

4　「Daniel Berrigan: Forty Years After Catonsville」, 〈더 네이션〉, 2008. 5. 20.

5　「Daniel J. Berrigan, pacifist priest who led antiwar protests, dies at 94」, 〈워싱턴포스트〉, 2016. 4. 30.

6　「Philip Berrigan, Former Priest and Peace Advocate in the Vietnam War Era, Dies at 79」, 〈뉴욕타임스〉, 2002. 12. 8.

7　〈더 네이션〉, 앞의 기사.

8　「Jesuit priest, peace activist Daniel Berrigan dies at 94」, AP, 2016. 5. 1.

9　「The Life and Death of Daniel Berrigan」, 〈허핑턴포스트〉, 2016. 4. 30.

10 〈더 네이션〉, 앞의 기사.

미셸 클리프

1 〈케니언리뷰 *Kenyon Review*〉, 1993년 겨울 호. 다음 링크에서 확인.
https://www.jstor.org/stable/4336802?seq=1#page_scan_tab_contents

2 「Michelle Cliff, Who Wrote of Colonialism and Racism, Dies at 69」, 〈뉴욕타임스〉, 2016. 6. 18.

3 https://journalwomenwriters.wordpress.com/2015/02/10/abeng
-by-michelle-cliff/

4 이경란, 「초국가적 이주와 인종화된 포스트식민 정체성의 정치학—미셸 클리프의 『하늘로 통하는 전화는 없다』」, 권혁경 · 김신희 외, 『미국 이민소설의 초국가적 역동성』, 이화여자대학교출판문화원, 2011.

5 https://scholarblogs.emory.edu/postcolonialstudies/2014/06/10/
cliff-michelle/

6 오펄 팔머 애디사 홈페이지. https://opalpalmeradisa.com/2016/06/17/tribute
-to-jamaican-american-author-michelle-cliff-1121964-612-2016/

루이스 잠페리니

1 「Zamperini's War」, 〈뉴욕타임스〉, 2010. 11. 19.

2 「Olympic runner and WW2 prisoner Louis Zamperini dies」, BBC, 2014. 7. 3.

3 「Unbroken by Laura Hillenbrand – review」, 〈가디언〉, 2011. 2. 19.

4 「Louis Zamperini, Olympian and 'Unbroken' War Survivor, Dies at 97」, 〈뉴욕타임스〉, 2014. 7. 3.

5 〈뉴욕타임스〉, 앞의 기사.

6 〈가디언〉, 앞의 기사.

7 「Survival story」, 〈헤럴드아르거스 *Herald Argus*〉, 2011. 2. 16.

마이클 래트너

1 「Michael Ratner, Lawyer Who Won Rights for Guantánamo Prisoners, Dies

at 72」, 〈뉴욕타임스〉, 2016. 5. 11.

2 「PUBLIC LIVES; Still Tilting at Windmills, and Fighting for Rights」, 〈뉴욕타임스〉, 2002. 8. 2.

3 장호순, 『미국 헌법과 인권의 역사』, 개마고원, 2016, 358쪽.

4 「Michael Ratner, 1943–2016」, 〈더 네이션〉, 2016. 5. 11.

5 「Michael Ratner's Army」, 〈뉴욕리뷰오브북스〉, 2016. 5. 15.

6 「Michael Ratner obituary」, 〈가디언〉, 2016. 5. 12.

브누아트 그루

1 「French feminist author Benoite Groult dies at 96」, AFP, 2016. 6. 21.
http://www.dw.com/en/french-feminist-author-benoite-groult-dies
-at-96/a-19344956

2 「Benoîte Groult, ainsi fut-elle」, 〈리베라시옹 *Libération*〉, 2016. 6. 21.

3 〈리베라시옹〉, 앞의 기사.

4 「Le "Manifeste des 343 salopes" paru dans le Nouvel Obs en 1971」,
〈누벨옵세르바퇴르〉, 2007. 11. 27. http://tempsreel.nouvelobs.com/societe
/20071127.OBS7018/le-manifeste-des-343-salopes-paru-dans-le-
nouvel-obs-en-1971.html

5 「Ce que les femmes doivent à la féministe Benoîte Groult, morte ce lundi」,
〈허핑턴포스트〉 프랑스판, 2016. 6. 21.

6 「Benoîte Groult, French Feminist and Writer, Dies at 96」, 〈뉴욕타임스〉,
2016. 6. 21.

7 콜레트 메나주, 『노년예찬』, 심영아 옮김, 정은문고, 2013.

루빈 카터

1 「Rubin 'Hurricane' Carter became famous for a murder he didn't commit」,
〈뉴욕타임스〉, 2014. 4. 22.

아이라 하커비

1 「Found in Contempt, Landlord Begins a Term in His Building」, 〈뉴욕타임스〉, 1988. 2. 13.

2 「It Was an Uptown Hoedown for the 'King of Country'」, 〈LA타임스〉, 1988. 2. 21.

3 『한국주거복지정책』(하성규, 박영사, 2012) ; 『주거복지의 새로운 패러다임』(홍인옥 외, 사회평론, 2011) 참조.

마이런 밸덕

1 「Myron Beldock, 'Elder Statesman' of the Civil Rights Bar, Dies at 86」, 〈뉴욕로저널 New York Law Journal〉, 2016. 2. 3.

2 「A Foe of Injustice and Champion of Lost Causes」, 〈뉴욕타임스〉, 2004. 9. 21.

3 「Myron Beldock, Civil Rights Lawyer Who Fought for Lost Causes, Dies at 86」, 〈뉴욕타임스〉, 2016. 2. 1.

4 「Myron Beldock, a Lawyer Who Championed Wounded Outcasts, Right Until the End」, 〈뉴욕타임스〉, 2016. 2. 3.

5 「A Foe of Injustice and Champion of Lost Causes」, 〈뉴욕타임스〉, 2004. 9. 21.

6 「Myron Beldock, a Lawyer Who Championed Wounded Outcasts, Right Until the End」, 〈뉴욕타임스〉, 2016. 2. 3.

7 〈뉴욕타임스〉, 앞의 기사.

프란체스카 힐튼

1 「She just has to laugh」, 〈LA타임스〉, 2008. 8. 3.

2 「Down & Out In Beverly Hills! Zsa Zsa's Daughter Forced To Stay In Sketchy Flophouse — 'I Live With Murderers!'」, 〈레이더온라인〉, 2014. 12. 22.

지미 스콧

1 「The Triumph of Jimmy Scott (1925-2014)」, 〈롤링스톤〉, 2014. 6. 16.
2 「Jimmy Scott, hard-luck singer with a haunting voice, dies at 88」, 〈워싱턴
   포스트〉, 2014. 6. 13.
3 〈워싱턴포스트〉, 앞의 기사.
4 「Jimmy Scott obituary」, 〈가디언〉, 2014. 6. 15.
5 「Jimmy Scott, US jazz singer and Twin Peaks star, dies aged 88」, 〈가디언〉,
   2014. 6. 14.

알바 여공작

1 「The Duchess of Alba - obituary」, 〈텔레그라프〉, 2014. 11. 20.
2 〈텔레그라프〉, 앞의 기사.
3 「The Duchess of Alba obituary」, 〈가디언〉, 2014. 11. 20.

게리 달

1 「Gary Dahl dies at 78; creator of Pet Rock, 1970s pop culture icon」, 〈LA타
   임스〉, 2015. 4. 1.
2 「Pet Rock inventor Gary Dahl dies at 78. He put a rock in a box and sold
   millions.」, 〈워싱턴포스트〉, 2005. 4. 1.
3 Jane & Michael Stern, 『Jane & Michael Stern's Encyclopedia of Pop
   Culture』, Harpercollins, 1992.
4 「From the archives: Got the next pet rock? Please, call someone else」,
   www.sacbee.com, 1999. 11. 14.
   http://www.sacbee.com/entertainment/article17119937.html
5 「Gary Dahl dies at 78; creator of Pet Rock, 1970s pop culture icon」, 〈LA타
   임스〉, 2015. 4. 1.
6 http://www.virtualpet.com/vp/farm/petrock/petrock.htm

펠릭스 데니스

1 「Felix Dennis - obituary」, 〈텔레그라프〉, 2014. 6. 23.

2 「Obituary: Felix Dennis, 1947-2014」, 〈더 위크〉, 2014. 6. 26.

3 「Felix Dennis, 67, Flamboyant Builder of Magazine Empire, Dies」, 〈뉴욕타임스〉, 2014. 6. 23.

4 「Felix Dennis, the improbable magazine entrepreneur」, 〈파이낸셜타임스〉, 2014. 6. 23.

5 「Felix Dennis dead at 67: Media tycoon and former editor of Oz dies of cancer」, 〈인디펜던트〉, 2014. 4. 7.

찰스 바소티

1 「Columns: Charles Barsotti」, 〈코믹스저널 The Comics Journal〉, 2013. 3. 7.

2 「Charles Barsotti, Cartoonist With Humor Both Simple and Absurd, Dies at 80」, 〈뉴욕타임스〉, 2014. 6. 20.

3 〈코믹스저널〉, 앞의 기사.

4 「Beloved New Yorker cartoonist Charles Barsotti dies in Kansas City」, 〈캔자스시티스타 The Kansas City Star〉, 2014. 6. 17.

5 〈캔자스시티스타〉, 앞의 기사.

6 「Remembering Charles Barsotti, Who Drew Cartoons That Hugged Us Back」, NPR, 2014. 6. 18.

7 「RIP, CHARLES BARSOTTI: New Yorker artist was 'master cartoonist, a true original, and a nice guy, to boot.'」, 〈워싱턴포스트〉, 2014. 6. 18.

진 나이데치

1 「Jean Nidetch, a Founder of Weight Watchers」, Dies at 91, 〈뉴욕타임스〉, 2015. 4. 29.

2 「Jean Nidetch, New York housewife who founded Weight Watchers, dies at 91」, 〈가디언〉, 2015. 4. 29.

3 「Jean Nidetch, founder of Weight Watchers dies」, 〈텔레그라프〉, 2015. 4. 30.

4   http://biography.yourdictionary.com/jean-nidetch
5   〈뉴욕타임스〉, 앞의 기사.

마틴 콜

1   「Martin Cole, sexologist - obituary」, 〈텔레그라프〉, 2015. 6. 22.
2   「Sex education films: they don't make them like they used to」, 〈가디언〉, 2009. 2. 11
3   〈텔레그라프〉, 앞의 기사.

수잰 코킨

1   수잰 코킨, 『어제가 없는 남자, HM의 기억』, 이민아 옮김, 알마, 2014, 128쪽.
2   「H. M., an Unforgettable Amnesiac, Dies at 82」, 〈뉴욕타임스〉, 2008. 12. 4.
3   수잰 코킨, 같은 책, 328쪽.
4   「The Patient Who Let Us Peek Inside A Brain In 'Present Tense'」, NPR, 2013. 6. 6.
5   수잰 코킨, 같은 책, 474쪽.
6   수잰 코킨, 같은 책, 176쪽.
7   「Suzanne Corkin, 79: her research expanded insight into memory」, 〈보스턴글로브〉, 2016. 6. 16.
8   「Suzanne Corkin, Who Helped Pinpoint Nature of Memory, Dies at 79」, 〈뉴욕타임스〉, 2016. 5. 27.
9   「Professor Emerita Suzanne Corkin dies at 79」, 〈MIT뉴스〉, 2016. 6. 1.

마르코 판넬라

1   「Marco Pannella, Italian Champion of Civil Liberties, Dies at 86」, 〈뉴욕타임스〉, 2016. 5. 20.
2   http://www.barcelonaradical.net/info/233/la-politica-es-oportunidad-pero-no-oportunismo-entrevista-a-marco-pannella-viii-80
3   「Marco Pannella obituary」, 〈가디언〉, 2016. 5. 25.

4　〈뉴욕타임스〉, 앞의 기사.

5　「Marco Pannella, Italian politician who mounted hunger strikes for divorce and abortion rights, dies at 86」, 〈워싱턴포스트〉, 2016. 5. 24.

6　김종법, 『현대 이탈리아 정치사회』, 바오, 2012.

7　「Marco Pannella no era revolucionario, lo que en democracia es un retroceso y no un avance, sino un agitador formidable」, 〈엘파이스〉, 2016. 5. 28.

8　〈가디언〉, 앞의 기사.

9　http://ansabrasil.com.br/brasil/noticias/italia/noticias/2016/05/19/Morre-lider-radical-italiano-Marco-Pannella-2-_9080170.html

10　「Mimun a casa Pannella ≪Le mie giornate con Marco≫」, 〈코리에레〉, 2016. 4. 19.

11　「Marco Pannella, il leader radicale è stato ricoverato in ospedale I medici: ≪Non c'è speranza≫」, 〈코리에레〉, 2016. 5. 18.

페르난도 카르데날

1　「Fernando Cardenal, Nicaraguan Priest Who Defied Pope, Dies at 82」, 〈뉴욕타임스〉, 2016. 2. 23.

2　http://truth-out.org/archive/component/k2/item/92588:nicaraguas-pedagogical-effort-30-years-on

3　「Nicaragua priest who defied Vatican to champion literacy dies aged 82」, BBC, 2016. 2. 21.

4　http://liberationtheology.voices.wooster.edu/documents/document-7/

5　〈뉴욕타임스〉, 앞의 기사.

6　「Ernesto Cardenal, poet and Catholic priest, still causes controversy at age 86」, 〈워싱턴포스트〉, 2011. 5. 30.

7　「Fernando Cardenal: A Life for Love」, 〈아바나타임스Havana Times〉, 2016. 2. 22.

8　「Muere Fernando Cardenal, clérigo sandinista y teólogo de la liberación」, 〈엘파이스〉, 2016. 2. 20. http://internacional.elpais.com/

internacial/2016/02/20/actualidad/1455998024_704982.html

루드비크 바출리크

1. 진승권, 『동유럽 탈사회주의 체제개혁의 정치경제학』, 서울대출판부, 2003.
2. 김장수, 『주제로 들여다본 체코의 역사』, 이담북스, 2013.
3. Anna Mazurkiewicz, 『East Central Europe in Exile Volume 2: Transatlantic Identities』, Cambridge Scholars Publishing, 2013.

앨런 콘블럼

1. 「Coffee House Press Editors And Writers On Indie Literary Publishing」, 〈허핑턴포스트〉, 2011. 2. 15.
2. 「Interview with Allan Kornblum」, NewPages.com, 2006. 6. 21.

P. D. 제임스

1. 줄리언 시먼스, 『블러디 머더』, 김명남 옮김, 을유문화사, 2012, 215쪽.
2. 앞의 책, 216~217쪽.
3. 레이먼드 챈들러, 『심플 아트 오브 머더』, 최내현 옮김, 북스피어, 2011.
4. 줄리언 시먼스, 앞의 책, 277쪽.
5. P. D. 제임스, 『나이팅게일의 비밀』, 이미경 옮김, 큰나무, 1996, 304쪽.

폴 베이컨

1. http://www.jazzwax.com/2010/07/interview-paul-bacon-part-3.html

데이비드 맬컴 라우프

1. 「David M. Raup, Who Transformed Field of Paleontology, Dies at 82」, 〈뉴욕타임스〉, 2015. 7. 15.
2. 데이비드 라우프, 『멸종─불량 유전자 탓인가, 불운 때문인가?』, 장대익·정재은 옮김, 문학과지성사, 2003, 244쪽.
3. 「David Raup, palaeontologist - obituary」, 〈텔레그라프〉, 2015. 7. 20.

4 〈뉴욕타임스〉, 앞의 기사.

5 〈텔레그라프〉, 앞의 기사.

6 〈뉴욕타임스〉, 앞의 기사.

해리 크로토

1 https://www.nobelprize.org/nobel_prizes/chemistry/laureates/1996/ kroto-bio.html

2 「Sir Harry Kroto obituary」, 〈가디언〉, 2016. 5. 5.

3 「Harold Kroto, Nobel Prize-Winning Chemist, Is Dead at 76」, 〈뉴욕타임스〉, 2016. 5. 4.

4 「Sir Harry Kroto, Nobel prize-winning chemist, dies at 76」, 〈가디언〉, 2016. 5. 2.

5 「Harsh judgments on the pope and religion」, 〈가디언〉, 2010. 9. 15.

6 「The wrecking of British science」, 〈가디언〉, 2007. 5. 22.

7 http://www.slas.org/eln/think-about-it-nobel-prize-winner-sir-harold-kroto-throws-down-the-gauntlet-/

로버트 '밥' 페인

1 http://www.biology.washington.edu/newsletter/sum13/Paine%20&%20 Waters.html

2 「Scientific families: Dynasty」, 〈네이처〉, 2013. 1. 16.

3 http://nautil.us/issue/37/currents/the-ecologist-who-threw-starfish-rp

4 「Retired UW prof wins $408,000 for groundbreaking ecology work」, 〈시애틀타임스〉, 2013. 8. 3.

5 http://www.biology.washington.edu/news/prof-emeritus-bob -paine-1933-2016

6 「Robert Paine, Ecologist Who Found 'Keystone Species,' Dies at 83」, 〈뉴욕타임스〉, 2016. 6. 17.

7 「Diverse Introspectives: A conversation with Bob Paine」, 〈바이오디버스 퍼

스펙티브〉, 2013. 9. 10.
http://www.biodiverseperspectives.com/2013/09/10/diverse-introspectives -a-conversation-with-bob-paine/

8 「The Man Whose Dynasty Changed Ecology」, 〈사이언티픽아메리칸〉, 2013. 1. 16.

9 〈사이언티픽아메리칸〉, 앞의 기사.

10 〈네이처〉, 앞의 기사.

11 〈사이언티픽아메리칸〉, 앞의 기사.

12 〈바이오디버스 퍼스펙티브〉, 앞의 기사.

제이 애덤스

1 「A Lord of Dogtown Re-emerges」, 〈뉴욕타임스〉, 2008. 7. 30.

이와타 사토루

1 Satoru Iwata, who led Nintendo to video gaming prominence, dies at 55, 〈워싱턴포스트〉, 2015. 7. 13.

2 「In the Wii-PS3 Playoff, Nintendo Upsets Sony on the Fun Factor」, 〈워싱턴 포스트〉, 2006. 11. 23.

3 http://www.seattlepi.com/business/article/Q-A-Video-game-industry -maverick-promises-a-1173943.php

4 앞의 링크.

패트릭 화이트필드

1 「Patrick Whitefield obituary」, 〈가디언〉, 2015. 3. 16.

한스 몸젠

1 http://collections.ushmm.org/search/catalog/irn507297

2 「Hans Mommsen obituary」, 〈가디언〉, 2015. 11. 12.

3 예루살렘 '쇼아리소스센터 *SHOAH Resource Center*' 인터뷰, 1997. 12. 12.

http://www.yadvashem.org/odot_pdf/Microsoft%20Word%20-%203850.
pdf

4   에른스트 놀테, 『에른스트 놀테와의 대화』, 유은상 옮김, 21세기북스, 2014.

5   「Hans Mommsen, historian - obituary」, 〈텔레그라프〉, 2015. 11. 13.

셸던 월린

1   셸던 월린, 『정치와 비전 2』, 강정인·이지윤 옮김, 후마니타스, 2009, 345쪽.

2   셸던 월린, 같은 책, 349쪽.

3   그의 제자로 『보수주의자들은 왜?』를 쓴 코리 로빈 뉴욕시립대 교수 트위터 인용.

4   https://dandelionsalad.wordpress.com/2014/10/30/sheldon-wolin-can-
capitalism-and-democracy-coexist-part-5-interviewed-by-chris-
hedges/

5   셸던 월린, 「증보판 서문」, 『정치와 비전 3』, 강정인 외 옮김, 후마니타스, 2013.

6   셸던 월린, 같은 책, 367쪽.

가이 개러원

1   https://en.wikipedia.org/wiki/We_Shall_Overcome

2   이경분, 『망명 음악, 나치 음악』, 책세상, 2004.